Research Report on Urban Agglomeration Development and Governance

城市群发展与治理调研报告

民盟中央课题组

中国发展出版社
CHINA DEVELOPMENT PRESS

图书在版编目（CIP）数据

城市群发展与治理调研报告 / 民盟中央课题组著. —北京：中国发展出版社，2021.8

ISBN 978-7-5177-1217-6

Ⅰ. ①城… Ⅱ. ①民… Ⅲ. ①城市群—发展—研究—中国 Ⅳ. ①F299.21

中国版本图书馆CIP数据核字（2021）第163663号

书　　名：城市群发展与治理调研报告
著作责任者：民盟中央课题组
出 版 发 行：中国发展出版社
联 系 地 址：北京经济技术开发区荣华中路22号亦城财富中心1号楼8层（100176）
标 准 书 号：ISBN 978-7-5177-1217-6
经　销　者：各地新华书店
印　刷　者：北京市密东印刷有限公司
开　　本：787mm × 1092mm　1/16
印　　张：22.25
字　　数：386千字
版　　次：2021年8月第1版
印　　次：2021年8月第1次印刷
定　　价：96.00元

联 系 电 话：（010）68990630　68990692
购 书 热 线：（010）68990682　68990686
网 络 订 购：http://zgfzcbs. tmall. com
网 购 电 话：（010）88333349　68990639
本 社 网 址：http://www.develpress. com
电 子 邮 件：330165361@qq. com

序言

进一步提升区域研究的质量

全国人大常委会副委员长，民盟中央主席　丁仲礼

中国民主同盟中央委员会（以下简称“民盟中央”）参政议政部牵头，民盟中央经济委员会大力支持，以新发展格局与城市群治理为主题，征集了民盟地方组织、盟内专家近三年来完成的20多篇调研报告。报告在编印出版之前，民盟中央举办了研讨会，区域经济、城市发展方面的专家学者就城市群治理的理论研究与政策实践等提出了意见建议。这些工作很有意义，我也非常支持。在此就民盟进一步提升区域研究的质量略谈一点感想与认识。

（一）民盟历来重视区域研究，延续传统并推陈出新，是民盟新时期参政议政的重要方向。

在民盟80年的历史中，从乡村建设、小城镇布局、经济区规划，一直到今天的都市圈、城市群以及其他的区域发展重大战略，区域发展始终是民盟人倾心倾力、立言立行的一个重要领域和“奔走国是、关注民生”的一条工作主线。其中，多位卓越的民盟领导人在促进区域研究上产生了深远影响；不同专业背景的民盟知识分子不仅著书立说，还亲自推动乡村建设、小城镇建设等方面的创新实践。

我们身处的时代，行政区与经济区深度融合，经济社会发展的空间结构正在发生着深刻的变化，中心城市、都市圈、城市群越来越成为承载发展要素的主要空间形式。这一主题的综合性、复杂性远超其他的空间形式，演变规律远未被我们掌握。2018年至2020年这三年，民盟中央调动

了多个省市的力量，进行专题调研，取得了一定的效果。我们要继续总结城市群研究的经验，并运用到区域发展战略、区域协调战略等领域的研究中去，通过持续关注、长期跟踪，看得透、想得清，建有用之言、献务实之策，为国家构建新发展格局贡献智慧。

（二）从体制机制上入手，研究各类空间美美与共的实现路径，是区域研究的重点难点。

三十年前，费孝通先生总结出“各美其美，美人之美，美美与共，天下大同”这十六字“箴言”。费老当时主要是针对文明与文化要有包容性来说的，在我看来，这些提法对于认识与解决区域发展问题有着重要启示意义。

我们国家国土面积广大，区域发展的基础差异巨大，空间类型多种多样。城市与乡村、古镇与新城、小城市与大城市、都市圈与城市群，等等，都可能与一定的发展阶段与场景相适应。近年来，有一种明显的现象，那就是隔一段时间新闻媒体上就会对某一种区域发展形式过度“推崇”，其中既有炒作概念的因素，也有对区域发展趋势认识不清的原因。我们这样的大国，区域的丰富性、多样性是国情的重要特征。反映在区域政策上，就应有包容性，区域空间形态应力求各美其美、美美与共。

实现美美与共，要靠什么呢？关键要靠体制机制的创新，靠治理体系的优化。民盟中央组织开展了一系列调研，我们发现：在城市群等区域创新实践中，经济要素已经“穿透”或者说“漫过”行政边界，区域间的援助、协作、联合、合作等形式多种多样。在多种力量的作用下，行政边界由刚变柔、刚柔并存，区域之间越来越呈现出融合的特征。这类现象是以前没有的或者说少有的，我们需要在研究中，总结概括出基础设施共建、公共服务共享、生态环境共治、平台资源共用等方面的路径与举措，推动政府规划、建设、治理的变革，推动一些地方实践上升或转换成为政策，实现创新协同、美美与共。

（三）区域间联动、盟内外互动，是民盟开展区域研究需要坚持的一种方法。

民盟的主界别是文化、教育和科技。近年来，“+区域”是民盟围绕党和国家的中心工作，积极参政议政的重点探索方向。这包括三个方面：一是高度重视区域重大问题研究，如长三角高质量一体化发展、中心城市与城市群建设、黄河流域生态保护、沿边开放发展等；二是对民盟传统的教育、文化、科技等问题的研究，既要有面上的分析，更要结合不同区域的实际，找出区域特色，发现个性问题，有针对性地提出政策建议；三是在具体研究中，注重跨区域不同省市民盟组织的共同参与，如调动长江经济带多个省级组织开展长江大保护的研究；在东北振兴的课题研究中，邀请广东、上海、北京等地盟员专家参与其中。

在构建国内、国际双循环的大背景、大格局下，举凡区域问题，本质上都与“国之大者”有着直接或间接的联系，都可以上升到全国性、全局性的高度。这就要求我们在区域研究中，必须心怀“国之大者”，加强区域间联动、盟内外互动。

在联动、互动开展研究方面，民盟有很好的基础和条件，截至2020年12月底，全国共有33万多盟员，有省级组织30个，市、县级组织412个。但针对重大战略性、专业性的问题，我们也非常需要盟外力量给予支持和帮助。这次针对城市群治理的研究报告，前后有几十位盟外专家、学者深度参与讨论并发表观点，这是有益的尝试，对我们提高研究质量有很好帮助，希望在民盟参政议政工作中继续坚持和探索。

总的来说，区域发展是构建新发展格局的重要内容。民盟需要多出高质量的区域发展成果，多提供高质量的政策建议，服务国家区域重大战略。希望民盟各级组织和广大盟员专家继续努力，也希望社会各界支持民盟不断提升建言质量，更好地履行参政党职能。

2021年6月

专家观点一

城市群治理是新阶段的新课题

第十三届全国政协常委、经济委员会副主任
中央财经领导小组办公室原副主任　杨伟民

国家“十一五”规划纲要，首次提出把城市群作为推进城镇化的主体形态。随后，我国城市群加快发展，特别是党的十八大以来，习近平总书记做出了推进京津冀协同发展①、粤港澳大湾区建设②、长三角一体化发展③以及推进成渝地区双城经济圈建设④等重大决策。在党中央的坚强领导下，在有关地区和部门的努力下，城市群发展及其治理取得了历史性成就。刚刚公布的全国第七次人口普查数据证明，人口越来越向城市群地区集聚。

民盟中央一直关心城市群的发展问题，对城市群治理问题的研究很有特色：第一，题目新，把城市群与治理联系起来，这是不多见的，至少我是第一次看到，完全符合党的十九届五中全会精神；第二，调查深，民盟中央注重从座谈、考察、问卷中发现城市群治理中的问题，用大量第一手材料描述现状；第三，范围广，民盟中央调动全国二十多个省级组织，调研对象几乎涉及全国所有城市群，对城市群进行全景式、整体上的观察判

---

① 央广网. 习近平16字要求推动京津冀协同发展. 19-02-26[21-07-28]. https://baijiahao.baidu.com/s?id=1626493263600466432&wfr=spider&for=pc。

② 求是网. 对粤港澳大湾区，总书记这样强调. 2021-04-17[2021-07-28]. http://www.xinhuanet.com/gangao/2021-04/17/c_1211114653.htm。

③ 新华网. 在习近平总书记的引领下·重大战略篇丨长三角一体化发展千帆竞发. 2021[2021-07-28]. https://baijiahao.baidu.com/s?id=1695741296602540531&wfr=spider&for=pc。

④ 新华社. 习近平主持中共中央政治局会议审议《成渝地区双城经济圈建设规划纲要》. 2020[2021-07-28]. http://www.gov.cn/xinwen/2020-10/16/content_5551828.htm。

断；第四，接地气，近几年，我到全国政协后，在不同场合，多次听到、看到民盟关于城市群发展和治理的政策建议，这同民盟坚持广泛深入调研密不可分。

我国经济发展的空间结构正在发生深刻变化，中心城市和城市群正在成为承载发展要素的主要空间形式。党的十九届五中全会提出，到2035年基本实现国家治理体系和治理能力现代化；同时，提出了面向现代化的空间格局目标，即“逐步形成城市化地区、农产品主产区、生态功能区三大空间格局”。城市群就是城市化区，城市群治理是国家治理体系的组成部分，城市群治理是我国立足新阶段、坚持新理念、构建新格局必然面对的一个现实课题。

在城市群发展和治理中，仍有许多重大问题需要破题和深入研究。如，如何解决城市群的经济集中度与人口集中度的差距过大问题，防止地区间人均GDP、居民收入、人均财力以及公共服务和基础设施的差距，实现城市化地区、农产品主产区、生态功能区的人民的共同富裕；如何促进城市群的超大特大城市与中小城市的协调发展，解决好超大特大城市功能集中过多与中小城市的功能不足问题，防止超大特大城市与中小城市的“马太效应”；如何解决城市群内基础设施网络化，特别是因不同行政区的政策、规范、标准、管理等“软”的方面的不一致带来硬件的浪费，高速公路一体化，但限行不一致，通行就难以一体化；等等。

民盟对城市群发展和治理的研究有基础，有条件，可以坚持这一主题，持续跟踪，持续调研，提出更多、更好的政策建议。

2021年6月

专家观点二

对城市群的新探索

中国区域科学协会理事长，国家发展改革委国土开发与
地区经济研究所原所长　肖金成

民盟中央组织出版的《城市群发展与治理调研报告》，收录了民盟专家撰写的调研报告和研究文献，是对城市群的新探索，可喜可贺！通过调查，发现存在的问题并提出解决问题的建议，符合实事求是的原则。调研报告中有大量的真知灼见，有针对性强的具体意见、建议，是高质量的调研报告。城市群已经引起社会各界的广泛关注，但对城市群的认识并不一致，以下是我的一些浅见，也借此机会提出来与大家交流讨论。

城市群是在工业化、城镇化进程中出现的区域空间形态的高级现象，能够产生巨大的集聚效应，是国民经济快速发展、现代化水平不断提高的标志之一。所谓城市群是在特定的区域范围内云集相当数量的不同性质、类型和等级规模的城市，以一个或几个都市为核心，依托一定的自然环境和便捷的交通条件，城市之间的内在联系不断加强，共同构成的相对完整的城市集合体。我国人口众多，又多集中在东中部地区。改革开放以来，随着产业的集聚，城市规模迅速扩大，交通条件的根本改善，城市之间的联系不断增强，形成了多个城市群。在沿海沿江地区，形成了京津冀、长三角、珠三角、山东半岛、辽中南、海峡西岸、长江中游、成渝等城市群，在黄河流域陇海铁路沿线，形成了中原和关中城市群。尤其是沿海地区京津冀、长三角、珠三角三大城市群，GDP（国内生产总值）占全国的比重已超过30%。城市群数量多、范围大是中国特有的现象，并且成为中

国经济发展的重要支柱。

当然，城市群并非数量越多越好，范围越大越好，关键是城市群能否实现高质量发展，能否提高国际竞争力和能否提高对周边区域的带动力。而要做到这三点，必须优化内部经济结构和空间布局，推进功能分工和优势互补。从目前来看，城市群内城市之间的竞争比较激烈，城镇体系不太合理，行政壁垒不同程度存在，合作机制尚未建立起来，交通一体化、城乡一体化、市场一体化的道路还比较漫长。

城市群的范围大小取决于城市之间的联系，经济联系比较密切，都市圈和城市圈相互耦合，就属于城市群的范围，如果联系不太密切，有一条明显的断裂带，就不应该划入城市群。经济联系除了人流、物流、资金流、信息流之外，还有产业链条的延伸，要素的无障碍流动，当然，也存在对经济要素的竞争甚至是非常激烈的竞争。应通过规划，消除恶性竞争，城市之间形成分工，实现优势互补，变单个城市的竞争力为城市群整体的竞争力。城市群之外的城市有比较大的腹地，负有带动区域经济发展的使命，应完善其功能，提高对周边地区的辐射力和带动力，国家也应加大力度支持区域性中心城市的发展。

城市群一般人口比较密集、产业比较密集、城市比较密集，是经济比较发达的地区。因此，城市群内外存在比较明显的经济差距，应采取措施缩小这些差距。应通过提高城市群的辐射力和带动力，尽快将城市群之外的地区发展起来，但难度很大，比较有效的举措是缩小人均GDP的差距，让城市群之外的人口转移到城市群之内的城市和城镇，通过减小城市群之外地区的人口分母，提高城市群之外的人均GDP，缩小城市群内外的人均GDP和人均收入差距，实现区域协调发展。

城市群内有一到几个常住人口超过300万的大城市、特大城市甚至超大城市，也有众多大中小城市和小城镇，我们谓之城镇体系。合理的城镇体系是城市之间规模上有落差，但不应落差过大，应是梯度式，不应是断崖式，不应追求“一市独大”。在城市群里，小城市和小城镇的区位劣势在弱化，成本优势在强化，通过参与产业分工，拉长城市产业链条，就能够抓住发展机遇，找到发展机会。

城市群一般跨县、跨市甚至跨省，建立合作机制非常重要。建议建立市长联席会议制度，每半年或每一年召开一次会议，讨论解决区域合作中出现的问题。联席会议下设办公室作为常设机构，负责落实联席会议做出的决策。还要设立城市群发展基金，由各市按照财政收入的一定比例缴纳，用于跨省、跨市、跨县的基础设施建设和其他必要的项目。联席会议主席一般由交钱最多的城市领导担任。城市群属于经济区，经济区应和行政区适度分开，经济区讲横向协调，讲加强合作，讲优势互补，互利共赢。行政区讲令出必行，讲上下联动，讲效率讲责任。各有优势，各有短板，通过经济区与行政区适度分开，双轮驱动，可收到意想不到的效果。

民盟历来重视区域研究，在区域发展问题上形成了比较鲜明的特色。民盟前辈费孝通先生及多位民盟领导人在区域研究上具有深远影响。民盟中央主席丁仲礼先生高度重视区域重大问题研究，倡导盟内外互动、区域间联动，尤其重视对城市群、都市圈、经济带的研究。相信该书一经出版，将会对学界、政界、社会各界产生重要影响，并对城市群的研究、对城市群发展起到促进作用。

2021年5月

目　　录

总论篇

专题篇

总论篇

第一章
区域协调发展中若干共性与重点问题的调研报告

民盟中央经济委员会课题组

2019 年 4 月，民盟中央经济委员会课题组（以下简称“课题组”）分别赴华东、华南三省，中部、西部、东北 18 个省区市考察区域经济发展的进步和问题，重点考察了数字经济、制造业、国有企业和民营企业的发展。课题组还考察了全国自贸区负面清单管理制度以及海南、雄安地区的最新基础设施发展。课题组还走访了国家发展改革委、商务部、农业农村部、中国人民银行、国务院参事室等政府部门，召开了十余次座谈会。

此次调研是系统梳理“十三五”规划区域协调发展的落实情况和问题，围绕事关区域协调高质量发展的全局性、前瞻性、关键性重大问题，对“十四五”规划区域协调发展提出建设性意见。

课题组对我国区域经济协调发展问题提出调研报告如下。

一、区域协调发展的成绩与经验

（一）“十三五”规划中区域协调取得的成绩

“十三五”规划实施以来，区域协调发展战略进一步深化，形成了区域经济发展的新格局、新气象，加快缩小区域发展差距。按不变价格计算，东部、中部、西部、东北地区人均地区生产总值年均增速分别为7.2%、8.2%、8.5%和6.1%，中西部地区发展速度领先于东部地区，形成了地区经济发展良性互动的局面。

从区域发展来看，2019年京津冀三地全体居民人均可支配收入分别为67756元、42404元和25665元，5年间年均增长率分别为8.8%、8.2%和8.9%。三地经济质量不断提升，发展水平日益提高，发展动能加快转换，为实现高质量区域发展奠定了良好基础。长江经济带地区以占全国约1/5的土地面积，贡献了全国2/5以上的经济总量，成为我国经济发展全局中的重要支撑带。2019年，长江经济带地区生产总值为45.78万亿元，占全国的46.40%，比2015年提高了1.8个百分点，3年年均增长7.8%。

双向开放方面，"一带一路"互联互通架构基本形成，一大批重大合作项目落地生根。中国与沿线国家和地区新增航线1239条，占新开通国际航线总量的69.1%。中欧班列已连通亚欧大陆16个国家的108个城市，累计开行1.3万列。中国同"一带一路"沿线国家和地区贸易总额超过6万亿美元，对"一带一路"沿线国家和地区直接投资900亿美元。

"十三五"规划在推动区域协调发展方面取得积极成效，对于保持经济整体持续稳定增长、提高国际竞争力、促进社会和谐发展发挥了十分重要的作用。但同时也应看到，我国区域发展仍然存在一些问题，区域发展改革任务依然十分艰巨。

（二）"十三五"区域协调发展的创新实践

"十三五"时期，中共中央、国务院提出了若干顶层设计和理论指导，不仅为"十三五"时期我国区域发展提供了依据，更为我国统筹区域经济协调发展及优化区域经济布局奠定了坚实的基础。创新实践比较突出地反映在以下一些方面：

第一，强化主体功能区战略。按照主体功能定位划分政策单元，对重点开发地区、生态脆弱地区、能源资源地区等制定差异化政策，分类精准施策，推动形成主体功能约束有效、国土开发有序的空间发展格局。由于资源禀赋、社会经济特点和发展阶段不同，各地区在新发展格局中所承担的功能定位和发挥的作用具有较大差异，其发展导向也将会有所差别，不可能采取整齐划一的“一刀切”模式。以国内大循环为主体，这是针对国家整体而言的，并不排除某些有条件的地区继续发展外向型经济。随着国际市场需求的变化、国内要素成本的上升以及贸易保护主义的抬头，东南沿海地区长期形成的外向型经济将面临转型和分化，有的地区将转向以满足内需为主，有的地区将由“两头在外”转向内外兼修，还有的地区将继续以外向型为主，在更高水平、更高层次上参与国际分工。因此，构建新发展格局，各地区需要从实际出发，因地制宜、精准施策，采取符合实情的多元化模式。

第二，促进城乡区域间要素自由流动。实施全国统一的市场准入负面清单制度，消除歧视性、隐蔽性的区域市场准入限制，深入实施公平竞争审查制度，消除区域市场壁垒，打破行政性垄断，清理和废除妨碍统一市场和公平竞争的各种规定和做法，进一步优化营商环境，激发市场活力。[①] 健全市场一体化发展机制，充分发挥市场机制作用，有利于商品和要素资源实现跨区域自由流动，更好地发挥各地区比较优势，优化区域产业结构，提高资源要素配置效率，降低要素市场扭曲。同时，健全市场一体化发展机制还有利于深化区域经济合作，加强不同区域之间的企业分工与合作、技术传播与扩散，辐射和带动区域经济发展，推动形成优势互补、高质量发展的区域经济布局，促进区域经济协调发展，提高区域经济发展质量。

第三，完善多元化横向生态补偿机制。贯彻绿水青山就是金山银山的重要理念和山水林田湖草是生命共同体的系统思想[②]，按照区际公平、权责对等、试点先行、分步推进的原则，不断完善横向生态补偿机制。鼓励生态受益地区与生态保护地区、流域下游与流域上游通过资金补偿、对口协作、产业转移、人才培训、共建园区等方式建立横向补偿关系。支持在具备重要饮用水功能及

---

① 参见《中共中央 国务院关于建立更加有效的区域协调发展新机制的意见》，新华社，2018年11月29日，http://www.gov.cn/xinwen/2018-11/29/content_5344537.htm。

② 中国网. 绿水青山就是金山银山 习近平这样重视生态文明 [EB/OL]. 2019[2021-07-28]. http://www.qstheory.cn/zhuanqu/bkjx/2019-09/03/c_1124954062.htm.

生态服务价值、受益主体明确、上下游补偿意愿强烈的跨省流域开展省际横向生态补偿。

第四，建立区域均衡的财政转移支付制度。根据地区间财力差异状况，调整完善中央对地方一般性转移支付办法，加大均衡性转移支付力度，在充分考虑地区间支出成本因素、切实增强中西部地区自我发展能力的基础上，将常住人口人均财政支出差异控制在合理区间。严守生态保护红线，完善主体功能区配套政策，中央财政加大对重点生态功能区转移支付力度，提供更多优质生态产品。省级政府通过调整收入划分、加大转移支付力度，增强省以下政府区域协调发展经费保障能力。

（三）继续推进区域协调发展的必要性

“十三五”时期区域协调发展取得了令人瞩目的成绩，但依然存在一些尚未彻底解决的现状或问题，包括：

第一，南北方差异仍十分显著。与传统的“东强西弱”的经济格局相比，近年来我国经济增长“南高北低”现象尤其值得关注。“十三五”规划以来，结构调整相对滞后的北方经济增速开始大幅度放缓，黑龙江、吉林、辽宁、山西、甘肃、天津等省市甚至出现负增长。从 2013 年起，南方省份的总体增长速度开始超过北方，全国呈现出经济增长“南快北慢”和经济总量占比“南升北降”的格局。经济增速的南北分化使 2016 年北方经济规模占全国比重首次下降到 40% 以下，到 2018 年进一步下降到 38.64%，是 1978 年以来占比最低的时期。[①]

第二，四大板块内部发展不平衡现象突出。经济发展进入新常态以来，东部地区总体发展形势良好，但河北和天津存在掉队现象，河北 2014 年至 2019 年的 GDP 增速连续低于全国平均水平，经济总量排名从 2014 年的全国第 6 位下滑至 2019 年的全国第 13 位，而天津的 GDP 总量在 2019 年已经下滑到全国的倒数。中部地区 6 省市中山西省的发展相对滞后，2019 年山西 GDP 总量已经下滑到全国第 21 名。西部地区的发展也呈现出明显的差异化特征。2019 年

① 黄征学、覃成林、李正图、陈建军：“‘十四五’时期的区域发展”，载《区域经济评论》2019年第6期，第1～12页，第165页。

西南地区各省份的经济增速均高于全国平均水平，而西北地区各省份中，新疆和宁夏却低于全国平均水平。

第三，各区域的创新能力参差不齐。表现为创新产出不均衡、创新投入不均衡和创新资源不均衡。创新产出方面，根据国家统计局官网公布的各省份的发明专利申请授权量进行测算，2014—2019 年东部地区发明专利申请授权量占全国比重呈小幅下降趋势，但占全国比重仍保持在 70.0%，而中部和西部地区仅在 10% 左右徘徊。从创新投入来看，仅东部地区和南方区域总体 R&D 经费投入强度超过全国平均水平。2019 年，全国 R&D 经费投入强度达到 2.2%，其中，东部地区为 2.7%，超过了全国平均水平；中部地区为 1.7%，西部地区为 1.4%，东北地区仅有 1.3%。① 从创新资源来看，高校科研院所等创新基础资源分布不均衡。从全国层面来看，中国主要的百强高校、一流大学以及一些具有影响力的科研院所等主要集中在北京、上海、南京、武汉、广州以及西安、成都、长沙、天津、重庆等地区。②

2019 年 8 月，中央财经委员会第五次会议明确指出，要根据各地区的条件，走合理分工、优化发展的路子，推动形成优势互补、高质量发展的区域经济布局。因此，“十四五”时期应致力于构建区域高质量协调发展新格局，对区域发展战略进行调整并提出新的发展思路，尤其是需要从区域层面形成多个能带动全国高质量发展的动力源，为全国高质量发展注入新动能。

二、区域协调发展面临的共性与个性问题

区域协调发展全面深化发展战略的形成，有一个不断完善的过程。出现问题和困难也在所难免。我们在调研中发现，有些是区域协调发展的共性问题，有些是某个特定区域出现的特殊问题。

① 数据来源于2019年《全国科技经费投入统计公报》。

② 魏后凯、年猛、李玏：“‘十四五’时期中国区域发展战略与政策”，载《中国工业经济》，2020年第5期，第5～22页。

（一）区域发展的普遍性问题

1. 自然资源、人力资源的配置与竞争问题

自然资源分布不均是区域经济一直存在的前提和发展的瓶颈。我国自然资源区域分布不均匀，存在明显的资源富集区和资源贫乏区；同时，区域经济发展水平与各区域自然资源需求与赋存不相匹配，存在经济发达区域与资源富集区的失衡。

尤其是人力资源分布不均，加剧了我国区域经济发展的不平衡。人才大量聚集在东部沿海地区、省会中心城市，造成农村及中小城镇的人力资源匮乏。

2. 国际竞争压力与国内区域分工问题

实现区域协调发展，事关经济发展和社会稳定大局。区域经济发展不仅影响国民经济总量，也影响国民经济结构；不仅影响国民经济整体效率，也影响社会发展公平性；不仅影响经济社会发展，也影响人与自然关系。推动区域协调发展，不仅是全面建成小康社会的内在要求，更是增强发展动力的基础条件，也是实现构建现代化经济体系的必由之路。面临新的国际压力，中国国内被迫转向依靠内需，国内区域分工成为需要解决的重大问题。

3. 环境保护与区域分工责任问题

环境保护与经济发展并非不可协调的矛盾。但是，在经济发展的过程中，环境保护仍然是应当重点关注的问题。环境保护处理得好，区域经济才能协调纵深推进，反之，区域经济发展的区域划分与定位，离不开环境保护、功能涵养区的统筹与支持。

因此，完善多元化横向生态补偿机制，鼓励生态受益地区与生态保护地区、流域下游与流域上游通过资金补偿、对口协作、产业转移、人才培训、共建园区等方式建立横向补偿关系很有必要，这也是区域经济协调推进的内在要求。

4. 央企、地方国企和各地民营企业的竞争问题

国有经济布局和结构调整取得重大进展，但国有经济布局及结构仍有调整空间，如国有经济分布较为不均衡、投资涉及领域过多、重复投资现象较为普遍等问题仍然存在。地方国企治理存在市场化短板，部分地区存在多重管理的问题。在混合所有制改革方面，地方国企的产业布局、资本管理单一，地方国企改革活力不足。部分区域国企转型变革进程缓慢，改革往往流于形式，改革不到位、不彻底。

民营企业发展环境不完善。在政策保障、税收优惠、吸引优秀人才及获取融资等方面与国有企业相比处于弱势地位。民营企业面临技术获取难度高及管理人才的相对匮乏，导致民营经济体中有较多企业属于高能耗、低效率的传统劳动密集型产业，难以转型和变革。

5. 数字经济对区域协调的推动问题

发展数字经济离不开资源配置，在我国经济社会发展现状下，区域经济发展可以为数字经济提供优质资源配置；而数字经济的快速发展和应用也可以促进区域经济发展；二者相辅相成。目前，我国数字经济发展过程中存在的问题包括以下三方面。一是在数据资源方面，数据要素自由流动的程度不足，缺乏有影响力的互联网交易平台。二是在流通渠道方面，缺少区域性、全国性与跨国性的数据支撑，对区域协同发展支撑不足。三是在政策支持方面，虽然目前国家层面已经出台了部分政策鼓励发展数字经济，但各省份，尤其是区域中心还未有针对区域出台更加细化的有关数字经济政策。

6. 制造业高质量发展的问题

制造业是强国之基、立国之本，也是实体经济的重要基础，推进制造业的高质量发展是我国经济发展的主攻方向，也是建设现代化经济体系的重要一环。虽然我国已经成为具有重要影响力的制造业大国，但在创新能力、质量效益、资源利用效率及绿色发展等体现制造业竞争力和发展水平的方面与发达

国家仍有较大差距。一是我国制造业企业创新能力仍有欠缺，对外部技术引进依赖较强，技术创新的内生机制尚未形成，产业基础能力薄弱的问题尚未得到根本性改变。二是产业层次偏低，高端产业发展不足，与新发展格局的创新要求和安全要求不协调。三是目前我国金融体制改革和房地产市场改革尚未调整到位，实体经济、科技创新、现代金融和人力资源协同发展的体制机制仍不完善。

（二）重点区域发展的特殊性问题

1. 雄安建设

雄安新区是区域经济协调联动的产物，是以习近平同志为核心的党中央深入推进京津冀协同发展作出的重大战略选择。[①]经过几年的努力，雄安新区目标定位清晰，蓝图规划完整，项目建设陆续开工，千年大计、雄安质量、廉洁雄安等标准要求深入人心。但雄安新区在建设发展中仍面临一些问题和挑战。

一是人才吸引优势不够明显。雄安新区诞生时，中国已经走过 40 多年改革开放的历程，各地的建设发展已取得较大成效，且雄安新区目前的基础条件比较落后，对人才的吸引力偏弱。前期，中共中央组织部遴选了一批优秀人才支持雄安新区规划建设，大部分人履职到期后陆续返回原岗位。目前，雄安新区管委会和雄安集团的领导干部大多来自河北省，来源较为单一。同时，新区的疏解政策、产业政策、税收政策、人才政策、住房政策、户籍政策和社保政策等尚不明确，对高端人才吸引力不足。

二是融资渠道有待拓展。从财政支持来看，雄安新区建设坚持房住不炒原则，传统土地财政在雄安新区不可行；处于建设初期的新区需要大量资金投入，而投入到产出周期较长，因此，在雄安新区建设之初财政难以自求平衡，且河北政府财政实力相对较弱，对其支持也有限。从金融支持来看，金融

---

① 新华社. 奋进新时代　建设雄安城——以习近平同志为核心的党中央谋划指导《河北雄安新区规划纲要》编制纪实. 2018[2021-07-28]. https://baijiahao.baidu.com/s?id=1598818243297149986&wfr=spider&for=pc。

机构在对企业及项目提供融资时对其盈利能力和现金流有硬性要求，而处于建设初期的雄安项目，大多不符合传统的评级授信标准，影响项目及企业的融资能力。

三是产业发展落后，京津冀范围内的产业整体布局分工尚不完全明晰。新区现有开发程度较低、产业发展相对滞后，存在切入点不清晰、招商主动性不强、承载平台缺乏、外向型产业发展不足等问题。党的十九大报告指出，以疏解北京非首都功能为“牛鼻子”推动京津冀协同发展，高起点规划、高标准建设雄安新区，雄安在承接北京非首都功能中的定位较为清晰，但天津、河北在京津冀协同发展中，其产业布局如何定位，有待进一步明确。

四是雄安新区管委会的自主权限有待进一步拓展。河北省政府在雄安新区规划建设中切实履行主体责任，在财力、物力、智力等方面积极支持新区各项工作，但任何事物都具有两面性，这一权限可能会将部分河北标准融入新区标准，影响新区的世界眼光和高点定位。

2. 海南自贸区

建立海南自贸试验区，是中央政府在新时代起点上的重大改革措施。根据《关于支持海南全面深化改革开放的指导意见》，在海南全岛建设自由贸易试验区，探索实行符合海南发展定位的自由贸易港政策。然而，由于海南交通建设相对滞后，并未与内地形成有效串联；同时海南暂时并不具备人才优势和创新制度；产业发展相对粗放，旅游发展房地产化，都导致了自贸区设立至今并未有效运行。具体表现在以下方面。

一是新旧动能转换动力不足。过去一段时期以来，房地产开发投资占海南固定资产投资的一半左右，造成房地产一业独大，其他产业相对薄弱。以2018年数据为例，在海南八大工业支柱行业中，农副食品加工业、化工制造业增长不明显，汽车制造业下降33.2%，石油工业、医药制造业虽然有较大幅度增长，但辐射带动能力有限。作为优势产业的旅游业，服务质量不够高，旅游消费水平偏低。2018年以后，海南实施全域限购的房地产调控政策，造成短期内建筑、装潢行业同比大幅下降。同时，传统产业升级及新兴产业、数字经济培育尚未成势成规模，产业结构呈现“断档”隐忧。

二是新旧动能转换的制度和人才优势不充分。海南经济开放度和外向度偏低，营商环境仍有较大改善空间，在制度建设上与建设全面深化改革开放试验区、建立开放型经济新体制的要求还有较大差距。同时，海南教育投入不足，教育基础设施不完善、学位紧张、教育质量较低等问题突出，人才引进所需的教育、医疗公共服务配套体系建设水平较弱，“人才不愿来、来了留不住”的现象比较突出。

三是新旧动能转换的基础仍然薄弱。为把海南打造成为我国面向太平洋和印度洋的重要对外开放门户，海南自由贸易试验区建设离不开完善的基础设施。目前，海南在机场、货运铁路、综合枢纽、港口码头、高速公路、公路、市政等基础设施建设方面仍相对滞后，发展新兴战略产业、培育新动能所需的新型基础设施建设方面仍然需要加大投资。

3. 部分自由贸易园区

上海、天津、福建及广东四个自由贸易试验区挂牌成立后，各级政府均将自贸区的发展纳入本地区的重点工作范围，国内自贸园区发展进入快车道。虽然我国各个自贸区发展侧重点不同，但是也面临着一些共同的问题。

一是与非自贸区的政策冲突问题。自由贸易园区建设过程中，其所涉及和制定的法律法规，既要以《宪法》为根本大法，又要以《立法法》和地方性法规为依据，制定适合自贸园区自身发展的政策，同时期还存在规划纲要、意见、协议、优惠政策和办法等，成为各级地方政府部门管理和指导经济发展的依据。由于这些政策、办法等相互之间存在着重复、不连贯和抵触，有些甚至已经不合时宜，导致在适用过程中出现行为准则的缺失和标准的不统一。同时，由于自贸园区与非自贸园区制度的不同，不可避免地导致经济活动中出现规则适用的纠纷。各区域之间的保护主义和争夺区域合作中的主导权也不可避免地带来消极影响和冲突。

二是负面清单质量、透明度与开放度未取得重大突破。首先，负面清单的文本质量问题。负面清单的文本质量的高低，直接影响到负面清单的透明度。

现存部分负面清单管理措施表述不清，透明度不够，这样的负面清单在操作的过程中势必出现操作性大打折扣的问题，不利于负面清单的具体实施。此外，我国的负面清单的行业分类是按照《国民经济行业分类及代码》进行的，而国际上通常依据WTO《服务部门分类列表的文件》进行，这必然导致无法与国际进行行业对接，降低了自贸区负面清单的试验作用。其次，目前我国的负面清单中的特别管理措施过于冗长，开放度不够。虽然我国现行的2015年版负面清单已经经过两次瘦身，较之前大大缩短，但是，与国际上的负面清单相比，我国的负面清单的特别管理措施依然过于繁杂。

4.“一带一路”倡议与国内区域经济对接

“一带一路”倡议是串联国内经济区域发展的联动引擎，是我国与“一带一路”沿线国家或地区发展战略的对接。高度开放的外部环境，通过经济、贸易和市场的一体化影响趋势，给国内区域发展带来一定机遇的同时也面临一些具体的现实问题。如何进一步挖掘比较优势的潜力、与周边地区建立稳定互惠的合作关系；如何在外向化发展中培育内生增长动力；如何稳定提高本地与国家整体的福利水平等，这些问题都对区域协同治理提出了更高要求。

一是沿线国家和地区不同政治、社会环境因素对沿线区域发展的影响。沿线诸多国家和地区的民族和宗教问题比较复杂，在与这些国家和地区进行“五通”的过程中，要谨慎处理这些问题。同时，沿线国家和地区的法律、政治、文化习惯与中国存在较大不同，中国不同地区在这方面的认识也可能存在较大差异，因而，在与这些国家和地区“五通”的过程中，要充分了解、尊重相关法律和风俗，避免对外投资失利甚至是社会乃至政治风波。

二是政治博弈对“一带一路”的合作影响问题。“一带一路”倡议提出至今，我们既看到了合作带来的地缘政治收益，也注意到了“一带一路”倡议推进中面临的地缘政治博弈。中国“一带一路”倡议对美国等西方国家在亚太地区的利益产生影响，在不同程度上会受到美国及美国战略盟友、中国战略竞争者、海权争端国家的战略围堵和阻挠。

三是国内不同地区在“一带一路”倡议下的发展和产业变化。随着中国与

“一带一路”沿线国家和地区“五通”的进行，中国东、中、西部地区的企业、产品、生产要素等将可能面临与沿线国家和地区的一定程度竞争，“中国制造”的国际优势和劣势也将在一定程度上同时显现。面对“一带一路”倡议所带来的国际市场机遇，中国不同地区的产业的比较优势很可能会发生变化。

四是国内企业在沿线地区经济活动的开展问题。在中国宏观经济和社会环境稳定、市场规模巨大的条件下，大多数国内企业形成了快速投资、快速赚钱的习惯性思维，在进入“一带一路”沿线国家和地区后，这些宏观环境和市场规模条件将完全不复存在，因此，企业必须转换战略，做好稳扎稳打、长期经营的心理准备。同时，随着世界经济格局的不断变化、区域经济和地缘政治风险逐步加大，企业对外投资中关于汇率、利率、自身经营、东道国监管、法律法规等方面的风险预判、识别、抵御和化解能力有待加强。

三、建议

我国处在社会主义建设新时代。这是中华民族伟大复兴事业的关键过渡期，也是艰难的爬坡期、冲刺期。坚持和平发展、改革开放的总目标，实现国家经济可持续和高水平、高质量增长，重要前提就是合理配置有限资源、产业布局合理和区域发展平衡。现就区域协调发展的普遍性问题及部分区域发展的特殊性问题建议如下。

（一）对于普遍性问题提出的建议

1. 合理利用自然与人力资源

加强山水林田湖草自然资源系统生命共同体的构建，统筹各区域的自然资源的开发与利用、保护、整治与修复。开展适宜性和承载力评价，编制国土空间规划和土地、矿产、水、林草、海洋等自然资源专项利用与保护规划，以及编制自然资源集聚开发利用的区域规划。统筹“多规合一”，优化国土开发格局和提升自然资源禀赋。加快边疆发展，确保边疆巩固、边境安全。

着力破除人才流动障碍，制定有利于人才流动的法规和优惠政策措施。实施急需紧缺人才目录开发，引导人才向区域经济发展急需领域流动，为推动区域经济协同发展提供人才支撑。将高校毕业生基层成长计划，机关、国企、科研院校的后备人才计划的培养实施与区域发展相结合，为实施区域协调发展提供人才智力支撑。同时，要防范一些地方为吸引人才资源而引起的恶性竞争。

2. 促进国内区域分工合理化

我国长三角、珠三角、环渤海、中西部等区域各自的经济特长、区域优势、发展特色已经形成。面临艰难的国际竞争，各区域有必要分担经济国际竞争责任，扬长避短，在一体化发展国家战略下，积极寻求高水平区域分工合作和产业协作。以加快新旧动能转换和应对出口需求萎缩为契机，在发挥地区优势的基础上深化国内价值链分工，推动彼此间的生产互补和延伸对接，合作大于竞争。注重提升中间商环节的发展质量，整合物流与商流资源。消除行政性分割造成的市场壁垒，建立统一、整合的中间品流通市场来支撑现代化的分工生产方式。

3. 加快完善环保区域补偿机制

运用市场调节实现生态环境保护外部性的内部化，创新生态补偿模式，推行排污权、碳排放权、用能权、水权和林权等生态产权交易。建立地区间横向生态保护补偿机制，引导生态受益地区与保护地区之间，完善资源消费区对资源产区、粮食主销区对主产区、东部对西部的生态补偿，逐步建立资源有偿使用制度和生态补偿制度。设立重点生态功能区生态补偿基金，用于为维持限制和禁止开发区的生态服务功能需要而进行的生态修复、环境治理、生态建设、生态环保基础设施建设等项目投入。

4. 发挥国企改革和民营企业发展的支撑作用

实现国有经济与民营企业的优势互补和良性竞争，要进行重大理论创新突破，实现竞争中性和所有制中性，促进公平竞争，对民营企业和国有企业在法律上实现一视同仁。

针对国有企业改革，一是继续推行国企分类改革，全面放开竞争性领域市场准入，打破政府对国企的隐性担保。同时，提升国有企业治理水平，鼓励国有企业通过兼并重组、引进战略投资者、筹划上市等方式优化结构。二是各企业应重视地方国企改革的顶层设计，借鉴发达地区的改革思路及成功案例，制定可行性的政策指导意见，引导地方国企根据自身条件及地方经济优势进行改革增效，优化地方国企资源配置，增强市场活力。

民营企业方面，首先，各地应结合区域经济结构特征，充分发挥区域经济优势，大力落实各项支持民营经济发展的扶持政策，持续推进营商环境优化，放宽市场准入条件，加大力度减税降费，出台各项金融措施降低民营企业借贷成本、简化融资流程，激发民间资本活力，解决好体制性障碍和环境障碍。其次，加大对具有发展前景的民营企业的扶持力度。注重人才储备，打造核心竞争力。一方面要提升企业管理者自身的管理水平，另一方面各地区要发挥自身优势积极引进管理和技术人才，促进民营企业技术与管理手段的创新与突破。

5. 加快提升数字经济发展

充分发挥数字经济对于提供一体化、整合性、平台化的创新服务的作用，形成便民服务新业态，持续推进区域经济治理体系和治理能力现代化。

首先，各区域发展中心需要充分利用现有的经济、资源与产业等方面的优势，加速推动数据要素市场化配置改革，充分释放数据要素内在价值，提升数字经济核心竞争力。

其次，推动顶层设计实现各领域协同发展，创新数字经济政策服务手段和水平；聚焦产业数字化，积极推动实体经济数字转型；激发市场活力，加快探索建立符合市场规律的数据融通各项制度；把握内外数字治理节奏，提升区域中心城市的整体竞争力。

最后，持续优化软硬环境。加大对数字技术基础科学与产业共性技术研究的投入力度。推动数字与产业深度融合，应持续支持数字经济细分领域发展，如大健康产业、物流供应链、智慧城市等，推进城市数字化实践应用。

6. 优化制造业发展格局

首先，针对我国制造业高质量发展的问题，一是通过税收、财政等政策鼓励企业加大研发投入，发挥企业在技术创新中的重要作用，引导企业建立研发投入稳定增长机制。二是进一步深化科技体制改革，建立以企业为主体、市场为导向、产学研深度融合的技术创新体系，提高科技创新对产业发展的支撑能力。三要加强企业创新能力建设，支持企业承担国家科技计划项目，支持建立完善的先进制造业发展的服务体系。推动互联网、大数据、人工智能和制造业深度融合，推行“互联网＋制造”模式；推动现代制造业和现代服务业深度融合。

其次，深化供给侧结构性改革。各区域在制定区域经济发展规划时，应当根据各区域具体情况，发挥各自优势，因地制宜地进行差别化发展，彰显各自区域优势和特色。注重发展新兴高科技产业，打造新兴产业群，从而带动区域经济结构快速优化升级。同时，通过调整优化行业结构，促进科技创新、现代金融、人力资源等创新要素向实体经济集聚，以市场化改革提高要素配置效能。持续加大人力资本和教育投入，积极培养创新人才及高素质技术人才，让创新引领制造业升级成为新常态。此外，要注意提高制造业产业链供应链稳定性、安全性和竞争力。

7. 推动区域中心化引领区域经济发展

区域中心化成为新时期区域经济发展的新方向。“十三五”期间，互联网和基础设施的发展缩小了二线城市与一线城市的差距，高铁使一线城市 1 小时交通圈扩大，城市群发展具备了基础，一线城市由“虹吸”转向“辐射”；二线城市地铁等大量基建的完成，也使城市面貌焕然一新，吸引力直逼一线城市。同时，北京与上海在持续中心化后自身遇到了资源与环境承载力的瓶颈，导致城市吸引力下降，并且，北京疏解非首都功能、上海设定严格的中远期人口控制目标也都加快了城市发展由扩张转向疏解的速度。

未来区域经济的发展将实现由区域中心城市引领城市群，从城市内部空间的产业分工扩大到城市群空间的分工，更加强调各城市之间的功能定位差异化和产业互补协作，推动主要节点城市与周边地区联合打造具有强大功能或特色服务的板块，并积极寻求板块之间的联动协作。在此过程中，城市群内各城市优势将得到充分发挥，产业集群和链条上的关联配套得以建立，各城市实现错位发展，从而避免重复投入、产业重叠和恶性竞争，形成更大空间内的跨区域协同发展机制。

（二）重点区域协调发展的建议

1. 关于海南自贸港现阶段的发展建议

一是抓创新，加速形成制度优势。对照世界最高水平自贸区自贸港，打造法治化、国际化、便利化的营商环境和公平开放统一高效的市场环境；充分利用好中央扩大开放政策，用好改革自主权，在重点领域切实体现先行先试；做好立法先行，理顺中央、地方、特殊区域事权责任关系，精简协调机制，实现各方协同配合。

二是打基础，加快吸引人才流入。人才是经济发展的最强劲动力，要精心推动实施“百万人才进海南”行动计划，补上教育、医疗和基础设施等短板，加快形成国际人才流动保障机制，积极吸引创新人才落户，让更多的人参与海南的建设和发展。

三是守底线，发挥好海南产业优势。着力守好海南生态环境优势，落实好国土空间开发保护制度，不断优化产业结构。大力发展旅游业、现代服务业、高新技术产业，不断夯实实体经济基础。要发挥好海南在热带农业、育种繁殖、航天发射、海洋资源开发等领域优势，打造国家级重点产业；充分挖掘旅游资源，推动全域旅游发展，促进旅游消费；大力发展数字经济，推动数字经济和实体经济深度融合；积极培育打造总部经济、新型工业园等园区，为海南产业体系“强筋健骨”。

四是防风险，把握好自贸区建设的正确方向。高度关注金融、贸易、意识形态等领域风险，坚决防止房地产市场大起大落。加强和创新社会治理，在建设自贸区自贸港的同时，推动形成有效的社会治理和良好的社会秩序。

五是促发展，扎实推动政策落地。抓住当前有利时机，加强组织领导和协调，围绕中央 12 号文件明确的 4 个阶段性发展目标，制定详细时间表、路线图，在每个阶段都取得扎扎实实的发展成效，早日建成经济繁荣、充满活力的自由贸易港。

2. 关于雄安新区起步建设阶段的发展建议

一是加大人才引进力度，完善吸引和留住人才相关机制。建议面向全国遴选优秀人才，强化长三角、珠三角与雄安新区的人才常态交流机制。同时，完善吸引和留住人才的相关机制，对于新区任职干部职工可在晋升和薪酬激励等方面予以倾斜；在市场化人才引进方面，出台更具体、更有吸引力的措施；加快完善教育、医疗、交通等配套设施，增强对企业和优秀人才的吸引力；与此同时，建议尽快明确雄安新区落户和住房租售等相关政策。加大新区人才培育力度，针对党政企事业单位分类制定培训计划和目标，打造精准、高效的培训项目体系。推进新区人才实训基地建设，打造务实管用、独具特色的实训平台，逐步形成具有雄安特色、务实管用的育人模式。

二是加大财政金融支持力度，拓宽雄安新区融资渠道。首先，加大对保险等长期资金的吸引力度。其次，支持商业银行等金融机构探索创新评级授信模式，加大对当地政府和企业的支持力度。最后，加快探索政府、金融机构和企业共建项目，并探索资产证券化融资，破解初期资金投入和回笼等难题。同时鼓励央行向三大政策性银行释放 PSL（抵押补充贷款）额度，定向支持雄安新区建设；研究探索铁道债发行的相关做法，或其他通过中央和河北背书的方式提升雄安集团发债和融资空间。

三是紧紧抓住疏解非首都功能“牛鼻子”，尽快明确京津冀范围内的产业整体布局分工，以龙头企业带动新产业发展。尽快明确高校、科研院所、医疗机构、企业总部、金融机构、事业单位疏解名单，确定疏解步骤和疏解时间，做好基础设施建设、配套供应和上下游招商引资工作。继续坚持好北京新两翼的不同分工及功能定位。同时，进一步明晰天津、河北在疏解非首都功能中的具体职责，以形成整体的联动效应，推动京津冀协同发展。同时，加大引进龙头企业，培育重点企业，集聚中小科创型企业，形成梯次型企业发展格局，促进产业链协同发展水平显著提高。强化项目精准对接机制，提高产业项目落地效率和精准服务水平。

四是加大对雄安新区的授权，加快赋予雄安新区省级管理权限。研究探讨赋予雄安新区省级管理权限，探索新区下放工程建设、市场准入、社会管理等方面的审批和行政许可权限，明确税收、住房、社保、户籍等政策。与此同时，可研究探讨共同发挥北京市政府和河北省政府在疏解、建设、资金支持和信用增信等方面的主体责任，雄安新区管委会承担具体的承接和落实责任。

3. 国内自贸园区示范引领作用的完善

一是加快在自贸区构建“企业友好型法治环境”，保障人、财、物资源配置的市场化，维护公平竞争秩序，确定合理税收制度，建立高效纠纷解决等方面的法律制度。同时注意自贸区之间的制度的衔接，防止政策差异带来的虹吸效应，并兼顾自贸区与所在区域之间的关系，如上海自贸区与长三角一体化。加强国内自由贸易园区和对外经济自贸区的对接。

二是在中国特色的前提下提升负面清单的质量，做到准确、可操作性强。我国的负面清单实行动态管理模式，即每年根据实际情况进行调整，在下一次的负面清单调整过程中，应尽量避免使用模糊性的语句，描述清晰，尤其对于限制性管理措施，一定要对限制的条件、对象等作出明确规定，以防止在适用负面清单的过程中产生歧义和不确定性。同时，为了充分发挥负面清单在我国进行对外谈判时的试验效果，建议研究负面清单与国际接轨的行业分类标准。

三是完善事后监督制度和配套行政措施。自贸区涉及较多范围，对于负面清单的依赖应该体现在贸易的工作范围方面，发挥自贸区的本质特色，以此吸引更多的商务合作，加强对外投资贸易，推动整个社会的经济发展，利用广大群众的监督力量，推动行业商会建立自律机制。推动加快综合监管落实，统筹协调海关、海事、质检、检验检疫、工商、国土、建设、环保、知识产权等部门，为制定和审查负面清单提供坚实的制度保障。

4. 推动“一带一路”高质量发展的措施

“一带一路”倡议取得了举世瞩目的成绩，为世界经济复苏作出了突出贡献。与此同时，我国面临的外部环境的不稳定性、不确定性也与日俱增。面对不确定的国际环境，企业要以中国独有的市场优势、制度优势和技术优势为依托，充分发挥我国内需市场规模大的优势，加大创新力度，持续提升创新能力，形成独特的竞争优势，不断提升在全球市场分工中的地位。

一是对于企业不可控的政治风险和汇率风险，通过加强双边、多边投资保护协定的方式为企业境外投资创造良好环境和制度保障；对于企业可能面临涉敏、反洗钱的恶意制裁风险，相关部门可参考欧盟《阻断法令》加紧出台反制美国法域外适用的各类立法的中国阻断法，为中国企业出海保驾护航。

二是要继续实施好国内区域协调发展，形成分工合理、特色明显、优势互补的区域产业结构，推动国内产业链、供应链高质量发展，增强发展后劲。沿线国家大多为劳动密集型国家，劳动力和资源禀赋优势明显。通过产业发展外溢，可实现优势互补、错位发展、互利共赢，构建我国与沿线国家或地区更紧密的合作关系。

三是要将“一带一路”建设与国内区域板块发展战略相结合，深挖各地域单元与沿线国家的合作潜力，推进国内不同地区间要素资源的双向流动，强化区际互联互通与产业转移，以提升中西部经济凹陷地区和沿边地区对外开放水平，形成海陆统筹、东中西互济的开放新格局，推动全国地区经济协调发展。

四是发挥沿长江通道通陆达海的优势，不断强化长三角地区与中西部都市圈的经济联系，强化珠三角地区对外开放门户的地位，努力构建有全球影响力的先进制造业基地和现代服务业基地，同时，依托珠三角地区的经济优势及资源腹地，实现粤港澳大湾区的高速融合和共同发展，使香港、澳门的繁荣稳定与内地的区域协调发展互为依托和促进。

五是集聚多方力量构建“一带一路”投融资风险监控体系，利用大数据和人工智能技术为“走出去”企业特别是民营企业搭建信息共享平台，对企业参与“一带一路”建设所面临的投融资风险进行及时、有效的分析、总结和预判。

六是面对一带一路沿线国家和地区基础设施不完善、产业配套能力差、投融资优惠政策不到位等问题建议考虑借鉴泰国罗勇工业园的成功经验，通过完整的知识体系输出实现中国经济特区走出去，将中国经济特区成功经验复制到海外，探索国内经济特区在境外可持续发展的新模式，助力中国企业走出去。

课题牵头人：张道宏
课题负责人：何茂春
总 执 笔 人：徐　娜
执笔人：方　晋　周青燕　汪德华　康志成　代　俊
苑思思　胡文文　施屹舟　潘露莎　张苏林

第二章
优化治理体系，促进城市群发展的调研报告

民盟中央经济委员会　民盟中央社会委员会

建立以中心城市引领城市群发展、城市群带动区域发展新模式，推动区域板块之间融合互动发展，加快构建高质量发展的动力系统，这是党中央总揽全局，分析区域经济发展的新情况新问题，面向实现现代化强国建设目标作出的重大决策部署。围绕中心城市和城市群的发展成效及治理体系存在的问题，我们进行了调研，并初步提出政策建议。

一、中心城市和城市群发展现状及主要推进举措

从 2006 年实施第十一个五年规划开始，特别是 2012 年党的十八大以来，中共中央就中心城市和城市群发展作出了一系列重大部署，中心城市和国家级城市群的布局体系初步形成，中心城市和城市群的辐射带动能力明显增强，中心城市、城市群在构建国内国际双循环新发展格局中的支撑与引领作用日益显现。中央和地方积极探索，出台了一批重要的组合性政策，有效推动了中心城市和城市群发展。

（一）中心城市和城市群的主要进展

1. 中心城市的“头部效应”突出

上海、北京等 17 座城市 GDP 均超过万亿元，深圳、无锡、苏州等 18 座城市人均 GDP 超过 10 万元。2020 年调研所及的北京、天津、上海、广州、重庆、成都、武汉、郑州、西安 9 座内地国家中心城市，GDP 从 2011 年的 9.12 万亿元增长到 2019 年的 20.23 万亿元，占全国经济比重从 2011 年的 18.69% 提高至 2019 年的 20.53%。香港、澳门、广州、深圳四个中心城市的 GDP 占大湾区的 68.7%。“头部”城市多为直辖市、省会城市和计划单列市，这些国家中心城市行政资源统筹能力较强，市场化水平较高，发展优势不断增强，已成为推动高质量发展的区域增长极。

2. 城市群的“压舱石”作用显著

近十年来，国家在各类规划中明确支持的 19 个国家级城市群在全国人口与经济总量中占七成以上比重，成为稳定中国经济最重要的力量。其中，七大城市群（京津冀、长三角、粤港澳、成渝、长江中游、中原、关中平原）以全国 14% 的土地面积，聚集了全国 54% 的人口数量，创造了全国 2/3 的经济总量，人口经济聚集效应明显。

长三角城市群进出口贸易额、外商投资企业数、外商企业投资总额均占全国的 1/3，工业增加值超过全国的 25%，软件、信息服务业、生物医药产业均占全国的 30% 左右。成渝城市群 18.5 万平方公里，总人口规模近亿，在全国不到 2% 的土地上集中了 7% 的人口，GDP 占到西部 12 省（市、区）的 1/3。

3. 中心城市和城市群在全球竞争中展现出“大块头”的优势

长三角城市群从经济总量上看，仅次于美国的波士顿—纽约—费城城市群、日本的首都经济圈。与纽约湾区、东京湾区、旧金山湾区国际三大湾区相比，粤港澳大湾区在面积、人口、GDP 规模上都已可等量齐观。按现行发展速度测算，粤港澳大湾区有望在 2022 年超越东京湾区，成为全球经济体量最大的湾区。

4. 中心城市和城市群在高质量发展中承担了“领航者”的角色

北京实现了从聚集资源求增长到疏解功能谋发展的重大转变，城市副中心建设为超大城市优化空间格局发挥了示范作用。上海提高城市能级，改善城市营商环境，超大城市治理水平不断提升。深圳建设全球创新创业创意之都，重庆、成都、西安打造国际门户枢纽城市。世界银行以北京、上海为样本评价中国营商环境，中国的总体排名比去年上升 15 位，名列第 31 名，且连续两年入列全球优化营商环境改善幅度最大的十大经济体。

长三角城市群高质量一体化进程加快推进；成渝地区双城经济圈一体化发展明显提速。在长三角、粤港澳等城市群内部，以特大、超大城市为核心带动形成的都市圈，成为城市群各项举措得以落地的有效“抓手”，初步形成了中心城市—都市圈—城市群—城市连绵区协调发展的路子，区域协调发展水平稳步提升。

5. 中心城市和城市群发展水平分层分化，“雁阵模式”已经出现

北京、天津、上海、广州、深圳、香港、澳门等中心城市引领带动京津冀、长三角、粤港澳三个东部城市群沿海布局，成为中国城市群的“头雁”。成渝城市群正在推动双城经济圈建设，培育中国经济“第四极”。长江中游、海峡西岸、山东半岛、中原、辽中南、关中平原、北部湾、哈长等城市群 GDP 均在 1.5 万亿元以上，人口均在 3000 万人以上，城镇化率在 65% 以下，其中关中平原、中原、黔中、成渝城市群的城镇化率均在 55% 以下，低于全国平均水平。在进出口总额、地方财政收入、人均 GDP 等方面，它们与长三角、粤港澳之间存在断层。

从调研情况判断，中心城市和城市群正在成为集聚发展要素的主要空间载体，中心城市引领城市群、城市群带动区域协调发展的模式正在形成。中心城市和城市群发展不充分、不平衡的现象，恰恰说明中国的中心城市和城市群发展空间仍然巨大。

（二）推进中心城市和城市群发展的主要措施

近年来，中共中央、国务院有关部门以及各地政府为推动中心城市和城市群发展，采取了许多切实可行的措施，成效显著，我们将之概括为“一个方向引领、多项重点提升”。

一是发挥战略和规划的方向引领作用。2014 年出台的《国家新型城镇化规划（2014 ～ 2020 年）》提出“优化提升东部城市群”“培育发展中西部城市群”“建立城市群发展协调机制”。2015 年出台的国家“十三五”规划纲要提出，加快城市群建设发展，明确了建设包括东部、中西部、东北共 19 个城市群，并按照不同区域城市群的阶段性特点提出了发展思路。2019 年 2 月，国家发展改革委出台《关于培育发展现代化都市圈的指导意见》，针对城市群内部都市圈发展落实了重点任务部门分工。

“十三五”期间，全国城市群规划相继完成。近十年来，各省（区、市）细化各类城市群、都市圈、中心城市发展规划，进一步发挥战略与规划对引领中心城市和城市群发展的作用。

二是以重大基础设施建设为重点，提升互联互通水平。粤港澳大湾区以建设世界级港口群和机场群、畅通大湾区内外快速交通网络为重点，谋划和建设了港珠澳大桥、贵广高铁、南广高铁、穗莞深城际、肇花高速、广佛肇高速一期等重大交通项目，建立区域“城际 + 地铁”互联互通、协同运输的技术标准和服务体系。长三角、京津冀着力打造“轨道上的长三角”“轨道上的京津冀”，建设高铁、城际铁路、毗邻城市地铁和市域轨交立体体系。重庆市和四川省加快补齐交通短板，2020 年内新开工 4 个成渝间的通道性高速公路项目。关中平原城市群的西安、咸阳两市间开通公交线路近百条，长江中游城市群的长株潭城际铁路基本实现公交化运营。

三是以产业对接合作为重点，提升区域经济活力。京津冀三地以产业疏解与承接为重点开展产业协同合作。2017 年以来，河北省累计承接京津电子信息、生物医药、装备制造等重点工业项目 500 余个，投资金额超 4000 亿元。长三角城市群加快建设产业对接合作载体。嘉定—昆山—太仓产业合作区、张江长三角科技城、宁波杭州湾新区浙沪合作示范区等重点园区，促进了产业资源跨区域流动。粤港澳大湾区按产业链内在联系推动转移协作。“广州服务+佛山制造”成为区域合作新模式；深莞产业优先向惠州、汕尾、河源转移；珠海—中山—江门联合制定了先进装备制造业发展布局和项目规划。成渝双城经济圈开展产业合作，共同拓展国际市场。成都国际铁路港、重庆国际物流枢纽园区已在4个领域、20个层面展开深入的合作。

四是以生态环保协作为重点，提升区域生态环境质量。探索建立区域大气污染防治联席会议机制，如广东省建立了广佛肇、深莞惠、珠中江3个经济圈联防联控工作机制，扩大到粤港澳大珠三角范围。生态共建共享的体制机制试点运行，如京津冀城市群在三地探索大气雾霾、水污染治理以及区域生态屏障保护。生态环境治理走上法治化路径，如长三角一市三省相继发布“同名文件”《生态环境行政处罚裁量基准规定》，协同推进长三角区域生态环境行政处罚裁量基准一体化工作，正在利用“一套标准”规范生态环境保护工作。

五是以民生事业为重点，提升城市群的公共服务效率与品质。各地从社保和医疗一体化方面寻找突破口，扩大覆盖人口范围，如大湾区的深莞惠三市跨界通勤超过50万人次/日，实现了公积金异地贷款互联互通，建立和完善了多市警务协作信息平台、企业和个人失信联动奖惩机制。多个城市以教育等社会民生事业为重点扩大一体化内容与领域，如厦门大学在漳州、泉州创办学院，漳州市允许交界地区乡镇居民义务教育阶段根据实际情况跨区域就近入学。有的城市打造跨界融合的共同家园，如南京市与滁州市、马鞍山分别签订跨界示范区共建协议，共享数据资源，实现公共服务“一卡通”。调研中我们发现，各中心城市和城市群的政府部门较为重视发现人民群众需求，并创造条件满足需求，创造了许多好经验、好模式。

二、中心城市与城市群健康发展面临的问题及原因分析

在肯定中心城市和城市群发展成效与有效举措的同时，调研组也发现中心

城市和城市群在健康发展方面存在一些问题，调研组将之概括为 7 个方面的表现，对问题背后的治理原因也进行了分析。

（一）中心城市和城市群健康发展面临的主要问题

1. 整体上看，“天花板效应”“空间泛化”和“先天不足”已影响到实现城市群治理的目标

主要发达城市群遇到了资源与环境的“天花板”。粤港澳一半以上城市土地开发强度超过或接近 30%，深圳、东莞已经逼近 50%。尤其是深圳，扣除生态用地等之外，已面临无地可供局面，资源环境约束日益增大。就市域范围来看，上海开发强度也已超过 45%。京津冀、长三角、粤港澳从单位 GDP 耗电量、废水排放量、固体废物排放量、PM2.5、PM10、酸雨发生率等指标看，短板制约因素明显，生态环境脆弱。

部分城市群空间泛化，存在目标确定难、协调执行难的问题。山东半岛城市群由公认的 8 个城市直至覆盖全省 16 个城市。中原城市群仅核心发展区就横跨河南、山西、安徽等省，覆盖范围的城市数量达到 30 个。长江中游城市群囊括了武汉都市圈、环长株潭城市群、环鄱阳湖城市群，规划面积达到 31.7 万平方公里，分别相当于德国、日本国土面积的 83% 和 88%。参加座谈的专家和地方领导较为集中的反映是，依靠“行政区”拼凑的城市群，目标不好定、抓手不好找、沟通成本高、协调效果差。

部分城市群“先天不足”，中心城市尚处于发育阶段，甚至不具备城市群发展的基础条件。滇中、黔中、天山北坡、兰州—西宁、宁夏沿黄等城市群的经济密度均在 0.1 亿元 / 平方公里以下，远低于长三角城市群 2 亿元 / 平方公里的产出密度。宁夏沿黄、兰州—西宁、天山北坡等的人口密度也相对较低，每平方公里集聚人口仅 200 人。天山北坡城市群的实际人口处于减少状态，具有收缩特征。这些地方规划的城市群，战略意义都十分突出，但城市群如何成长是严峻挑战。

2. 中心城市的辐射与带动作用不强，中小城市质量不高，城市体系存在较多问题

中心城市的作用没有充分发挥。第一种情形是中心城市综合实力强、功能集聚多，但仍对周边城市持续产生强大虹吸效应。第二种情形是部分中心城市自身弱小，缺乏“领头羊”的能力与实力。如西宁、银川、兰州等中心城市经济体量偏小，处于要素集聚阶段。面对城市群大摊子，这类中心城市心有余而力不足。

中小城市发展能力严重不足。一是中小城市优质教育、医疗等公共服务资源配置不足。如武汉大都市圈的核心城市武汉市三甲医院有 36 所，与之相邻、常住人口超过其一半的黄冈市的三甲医院仅有 2 所，且医疗卫生机构每千人床位数等指标均低于湖北省平均水平。二是基础设施水平差距较大。2019 年县城人均市政公用设施固定资产投资仅相当于地级及以上城市城区的 1/2。三是中小城市人才等要素流失严重。调研中了解到东北某城市群出现了人才流向中心城市和外省，一些中小城市的多个公务员岗位招不到合适人员。

城市体系不合理。一是“头重脚轻腹中空”类型。如成渝城市群范围内的成都、重庆两个国家级中心城市两极强大，中间地带没有中等规模城市予以支撑。二是“一条腿粗，一条腿细”类型。如珠江西岸城市核心城市首位度不高，发展处于相对滞后状态，近年来珠江东岸西岸的差距仍在拉大。三是“小马拉大车”类型。长三角城市群与粤港澳大湾区中均有一些“特大镇”，人口数十万，经济总量上百亿，已经是实质上的城市，但还只能按镇级政府或户籍人口的标准进行资源配置，“镇改市”多年没有重大进展。

城市间的对话机制未能充分发挥作用。受到体制机制、科层管理等原因的影响，城市之间难对话、对话难。调研中，大湾区内地城市呼吁能与香港、澳门直接建立城市间的对话机制，协调解决发展的问题。成渝等地的官员说，最头疼的是发文件，因为成都、重庆级别严重不对等，经常出现事要一块干，但文件不能一块发的情况。一些中小城市反映，因行政级别较低，处于大城市管辖之下，谈不上话语权和议题发起能力。

3. 城市群内外存在大量行政壁垒，劳动力、土地、技术、数据等要素的市场化配置水平不高，流动性不足

劳动力自由落户仍有阻碍。城区人口超过千万的北京、上海等超大城市提出合理管控人口。城区人口超过 500 万的特大城市也有各种原因，设置人口进入门槛。大城市公办学校普遍面临校舍用地紧张、教师编制不足等困难，难以保障充足的学位供给，对农业转移人口随迁子女设置了较高的入学门槛。非户籍农业转移人口申请公租房难度很大，2018 年进城农民工租赁公租房的仅占 1.3%，自购保障性住房的占 1.6%。调研发现，深圳市、东莞市非户籍人口数量庞大，迟迟解决不了外来人口落户问题，已出现较大规模的人口流出。

土地资源错配是普遍性现象。2019 年全国城市地均 GDP 排名，排在第 1 名的深圳已基本无地可建，排在第 2 位的上海，因为需要控制国土开发强度，提出建设用地减量化。调研中一些地方反映，国土空间规划制度、土地计划供应制度、土地用途管制制度等并没有考虑中心城市和城市群发展实际，经济与人口密集地区土地资源没有得到倾斜。

创新要素的流量少流速慢。一是创新要素流动的网络尚未形成，包括信息技术交流网络、科学实验室共享网络、成果转化服务网络、风险投资网络等，有点有线但没连成网络。二是区域发展差距大。如河北总体滞后的创新水平制约了京津冀三地创新链的紧密连接，这类现象也普遍存在于中心城市与中小城市之间。三是政策与法律制度障碍普遍存在。如大湾区在跨境便利互动、高等教育合作办学、税收优惠政策、知识产权互融互通、跨境融资便利等领域存在障碍，制约了创新要素自由流动。

数据要素流动出现堵点。一是标准化水平不高。截至 2019 年 10 月，成渝地区双城经济圈有的地方政务服务事项标准化及网上运行工作总体上完成率不足 40%，有的街镇完成率不足 20%。二是数据系统缺乏整合。一些由国家部委开发的系统尚未实现数据对接，如企业开办、注销等方面，跨部门事项整合较少。

4. 城市群发展的关键领域如交通、生态、产业等，由于没有完善的成本与收益共担共享机制，深入推进面临困难

轨道交通开发缺乏利益分享机制。地方政府、中铁总公司、各铁路集团公司、建设运营企业、房地产开发主体等，没有建立轨道交通的成本分担与利益分享机制。“轨道上的城市群”“轨道上的都市圈”建设不得不靠各城市政府出让土地的收入来勉强支撑。专家测算，轨道交通项目每公里的建设成本高达10亿～20亿元，国内多个中心城市提出要在十年内建设数百公里甚至上千公里的轨道交通，实际上根本无力承担。

“飞地经济”的利益分享机制尚不完善。体制不完善增加产业转移难度，而一旦转移还会对企业家、迁出地、迁入地都带来利益损失。一些北京企业外迁到河北、天津后，中断了同北京的联系，导致北京产业疏解后税源流失严重，也未能实现促进京津冀产业协同发展的初衷。很多企业向南方沿海城市迁移，又造成了京津冀地区产业实力整体受损。

生态建设跨区域补偿的市场机制存在缺陷。城市群各主体的生态产权未能清晰划分，缺乏科学规范的定价程序和各方普遍认同的定价方法，补偿中对生态环境修复维护成本、生态服务核心价值以及发展机会成本考虑不足。目前，城市之间生态补偿以财政资金为主，技术、投资等项目补偿形式较少，生态补偿税（费）缺位。

5. 中心城市和城市群治理的架构不健全，治理运行不稳定，治理中的韧性能力明显不足

国家和省级层面相关政策与机构存在缺位现象。地方反映，在国家层面，社会保障、公积金统筹等有关政策尚未出台，给跨城市劳动力转移带来障碍。某省级政府官员反映，在省级政府层面，一些省对跨省的实质性合作口惠而实不至。还有城市政府部门反映，跨行政区城市轨道交通建设规划审批缺乏统筹，异地招生存在限制等，很难突破。

核心平台和区域争夺激烈，管理体制调整频繁。国家级新区、高新区、经开区、创新试验区等重要平台，是城市群内省市部分争夺的焦点。如西咸新区

在关中平原城市群发展中起到核心引擎作用，开发建设的管理体制最初是省市共建以市为主，由于西安与咸阳在推进一体化建设上的机制体制不顺，管理体制又调整为省市共建以省为主，调整后的管理体制实际变成了西安、西咸新区、咸阳市三个开发主体。2017 年初，陕西省又将西咸新区管理职能交由西安代管。

城市群治理体制机制韧性不强，在新冠肺炎疫情等重大紧急事件中暴露出明显短板。2020 年春，新冠肺炎疫情袭来，城市群在管控口径协同、疫情信息共享、物资共同保障、科研联合攻关、政策沟通协调等方面，经历了相当长一段时间的混乱。长三角城市群一些开放程度领先的城市擅自升级管控举措，采取“一刀切”、简单化管理手段，禁止周边城市人员进出。此举在引起社会强烈不满的同时，引发了各方对城市群治理的反思。

6. 与具有明显边界的行政性空间相比，城市群等新型空间，在规划、建设和治理上存在多项管理制度空白

城市规划有法定程序，城市群内部以及对外合作的规划无法可依。现行的城市规划遵守法定程序，即每个城市制定城市总体规划后，开始制定各地块的控制性详细规划，对土地使用性质、配套公共设施等刚性指标作出限制性规定。规划部门谈道：他们在为自己“设套”之后，再试图“解套”去推进城市群内外合作，不仅严重影响合作效率，还导致一些本来可以合作的项目无规可依，因而无法进行。

行政区构成审批的对象主体，而城市群与都市圈等经济区不是合格的对象主体。现行政策审批事项的对象是行政区，城市群、都市圈合作等事项存在着申报主体模糊、审批程序空白等问题。如珠海、中山、江门三市联系紧密，同城化趋势强烈，城市之间通勤出行需求旺盛，对于建设城市轨道交通诉求强烈。但根据《国务院办公厅关于进一步加强城市轨道交通规划建设管理的意见》（国办发〔2018〕52 号），这三市公共财政预算收入、地区生产总值、市区常住人口均不符合地铁规划建设条件。再以北京为例，北京行政区范围内的市郊铁路有所发展，但也仅限延庆、门头沟等少量节点型城区与中心区以轨道

交通相连接。北京市辐射范围内的固安、涿州、大厂、香河、广阳等地因属河北地界，规划建设城际铁路面临种种难题。

城市群合作政策意愿比较充分，但支撑合作的制度供给不足，严重“掉链子”。一些城市群内部的城市早在20年前就签订协议，对外宣布要推进一体化，但后来涉及基础设施、民生事业、产业发展等具体问题，就因没有制度支撑，落不了地。更加典型的是在粤港澳大湾区，由于制度差异与壁垒的存在，内地城市与港澳的合作每走一步，都需要付出极大努力，在一些方面的合作效果远未达到预期。

7. 对中心城市和城市群的评价和评估工作，刚刚起步且质量不高，对城市群高质量发展引领不足

基于评估的优化治理路径没有形成。区域发展规划处处做、反复做，仅仅北京所在区域，短短40年时间就修编了数次北京市总规，此外，还出台了大北京规划、首都圈规划、京津唐区域规划、京津冀都市圈、环渤海协作区规划、京津冀协同发展规划等许多重要规划。

评价评估指标体系缺乏针对性与引领性。专家组查找了已有的评价评估指标体系，发现政府部门与社会机构发布的城市群评价指标体系，存在完全照搬城市指标体系的问题，缺少考虑城市间的联系与协同水平。此外，中西部城市群照搬东部沿海发达城市群的指标，重经济轻生态，重规模轻效率，重存量轻流量的现象明显。

评价评估方法缺少科学性、公正性。城市群评价没有建立相应的参照系，调查的数据来源各取所需，基础数据的口径大小不一，评价过程处于“黑箱状态”，评价分析一笔带过，评价评估工作由一级政府部门牵头进行，公众参与的程度不够。

（二）上述问题背后的治理原因

课题组分析，中心城市和城市群健康发展出现上述问题，原因有四个方面。

根本原因是行政区经济迄今为止仍占据绝对主导地位，与行政区经济相适应的是按行政级别配置资源，按层级进行管理。这种体制历史悠久、根深蒂固。城市群发育总体上较为初级，行政区经济向城市群经济转型发展刚刚开始，支撑与引领城市群发展的规划、建设与治理力量处于发展的初始阶段。对此类问题，需要我们保持历史的耐心，客观地认识中国中心城市和城市群发展的阶段性特征；同时又要充分认识行政区经济向城市群经济转型的复杂性，深化改革大胆探索，破除中国经济社会发展深层次矛盾，促进中国经济高质量发展。

主要原因是中心城市和城市群作为空间治理单元的地位还没有完全确立，在国家治理体系中迄今没有建立起适应中心城市和城市群健康发展的完整的治理体系。治理主体不到位、治理架构不健全、治理重点不突出、治理运行机制不完善、治理手段不丰富等问题都是治理体系中某一方面或某几方面存在的“短板”。对此类问题，需要我们遵循国家治理体系建设的基本要求，探索富有中国特色的城市群治理的目标、手段、工具、政策，使之成为国家治理体系的重要组成部分。

直接原因是中心城市和城市群治理需要专门的人才，而人才需要长期培养，并形成丰富的经验积累。调研中，省级政府职能部门和城市的领导都感叹：中心城市和城市群治理需要具有现代化意识的高级复合型人才，现在严重缺乏对中心城市和城市群的科学认识、前瞻认识，缺乏共建共享的治理机制与治理方法，缺乏有效动员其他主体参与治理的激励与约束手段。对此类问题，需要我们学习借鉴国际上发达国家和其他发展中国家中心城市和城市群治理经验、教训，联系中国国情，探索中心城市和城市群高效率发展的体制机制与模式。

具体原因在于中心城市和城市群千差万别，中心城市和城市群治理出现一定具体的瓶颈障碍问题，面临一些独特的体制机制难关。如部分城市群面临的是冲击世界级城市群过程中的挑战；部分城市群面临的问题是如何创造条件从而能够度过“破壳”的初始阶段。对此类问题，需要我们针对不同的城市群具体分析，加强研究与政策的针对性、有效性，实事求是，摸索创新。

三、构建高效率治理体系、促进中心城市和城市群健康发展的认识

构建高效率治理体系、促进中心城市和城市群健康发展，是面向未来，实现现代化强国目标的必由之路；是破解制约因素，推动经济迈向高质量发展的关键举措。尤其是面对当前复杂的国内外经济形势，推动中心城市和城市群发展，对于形成以国内大循环为主体、国内国际双循环相互促进的新发展格局，具有牵一发而动全身的意义。

通过调研，我们对构建高效率治理体系、促进中心城市和城市群健康发展的认识有所深化。

（一）中心城市和城市群健康发展是构建两个大循环总体格局的基础性、引领性和持久性力量

一是从基础性力量来说，中心城市和城市群是稳定中国经济社会发展之“锚”。中心城市和城市群已聚集了全国七至八成的人口和经济总量，是国家发展和人民生活最为倚重之所在。世界面临百年未有之大变局，中国迈向现代化的征程充满各种挑战。一定意义上讲，在任何时候，稳住了中心城市和城市群，就基本实现了稳就业、稳金融、稳外贸、稳外资、稳投资、稳预期的主要目标。只要充分发挥几十个国家中心城市和十几个国家级城市群的作用，国家的经济、生态、社会、国土等方面的国家安全就有了基本保证。

二是从引领性力量来说，京津冀、长三角、粤港澳等是中国参与全球竞争的重要力量。西北、西南、东北的一些城市群，从全球战略特别是从我国“一带一路”发展格局来看，对于拓展战略空间、形成内陆开放高地，战略地位显著。整体而言，我国的中心城市和城市群为全球产业链、价值链、产品链提供了要素充沛、规模集聚的发展空间，重塑了世界经济格局，为世界经济中心从西方转移到东方创造了条件，同时也为中国经济从区域性市场深度融入全球化提供了牵引的力量，使中国与日本、韩国一起，成为与欧洲、北美洲并驾齐驱的全球产业链三大中心区域之一。

三是从持久性力量来说，中心城市和城市群是未来 30 ～ 50 年可以依赖的动力源。中心城市和城市群是在现代工业化的基础上发展起来的空间形态。从第一次工业革命发生在英国催生伦敦城市群算起，西方国家发达的城市群已有上百年发展历史。改革开放 40 多年来，京津冀、长三角和粤港澳（不包括港澳地区）GDP 增幅达 43.5 倍，为整体国力提升贡献达 38.5%。中国的城镇化率刚刚达到 60%，正在开启城市化的下半程。在未来 30 ～ 50 年中，以中心城市引领城市群、城市群带动区域协调发展的发展模式，将持久缓放经济社会的内在动力。

（二）构建高效率治理体系，促进中心城市和城市群健康发展，对于完善国家治理体系具有独特而重要的意义

一是城市群“顶天立地”，是对国家治理体系具有支撑性作用的治理单元。“国家”作为最高层级的、整体的单元，其下理应包含多个层级的治理单元，从而形成环环相扣的治理单元体系。当前，我国治理单元体系中，村庄、社区、县域等具有明确边界且靠近底层的治理已有所发展。中心城市和城市群治理涉及中央与地方之间、区域之间、城乡之间、城市之间的合作，从层级特征上可谓上顶天、下立地，但在治理体系构建上还处于“塌陷”状态。中共中央要求推进国家治理体系和治理能力现代化，我们研究并提出将中心城市和城市群治理作为新治理单元，这是实现国家有效治理的重要一环，具有重要的现实意义和理论价值。

二是从中心城市和城市群已经积累的问题来看，需要通过治理加以解决。我国一些超大、特大城市资源集聚过度“吃不了”，城市群范围内中小城市“吃不到”“吃不饱”。城市群涉及产业、交通、生态环境保护等问题，议而不决、决而不行、行而不实。诸如此类的问题集中反映在治理目标不清晰、治理机制不健全、治理手段不完备、治理力量不充分，等等，唯有构建完整系统的治理体系，不断提高治理水平才是问题的最终解决之道。

三是从现代化强国目标要求来看，需要提升治理水平、加大治理力度，使中心城市和城市群变得更强更优。中国规划到 2035 年基本实现现代化，到

2050年要建设成为富强民主文明和谐美丽的现代化强国。与此相对应，中心城市和城市群发展需要制定科学的中远期目标，并沿着科学的路径演进，为此就必须超前谋划设定目标体系，着力提升治理水平，避免以往的城市病发生在城市群身上。

（三）构建高效率治理体系，促进中心城市和城市群健康发展，要在充分借鉴全球智慧的基础上设计出中国方案

城市群涉及多个行政区，需要处理好中央政府与城市、城市与区域、城市与城市、城市内部各类关系。在此领域，西方发达国家积累了丰富的经验。如从理论模式上看，存在大都市模式、多中心竞争模式、新区域主义模式等。从实践中看，有以英国大伦敦城市群为代表的政府主导协同模式，以日本东京城市群为代表的混合协同模式，以法国“市（镇）联合体”为代表的一体化自治协同模式等。从城市群迈向一体化的阶段环节来看，主要有贸易一体化、市场一体化、政策一体化、完全一体化等，与各阶段相对应的治理内容与重点不尽相同。

调研组分析认为，中心城市和城市群治理要遵循此类空间主体治理的一般规律，因此应积极学习欧美日韩等国家的成功经验。同时，要立足中国的体制机制环境，分析中国中心城市和城市群治理之“特”。

中国中心城市和城市群治理有四个“特”需要把握。

一是“特”在发展阶段。少数城市群具备冲击世界城市群的规模实力，其中长三角提出迈向高质量一体化。其他城市群处于发育、成长或成熟的不同阶段，不能用统一的模式来要求与推动中心城市和城市群发展。

二是“特”在国家战略定位。中心城市和城市群是国家重大战略的空间载体。应积极发挥中央和省级政府的引导协调作用，确保国家战略意图得以完整体现在中心城市和城市群治理中。同时推动各类城市政府积极参与，发挥社会组织作用，形成多元治理的局面。

三是“特”在功能任务。中心城市和城市群发展并不是为了独善其身，而是通过中心城市引领城市群、带动区域协调发展。中心城市和城市群要与非城市群地区、乡村地区发展形成良性互动。

四是“特”在制度环境。中国特色的体制机制既为中心城市和城市群发展提供了强大的行政组织力量，同时各类行政壁垒又构成体制机制障碍。因此需要积极稳妥地分析治理路径，探索富有中国特色的治理之道，促进中心城市和城市群健康发展。

（四）构建高效率治理体系，促进中心城市和城市群健康发展，触及面极广、极深，关键是处理好政府与市场及社会的关系

构建高效率治理体系，促进中心城市和城市群发展，总体上将创造发展红利，惠及各方。但在高效率治理体系形成过程中，不可避免地要改变旧有的治理方式，调整已有的价值分配格局，触及政策和法治层面的内容。鉴于中国国情的特殊性，构建高效率治理体系成败与否在于能否处理好政府与政府、政府与市场之间的关系，具体来说：

一是上下与左右的关系。上下是上级政府与中心城市及城市群的关系，左右是城市之间的关系。在我们国家，这主要表现为中央政府及其职能部门与城市政府一起，解决城市群发展的重大问题。一方面，中央政府和省级政府不能缺位；另一方面，城市政府应注重培养强大的协调能力，不能过度依赖上级政府的行政管控。

二是有形之手与无形之手的关系。城市群在规划、产业、生态环境、民生事业等方面，还有大量阻碍发展的体制机制，需要政府出手予以破除。同时需要在过程中分清政府责任与市场机制作用的范围，培育和运用市场机制，防止在城市群治理中形成过度的政府依赖。

三是政府主动与广泛发动的关系。构建高效率治理体系，促进中心城市和城市群健康发展，需要政府部门尤其是中心城市担负起职责，抓紧推动。但城市群发展事关方方面面利益，涉及程序正义的要求与多元主体充分参与的权利，尤其是要兼顾中小城市、乡村等发展，因此不能急于求成、抓狂冒进。

四是试点创新与依法推进的关系。构建高效率治理体系，促进中心城市和城市群健康发展，需要综合运用各种方式方法，既需要依法依规推进、建章立制推进，也需要通过试点创新，甚至通过试错探索推进。可以预见，随着城市

群治理体系的构建，一些实践做法将进一步制度化，甚至上升为法律法规，而一些现行的法律法规将被调整直至废弃。因此需要平衡好试点创新与依法推进的关系。

四、构建高效率治理体系，推动中心城市和城市群健康发展的建议

（一）强化思想认识，从构建和完善国家治理体系的高度，推动中心城市和城市群健康发展

一是认真学习关于国家治理体系建设、关于中心城市和城市群发展的系列重要论述精神，充分认识到中心城市和城市群发展是区域发展新的强大的动力源，认识到中心城市和城市群治理是国家治理体系的重要组成部分，将构建高效率治理体系，推动中心城市和城市群健康发展作为区域经济发展中“抓总”的战略，务求取得重要突破。

二是紧扣以国内大循环为主体、国内国际双循环相互促进的新发展格局的目标任务，研究发挥中心城市和城市群在两个大循环中的作用，以中心城市和城市群健康发展为重点，确定目标导向、问题导向、结果导向，培育新形势下我国参与国际合作的新优势。

三是尊重中心城市和城市群发展的一般规律，坚持世界眼光、中国特色、时代特征，研究中心城市和城市群治理面临的有利条件和瓶颈障碍，提出构建高效率治理体系的中国方案。

（二）对中心城市和城市群实施分类、分区、分层、分级，优化和调整治理目标

从国家战略、现状实力、发展模式、空间结构、承载能力等方面进一步研究城市群的分类分级，实现精准治理的目标。

一是明确按照世界级城市群发展水平要求，研究京津冀、长三角、粤港澳、成渝等城市群的治理目标和发展重点。立足现代化强国目标，推动大规模经济体建设转向高质量发展的创新区域建设，在科技创新水平、经济产出效率、宜居品质、健康生态环境等短板方向上要有显著提升。支持上海、深圳、广州等受到发展空间制约较大的国家中心城市适度扩大行政管辖范围，通过发展都市圈的方式突破空间的制约。支持国家中心城市和超大、特大城市适度扩大地方立法权限。

二是积极推动长江中游、中部平原、山东半岛、辽中南、关中平原、海峡西岸、北部湾等区域性城市群发展。以中部平原地带的城市群和都市圈作为工业化、城镇化的主战场，增强人口与经济集聚的承载力。针对城市群空间泛化等问题，应以省会等特大城市和大城市为载体加快培育、构建大都市圈，以大都市圈支撑城市群，以城市群促进区域协调发展，将城市群逐步做实。以行政优化重组的方式，稳步发展一批新兴的区域性中心城市，增强其配置资源带动区域发展能力。

三是从培育和形成国家战略纵深的高度，重点扶持哈长、兰西、晋中、呼包鄂榆、滇中、黔中、宁夏沿黄、天山北坡等城市群。发挥西北、西南、东北以及其他沿边地区城市群在生态、国防、军事、民族事务、“一带一路”等方面的功能。在西部地区加大水利工程、铁路、机场等重大基础设施投入力度，改善区域基础条件。补足基本公共服务的短板，注重布局重大专项平台。正视西部地区城市群“先天不足”的问题，调整优化原有不现实的发展目标和发展路径。以中心城市建设为重点，对标 2035 年和 2050 年目标，重点实施点—轴战略，避免不切实际四处开发或摊大饼。

四是完善中心城市和城市群体系建设。充分发挥“一国两制”的政策优势，研究珠澳特别合作区问题，做大做强珠澳一极。从增强北方经济带动力的角度，进一步研究推动东北、华北等地中心城市发挥作用，带动东北和环渤海发展，联动东北亚的区域合作。考虑到西南与西北的发展重点有较大差异，应考虑将西部大开发分成西北与西南两大空间。进一步加强成渝城市群向西、向南的辐射带动作用，提升关中平原城市群在西北的战略地位，研究支持兰州—

西宁、天山北坡等城市群发展的具体路径。有针对性地出台具体举措，支持这些发育欠佳的城市群在“一带一路”建设、民族融合发展、生态建设等方面能切实承担国家重大战略。提高统筹协调层次，推进长江经济带三大城市群、黄河流域五大城市群联动发展。以中心城市和城市群为重点，有效推动“一带一路”产业链合作，主动打造国际大循环的“大动脉”。

（三）通过扩权、赋能、压担，做大做强做实中心城市，使之成为城市群治理的强大主体

一是成立由国家领导牵头的国家中心城市和城市群战略领导小组。合理划分中央事权、城市群区域共同事权和城市事权。发挥中央政府及其职能部门在规则建立和全国性统筹中的重要作用，为构建高效率治理体系做好顶层设计。

二是建立由部委指导协调、中心城市牵头、利益相关城市及有关机构参与的非常设性协作的工作机制。重点研究如何推动城市群（含都市圈）共编各类规划、共建基础设施、共抓生态保护、共推民生事业、共促产业发展。支持开展不同区域范围的中心城市之间、中心城市与中小城市之间多层次的交流对话机制。

三是支持中心城市首位度提升。加强产业和人口集聚，形成以城市群中心城市为主要形态的增长动力源，释放中心城市发展活力和辐射带动能力。赋予中心城市生态环保、社会治理和城市管理更大的立法与自主权。调整行政区划适当扩大中心城市地域空间，完善中心城市市辖区规模结构和管辖范围，迅速提升中心城市综合承载和资源优化配置能力，打破部分中心城市发展空间受限的掣肘，释放中心城市发展活力。加大创新资源集中定向投入，建设学科集群、空间集聚的区域科创中心，打破科技人才、项目和成果有序流动的制度障碍，成为辐射带动城市群创新和转型发展的策源地与新动能。

四是将城市群或都市圈项目申报纳入规范流程。支持中心城市牵头，组织有关城市共同申报轨道交通、流域治理、区域科技创新平台等重大项目。研究制定管理方法，明确城市群或都市圈项目申报的主体资格、流程机制、责任义务划分原则等，推动多城市共同参与项目的审批效率，提高实施效果。

（四）以城市群要素市场化配置作为治理重点，在城市群率先建成充满活力的现代化经济体

一是在城市群开展户籍同城化改革。对中心城市可适当提高户籍准入门槛，其他城市统一户籍准入标准。城市群内实行户口准入年限跨市累计，并对应享受居住地基本公共服务。

二是进一步发挥“人地钱挂钩”的政策效用。中央和省级财政加大对农业转移人口市民化奖励力度，调动中心城市、城市群吸纳农业转移人口的积极性。国家中心城市和城市群单列新增建设用地指标，用于推进农业转移人口落户。

三是建立省域间土地要素交换机制。总结城乡建设用地增减挂钩节余指标跨省域调剂和补充耕地国家统筹两项改革经验，探索建立全国性建设用地、补充耕地指标跨区域交易的常态化机制，在省域间建立起土地资源和资金要素有序流动、平等交换的重要载体。

四是促进科技创新要素流动。依托城市群内现有高新区、经开区、试验区等重点平台空间，以企业、科研院所为合作主体，建立多层次交流机制。依托中心城市统筹布局国家科学中心、国家产业创新中心、国家技术创新中心等，在城市群加强国家技术转移区域中心、区域科技服务中心、产业技术合作联盟等建设，探索区域性创新型人才联合培养模式，解决区域创新合作的共性问题，推动合作城市间创新资源共享机制建设。

（五）丰富治理手段与方式，形成多方协同的局面，破除合作阻力、汇集治理动力

一是鼓励城市群的协同立法。进一步完善地方协同立法各项制度安排，建立城市群一体化的政策法规环境。加快研究制定《城市群协调发展促进法》。

二是充分发挥“软法”治理的作用。借鉴欧盟等地推进“软法”的做法，鼓励城市群各类主体制定和发布建议、意见、通报、结论、宣言、行动计划或纲领、公报和机构间协议等不具有法律效力但能起到引导作用的“软法”，丰富城市群治理的规则体系。

三是培育并发挥商会、协会、智库机构、媒体、联盟类组织的作用。进一步发挥媒体发现问题、引领舆论的作用；发挥智库机构提供解决方案、参与评估的作用；发挥商协会组织协调行业资源，加快市场化机制建设的作用。

四是提升数字治理的广度与深度。打通地区间、部门间信息壁垒，促进信息在城市群共享。推进人口、法人、自然资源、空间地理等基础数据库建设，以金融、信用、交通、商务等领域为服务对象，推动开放规范的数据共享。在城市群率先打造高效统一、接口开放的智慧政府平台。发挥“互联网 +”模式在便民服务上的优势，推动公共服务供给的便捷化与智慧化。

五是总结推广创新做法和优秀的治理案例。通过专题培训、现场交流等方式，强化地方经验交流。推广中心城市和城市群治理的案例做法，鼓励城市群各类主体发挥首创精神，探索共建共享的各类机制。

（六）构建评估评价体系，引导治理方向、促进形成共建共享共治的发展格局

一是开展城市群发展指标的科学统计。将城市群统计列为国家统计内容，开展城市群分级分类考核，适当增加城市群内部协作事务和考核比重。建立都市圈、城市群统计协调合作机制，特别是建立常规统计数据交换共享机制。

二是推进实施第三方评价评估制度。严格规划实施监督、评估与问责，切实改变城市群规划不稳定不连续、没有规划执行主体、评估问责薄弱等情况。善于运用监测评估的结果为生态补偿等机制的运行提供依据。

三是改进规划的发布管理制度。建立中心城市和城市群各类规划的发布制度。中心城市和城市群一般性规划不作为保密处理，保障各类主体特别是市场化主体和市民的规划知情权，提高公众参与治理的积极性。

*执笔人：冯　奎　董祚继

* 冯　奎，民盟中央经济委员会副主任、中国城市和小城镇改革发展中心学术委秘书长。
董祚继，民盟中央社会委员会副主任、中国科学院大学国家土地科学研究中心主任。

第三章
城市群一体化治理机制共建与高质量发展的探索

民盟江苏省委

城市群是中国城镇化的主体形态，是高质量发展和社会主义现代化新征程的领先区域。构建高效率现代化治理体系，促进中心城市和城市群发展，是重大的国家战略方向。2019 年 12 月，《中共中央关于坚持和完善中国特色社会主义制度、推进国家治理体系和治理能力现代化若干重大问题的决定》提出，要优化行政区划设置，提高中心城市和城市群人口、经济的综合承载及资源优化配置能力，实行扁平化管理，形成高效率组织体系。优化城市群一体化的治理结构，提升一体化治理效率，是城市群治理体系现代化的核心内容，是提升城市群人口、经济承载力的关键。

一、我国城市群体系的演化与治理体系存在问题

我国城市群以占全国 29.1% 的面积，集聚了全国 75.2% 的总人口和 80% 左右的经济总量，特别是人口经济越来越向城市群集聚，长三角（一市三省）的人口占全国人口比重从 2000 年的 15.36% 提升到 2018 年的 16.15%；珠三角

（九市）从 2000 年的 3.39% 上升到 2018 年的 4.52%；京津冀（两市一省）从 2000 年的 7.12% 上升到 2015 年的 8.11%，到 2018 年又下降到 8.08%。

总体上看，“胡焕庸线”两侧人口份额仍基本维持 94 : 6 的大数特征。从 2010 ～ 2019 年人口增量主要集中在东南沿海及北京、天津、重庆、广州、上海、成都、武汉等城市，总体呈现出以京津冀、长三角、珠三角、成渝等城市群为主导的“核心—边缘”特征，且京沪线、京九线等沿线人口增量也较为明显。除了哈长城市群整体人口负增长以外，其他主要城市群均实现人口增长，且城市群内中心城市成为新增人口集聚的主要空间。东北地区、大都市周边中小城市成为人口流失的热点地区。东北三省、内蒙古以及青海等省区人口明显减少，河南、四川等省区也仍然是人口净流出地区，除省会等主要城市以外的中小城市人口外流的压力相对较大。哈长城市群从 2010 年到 2019 年是负增长的。

分时间看，可以看出一些不一样的变化趋势是 2018 年以来我国人口增长热点区域呈现“西进”新态势。进一步比较 2018 年 11 月至 2019 年 10 月期间全国县（市）尺度的人口增减态势及其空间分布格局，主要城市群及其中心城市的人口仍显著增加，相关区域和城市仍然是人口增长和空间集聚的热点地区；东北大部分县市人口仍显著减少，外流压力仍然较大；与前述 2010 ～ 2019 年各地区人口增减趋势分析结果存在差异的是，中西部部分地区，例如四川东部、云南东北部等，人口明显增长。

虽然 2000 ～ 2010 年我国流动人口大量涌入长三角、珠三角以及京—津等地区，尤其是北京、上海、广州、深圳等一线城市；同时，伴随“西部大开发”“援疆、援藏”等政策实施，很多少数民族聚居的区域和城市流动人口增加；中西部的河南、重庆、四川等地以及大多数中小城市均是人口净流出。2010 ～ 2015 年，长三角、珠三角、京—津等作为人口迁移目的地的格局进一步固化，其中很多城市的外来人口占比超过 10%，上海、北京、深圳、天津、东莞等城市的外来人口总量均超过 500 万人；省会城市，尤其是中西部地区的省会城市成为外来人口集聚的新兴热点，其中成都、郑州、武汉和昆明的外来人口总量也已超过 100 万人；但是主要城市群外围及周边地区、中西部地区，尤其是贵州、广西、川东、豫南、闽西、苏北、粤北等中小城市人口净流出。

虽然外来人口仍高度集聚在沿海城市群和我国主要省会城市，但北京、长三角核心区、珠三角以及部分中西部省会城市的年均外来人口增幅均呈现下降态势，而重庆及其周边地区等人口流出城市的人口迁出量趋小；近年来，受超大城市人口调控政策影响，北京、上海等大都市常住外来人口增速明显放缓，甚至负增长。可见，当前我国人口迁移也在重塑中心城市和城市群发展过程和格局。

城市群的人口和经济承载力的进一步提升，面临着较大的制约，城市群治理体系及高质量发展存在如下问题。

第一，资源环境承载力减弱。空气、水、土等环境污染主要集中在城市群地区，占全国污染的3/4。随着城市人口增加、产业发展和用地扩展，各种城市环境污染及生态退化问题已经显现或呈现加剧态势，严重影响到了公共安全、人体健康和社会经济的可持续发展。

第二，发展质量仍然不高。长三角虽是我国社会经济最发达的地区，但是作为世界级城市群，其人均GDP只有美欧日等其他五大世界级城市群的1/5～1/4，长三角三省一市土地面积与日本相当，人口相当于日本与德国之和，但创新能力无法与日本、德国比肩。特别是城市群的产业发展层次和创新能力不够高，产业链的关键技术、关键环节和关键零部件国内供给短缺，如工业机器人国产市场份额仅占27%，高档数控机床自主化率仅为6%左右。加上我国乃至长三角科创能力与发达国家仍有较大差距，这使我国产业链极易受到发达国家技术封锁的影响，存在较大风险和威胁。

第三，地区之间的分工管控不清晰。土地利用和开发强度偏高，开发和保护的地域边界模糊，空间无序扩张，人口经济承载效率低下；产业同构，专业化比较优势没有得到充分发挥，影响了区域一体化发展的规模集聚和范围经济的效应，降低了人口和经济的集聚强度。

第四，地区福利不均衡严重存在。地区跨区域的合作治理刚刚起步，自然资产、生态环境、基础设施和公共服务资源跨界共享的技术和制度支撑严重不足，一体化流动成本和交易成本高，分享经济发展极大受限，一体化的高密度、高强度、高效率空间难以形成。

第五，城乡融合的共治体系尚不成熟。国家统计局数据显示，2019 年，我国常住人口城镇化率为 60.60%，户籍人口城镇化率仅为 44.38%，人户分离人口数近 3 亿人，他们受城乡二元户籍制度的影响，在城乡间双漂或城乡两栖，难以享受城市应有基本公共服务和权利。

第六，一体化的发展动力依然不够强劲。一体化的多主体社会治理体系中，政府主导作用比较明显，但企业主体作用没有得到很好发挥，社会参与主体，一体化的共治体系相对不足。

二、建议建立科学完善的城市群一体化分工合作的治理机制

科学完善的城市群一体化治理体系，包括促进形成各地区按照自然基础、发展条件和比较优势，形成生产、生活、生态功能的合理分工与布局治理机制，促进各地区形成优势互补、成本共担、利益共享的合作治理机制，促进地区间经济社会资源环境的协调发展机制，形成包括政府、企业、社会团体在内的多主体协同共治机制。以此优化要素配置和发展环境，提升地区人口和经济承载能力，共同缔造一体化发展新蓝图，培育全国强劲活跃的增长极，实现高质量发展。

（一）建立责任清晰的空间分工治理机制

一体化的空间格局是非均等的，宜将自然生态要素、发展潜力的比较优势以及规模集聚等要素纳入分工分析框架中，进行空间功能的开发与保护分工，探索引导、管制和平衡相结合的治理制度，构建经济集中、生态安全、社会公平的空间优化准则，明晰城市群内的城镇化和工业化聚集空间、农业和农村发展空间、自然生态保护空间，确保它们各司其职、各行其道、各施管制，实现

经济和生态的空间均衡。

为此首先还需要因地制宜，根据大城市水土自然约束，科学合理测算可承载的人口和经济密度，鼓励承载能力高的区域进一步提升经济和人口集聚度，推动过载区域疏散非核心功能。对中心城市的人口采取审慎态度，分别对待。长三角城市群的中心城市上海目前人口2400万～3000万人，人口规模扩大存在着交通拥堵城市病、水资源供给紧张等约束，应鼓励人口和非核心功能向周边地区扩散，有序引导人口、产业向城镇轴、都市圈等合理集聚。

其次，提升中心城市和城市群人口承载和就业接纳能力。强化就业引导，在推进制造业机器换人的同时，鼓励城市服务业和灵活就业；摒弃大城市对外来务工人口歧视政策，增加包容性，稳定外来人口在城市的消费和投资预期；适度降低人均公共设施配套标准（特别是不断攀升的中小学教育现代化标准），缓解人口进城的财力不足矛盾。

最后，促进城乡融合与农业农村发展。农业农村发展将是社会主义现代化建设的短板，也是重点，城市群治理应该更加注重城乡治理。搭建城乡要素自由流动和平等交换的制度和政策平台，促进城乡融合发展；推进城市群内户口通迁、居住互认，放宽中小城市落户政策，促进农业转移人口就近就地城镇化。稳妥推进农村产权制度特别是土地制度改革，赋予农民完整的土地物权，探索建立区域共享的城乡土地交易市场，形成与人口流向相匹配的建设用地指标配置机制；鼓励社区参与，积极发挥农民积极性，提升农业科技含量，培养知识型专业农民，促进乡村振兴。以效用等值化带动城市群城乡居民同城化。

（二）建立完善的一体化发展合作博弈机制

在中央政府、地方政府、企业、公众、NGO（非政府组织）等各利益主体的合作中，既存在红利也存在障碍。我们要从红利和障碍的博弈中，把握好区域合作的内在逻辑，实现成本共担和利益共享。这是成功合作亘古不变的准则，更是促进区域内有效合作治理的核心原则。因此，我们需要在区域内建立起成熟的互帮互信、对话协商、利益共享、监督约束等机制，这是达成区域内高效率合作的必要措施。在区域一体化进程中，建立生态环境联防联治、生态补偿和污染赔偿机制，修好“断头路”和共建共享基础设施，优质公共服务的标准化、均等化、区域产业的合作与创新等，都离不开上述合作治理机制。

以往的生态补偿主要是发达地区对欠发达地区的补偿。城市群的生态补偿机制探索，会出现发达地区对发达地区的生态购买和补偿问题，以此体现“绿水青山就是金山银山”。为此，加快对太湖流域的生态补偿机制探索。太湖是生命湖，环湖城市如何更好地共同保护太湖、协调供水防洪航运等民生需求、平衡各地投入和资源利用，需要尽快规划。从太湖流域一体化保护和资源利用大格局出发，探讨建立苏浙沪区域“水权交易”方式，以此为切入点突破省际横向生态补偿的诸多难点。同时，组建太湖基金，以推动太湖生态保护和生态补偿机制的市场化运作和落地实施。

（三）建议开展城市群一体化治理效率评价

城市群一体化的治理体系往哪里走，还有赖于对治理体系的效率评价，以此作为衡量和引导的重要指南。城市群治理效率的技术评价可以依据城市群治理体系的内涵要求，基于投入产出及协同程度的分析，构建治理效率的技术评价体系和模型，进行城市群效率评估。对此，我们建议采用基于信息技术和数据科学的城市群治理效率评价。该方法有别于现行的评价方法。

现行的评价方法一般有两种：一是区域均衡评价方法，多采用以人均GDP、居民收入、就业率等为主的简单指标法和以洛伦茨曲线、基尼系数等模型为主的复合指标法；二是系统协调测度方法，以系统论和协同论为基础，将城市群分为经济、社会、环境等若干子系统，利用耦合度函数、改进熵值法等构建系统协调度模型，对城市群治理效率进行测度。

两种方法均有劣势。第一种方法局限于经济公平性的度量，忽视了城市群内部发展条件差异和功能分工，无法覆盖城市群治理经济集聚、社会公平、生态安全的综合效率；第二种方法简单地把城市群作为一个单元，分析各子系统间协调性，没有考虑内部各城市间的协调性问题。而且，它们都是基于行政区单元的静态统计数据，无法适应城市群动态系统、复杂网络、多维流空间的研究需要，更无法满足城市群治理快速及时的现实需要。

因此，我们建议采用基于信息技术和数据科学的城市群治理效率评价。近年来，该项研究是国际上区域科学研究的热点，使原先被静态化、理想化模型束缚的城市群治理效率评价技术，逐步取得重大突破。大数据驱动研究可以通过定量的方式，对城市群的发展状态和要素流动过程，实现精细化监测和及时反映。这些新数据源能够较为直观地反映出城市群的自我组织规律，可以帮助政府和学界更好地感知城市群演进特征。如果说传统的统计数据像传统医学一般，根据经验为城市群的发展开药方，那么，基于信息技术和数据科学的大数据，就像是新兴的精准医学一样，可以通过对城市群体征的全息检测，提供个性化、有针对性的治疗方案。这使城市群治理效率评价的动态化、精准化成为可能。

三、积极推动城市群自主安全可控产业链的建构和创新链融合

产业链构建是城市群经济体系构建的重要基础。如果说城市群治理体系的构建以政府推动为主导，产业链构建和创新链融合发展则需要政府引导下市场和企业主体的推动。当前，世界经济深度衰退，经济全球化遭遇逆流，加之全球新冠肺炎疫情持续蔓延，加速导致全球产业链、供应链配套由“成本市场”导向转向“自主安全可控”导向，跨国公司主导的“离岸”布局向优势地区的“在岸”集聚转移，对我国开放型经济发展挑战巨大，依靠引资和出口融入全球产业链价值链创新链的模式难以为继。为此，我们需要发挥国内超大规模市场优势，加快形成以国内大循环为主体、国内国际双循环相互促进的新发展格局，长三角区域要发挥人才富集、科技水平高、制造业发达、产业链供应链相

对完备和市场潜力大等诸多优势，积极探索形成新发展格局的路径。[①]

其中长三角、珠三角等城市群补齐产业核心基础环节短板，稳定供应链，构建自主安全可控产业链供应链，打好产业基础高级化与产业链现代化攻坚战，保障经济可持续、高质量发展，打造强劲活跃增长极，成为新发展格局下城市群高质量一体化发展现实而迫切的任务。为此，城市群地区需要充分发挥改革开放高地功能，坚定不移地维护、融入和推动经济全球化，成为连通国际国内市场的桥梁，利用两种资源、两种技术融合发展的阵地；同时也要勇当我国科技产业创新的开路先锋以及培育国内市场体系的主导力量，为全国高质量发展提供高水平科技供给和具有高市场契合度的产品。

（一）提升骨干企业链主控制力，增强产业链设计与促进职能，推动跨区域产业链联盟与培育

提升龙头骨干企业在全球产业链创新链价值链的控制力，保障区域产业链供应链自主安全可控。龙头骨干企业，既包括本土企业，也包括外资公司。构建双循环发展格局，不是要弱化对外开放，而是要以国内循环的发展进一步提升国际化的水平和层级。一方面，仍然要支持外资“龙头企业”扎根发展，保持外资外贸政策连续性，稳定外资外贸发展预期，提升长三角区域法治化、国际化、便利化营商环境的均等化水平，提升外资企业本地增值率、本地配套比重以及中间产品的本地采购率，研究制定分类指导外资企业增资扩产、转型升级的具体方案和配套政策，在分工中与国外形成关键环节和关键产品相互制衡的发展格局。另一方面，要积极增强本土跨国公司的产业链组织能力和全球资源整合能力，支持企业高位链接全球生产网络，提高国际市场竞争力和话语权，力争在产业链、供应链关键环节上构建区域自主配套的能力。

要增强产业链设计与促进职能，推动跨区域产业链联合与培育。可以考

① 新华社. 习近平在扎实推进长三角一体化发展座谈会上强调：紧扣一体化和高质量抓好重点工作推动长三角一体化发展不断取得成效. 2020[2021-07-28]. http://www.gov.cn/xinwen/2020-08/22/content_5536613.htm。

虑由长三角各省市产业管理部门或链主企业与科学院等机构合作，设计产业链促进机构，承担产业链的高位设计与协调主要职能。第一，从长三角一体化出发，开展面向行业的优势产业链升级的总体设计及引导政策体系制定。第二，配合各地政府“十四五”规划及中长期设想，按照优势产业链总体设计，引导谋划长三角各城市产业发展方向，推动特色产业园区特色化和品牌化发展。第三，依托“企业家联盟”等平台载体，鼓励多方共建企业供应链的信息互通平台，鼓励技术关联企业的产品调整补链。第四，开展引导产品、创新与市场衔接的咨询服务，加强对消费者多元化需求、产品细分领域竞争态势的跟踪、分析与研判，为企业融入产业链提供平台型、灯塔式服务。

（二）以城市群科技创新一体化，提升整体创新能力

科技创新功能应该是城市群不可或缺的标配。世界六大城市群拥有 80% 以上的全球 TOP 200 高校以及将近 60% 的世界 500 强企业，因而是新思想、新技术、新方法的策源地。创新能力及其对区域转型升级的贡献较弱，是我国城市群高质量发展的最大制约。在新发展格局中，长三角勇当我国科技和产业创新的开路先锋。充分发挥这一优势，聚焦集成电路、生物医药、人工智能等重点领域和关键环节，尽早取得突破，把创新主动权、发展主动权牢牢掌握在自己手中，挑战巨大，机遇也同样巨大。

京津冀、长三角、粤港澳等城市群是我国科教资源最丰富的区域，拥有四个国际科创中心和四个国家综合性科学中心，同时还拥有一批科教名城和科技实力较为雄厚的城市。京津冀、长三角、粤港澳作为世界级城市群应该成为我国参与全球科技合作与竞争的主体力量和核心区域，我国在世界上最有影响力的科创中心。新一轮科技竞争大幕早已拉开，城市群在科技创新领域的综合实力，很大程度上影响着我国在国际竞争格局中的位置，使命和责任重大。

城市群科技布局应该有全球视野和人类情怀的更宽广格局，应瞄准影响人类健康、进步和可持续发展的重大科学问题（智能科学、地球科学）作出

应有贡献。当前的科学研究前沿，一方面，瞄准提升人类生活质量的产业化的技术领域，开展信息、材料、生命及人工智能等先进科学技术研究；另一方面，地球及行星变化对人类生存发展的影响及应对研究，是服务全人类的善行；同时，面向重大问题的多学科融合系统研究，正日益成为科技关注焦点和热点。

以科学中心为牵引，协同科技资源，建立科技攻关区域共同体。国家科学中心及科技资源丰富的城市有可能就是占领科学前沿的基础研发与科技攻关的领头羊城市，还有一些城市可能成为科技与经济紧密融合的产业创新城市。通过促进资源整合、学科融合，尽快组成卡脖子技术的联合攻关团队，真正占领科技制高点，并尽快实现新技术新产品的产业化。可以通过数字赋能，以科学院为单位，进行长三角科创资源整合提升，提高研发和转化效率。优先发展与国家现状以及需要解决的民生问题相结合的科学技术领域。比如，人工智能卡脖子技术重点解决服务于智慧医疗、智慧农业、5G、AI（人工智能）、智能制造等领域，其中智慧医疗应用最为重要。生物医药方面，仍着力于关系民生的重大创新研发，生命科学、医学、药学要紧密结合，技术发展与产品研发要紧密结合，源头创新与产业发展要紧密结合。同时，加强学军民融合，构建与AI技术相关的军民融合成果转化平台，通过产学研用资的结合，将已掌握的尖端科技迅速转化为民用，建立自主可控的AI技术体系。依托自主创新示范区和自贸区“双自联动”，更大力度地促进国际科技合作。自主创新示范区作为未来的创新策源地和引领区，自贸区是开放型经济发展先行区。在构建以内循环为主、内外循环相互促进的新格局中，通过自贸区和自主创新示范区的“双自联动”，率先探索制度型开放的体制机制，形成开放型经济和国际创新合作的新优势，可以更加充分地利用两个市场、两种资源、两种技术，为城市群提升创新能力，进而引领国内大循环、连通国内国际双循环提供重要载体。

（三）建立注重产业技术创新的投入与产出效益的评价体系

进一步明确科技和体制的全面创新方向，围绕优势产业链精准布局创新链的过程中，深化改革共建，在长三角区域进一步复制推广全面创新改革成果和自贸区经验，积极为未来科技和新兴业态发展扫清体制机制障碍。同时，加强创新与市场的有效衔接，加强对创新产品研制企业和用户方的双向支持，健全以经济社会效益结果为导向的产业科技创新评价体系，改变以一系列合作研究院、新型研发机构数量为导向的低效创新体系；彻底改变“四唯”科研教育考核指标体系，可尝试高水平同行专家评议与专家信用兼顾制度，促进教育和科研水平的双提升。

*执笔人：陈　雯

* 陈雯，江苏民盟区域发展与规划研究中心主任，民盟中央生态环境委员会委员，江苏省人大常委会委员，中国科学院南京地理与湖泊研究所研究院博士生导师，长三角一体化发展决策咨询专家。主要从事城市与区域发展理论、区域规划方法、工业绿色化以及长江三角洲以及长江流域的区域可持续发展等方面研究，先后主持和承担了多项国家攻关、中国科学院以及省市政府委托的研究项目。

专题篇

第四章
粤港澳大湾区健康发展研究报告

民盟广东省委

摘　要：粤港澳大湾区中心城市核心引擎地位突出，城市群发展基础较好，但存在同质化竞争、区域发展差距明显、协调发展机制不健全问题。加强香港、澳门、广州、深圳四个中心城市的引擎作用，引领粤港澳大湾区城市群高质量发展，需要加快都市圈和粤港澳合作发展平台建设，推动跨区域产业协作，推进基础设施互联互通，加强区域公共服务治理，健全大湾区协作组织体系、中心城市直接对话机制、利益协调和共享机制。

在构建新发展格局的背景下，中心城市和城市群在我国经济发展中地位日益重要。为了切实履行参政议政职能，民盟中央就“构建高效率治理体系促进中心城市和城市群健康发展”开展了重点调研。民盟广东省委在民盟中央的统一部署下，于2020年5月开展了粤港澳大湾区中心城市和城市群健康发展相关调研，通过向省发改委、省委政研室等省直单位以及广州、深圳、东莞、佛山、珠海、中山等地方政府函调，取得了大量研究资料，收集到很多相关情况及意见，进而研究形成如下报告。

一、粤港澳大湾区中心城市和城市群发展现状分析

（一）粤港澳大湾区中心城市核心引擎地位突出

1. 经济实力强大

香港、澳门、广州、深圳四个中心城市的发展为粤港澳大湾区的建设奠定了雄厚基础。如图 4-1 所示，香港、广州、深圳三市 2019 年 GDP 合计为大湾区经济总量的 66%，再加上澳门，四个城市的 GDP 超过 7.95 万亿元，约为大湾区经济总量的 68.65%，超过 2/3。如图 4-2 所示，从人均 GDP 来看，2019 年香港、澳门、深圳人均 GDP 都远超大湾区平均水平。从地均 GDP 来看，澳门遥遥领先，香港、深圳分列第二位、第三位，广州虽然不及粤港澳大湾区平均值，但也远胜湾区内东莞以外其他非中心城市。

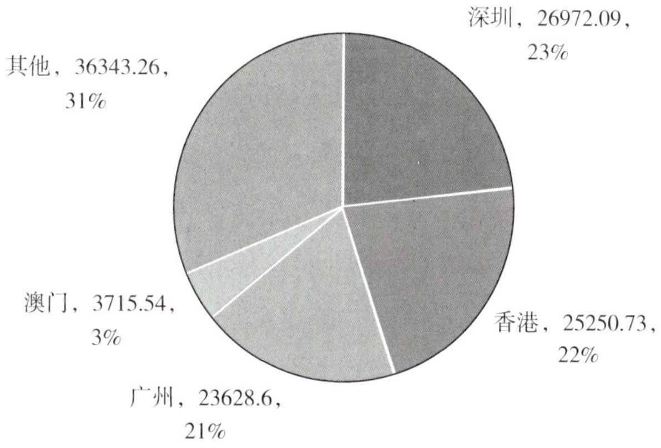

图 4-1　2019 年粤港澳大湾区中心城市及其他城市 GDP 构成（亿元）

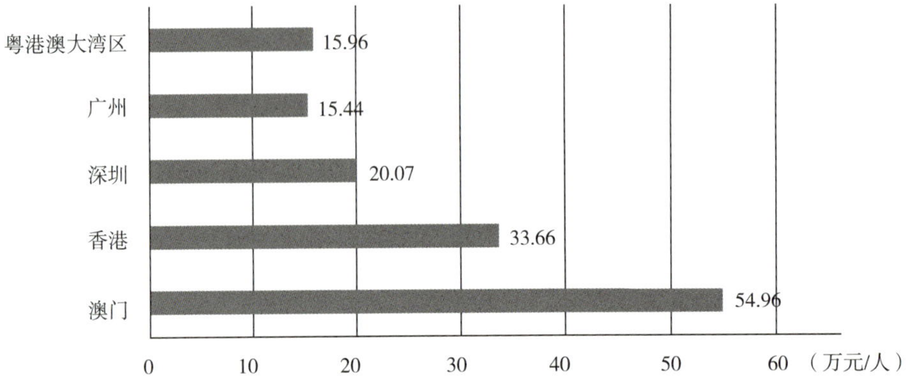

图 4-2　2019 年粤港澳大湾区中心城市与大湾区人均 GDP 对比

2. 海陆空立体交通网络发达

粤港澳大湾区中心城市海空交通发达（详见表 4-1）。香港是亚太地区的航运中心之一，广州是华南地区海陆空交通中心，深圳的国际国内交通枢纽地位也日趋显现。在全球连通性上，在 GaWC 发布的世界一二线城市榜单中，香港位列 Alpha+ 级（强一线），广州位列 Alpha 级（一线），深圳位列 Alpha- 级（弱一线）。在中国社科院城市与竞争力研究中心发布的“国家中心城市指数”中，广州位列全国交通中心第一位。

香港、澳门、广州、深圳的大型机场使粤港澳大湾区拥有世界上最大的机场群。从通航点数量来看，到 2019 年底，香港机场连接全球超过 220 个通航点，从香港出发，5 个小时内可以飞抵全球 1/2 人口居住地；白云机场航线网络覆盖全球 200 多个航点，拥有航线超过 300 条；深圳机场国际航线网络已通达全球 60 个城市，航线总数超过 200 条；澳门机场连接海峡两岸、东南亚及东北亚地区等 60 个航点。2019 年，香港机场客运吞吐量达 7150 万人次，排在中国第四位；白云机场客运量达 7338 万人次，取代香港机场成为粤港澳大湾区旅客吞吐量最大的机场；深圳机场旅客量首次突破 5000 万人次。2019 年香港机场货邮量为 480 万吨，领先排名第二的美国孟菲斯机场近 48 万吨；白云机场和深圳机场 2019 年货邮量分别为 192.2 万吨和 128.3 万吨。

深圳港、广州港、香港港都是粤港澳大湾区主要港口。2019 年，深圳港完成集装箱吞吐量 2557 万标箱，排名全球第四位；广州港集装箱吞吐量突破 2300 万标箱，稳居全球第五；香港港完成集装箱吞吐量 1836.4 万标箱，位列全球第七位。

表4-1　　2019年粤港澳大湾区中心城市机场、港口业务对比

	机场客运量（万人次）	机场货邮量（万吨）	集装箱吞吐量（万标箱）	货物吞吐量（亿吨）
香港	7150	480	1836.4	2.63
澳门	960	4.15	13.86	—
深圳	5293	128.3	2557	2.58
广州	7338	192.2	2322.30	6.25
粤港澳大湾区	22312.42	810.67	7962.56	16.64

3. 人才和科技企业集聚态势明显

港、澳、广、深高等教育和科技企业资源丰富，为粤港澳大湾区建设成为具有国际影响力的科技创新中心奠定了良好基础。在 2020 年 QS 世界大学排名百强榜单中有 5 所香港高校。如图 4–3 所示，广州拥有中山大学、华南理工大学等多所“双一流”高校，共有高等院校 82 所，占全省总量的 54.3%，数量名列全国第三位，在校大学生超过 100 万人。深圳努力打造一流高等教育高地，深大、南科大、哈工大（深圳）、港中大（深圳）高水平大学建设进展迅速。2019 年，深圳市国家高新技术企业总数超过 1.7 万家，仅次于北京，位居全国第二，全社会研发投入占 GDP 比重居全球前列，PCT 国际专利申请量、有效发明专利五年以上维持率稳居全国城市首位。

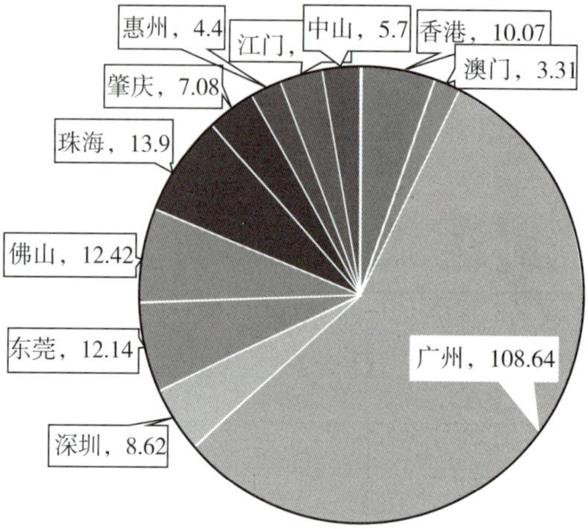

图 4-3　2019 年粤港澳大湾区各城市在校大学生数（万人）

（二）粤港澳大湾区城市群发展基础总体较好

改革开放以来，珠江三角洲地区实现了经济社会发展的历史性跨越，为全国改革开放和社会主义现代化建设作出了重大贡献。从 2005 年广东省人大常委会第十六次会议通过《珠江三角洲城镇群协调发展规划（2004 ～ 2020）》到 2008 年 12 月国家发展和改革委员会制定《珠江三角洲地区改革发展规划纲要》，再到 2019 年 2 月中共中央国务院印发《粤港澳大湾区发展规划纲要》，珠三角地区在一系列相关规划文件的指引下持续发力，粤港澳之间联系日益紧密，粤港澳大湾区城市群建设取得较大进展。

1. 经济发展势头良好

粤港澳大湾区包含“广佛肇”“深莞惠”和“珠江西岸”三大经济圈，拥有香港、澳门两个特别行政区。2019 年粤港澳大湾区 GDP 约为 11.6 万亿元，较 2018 年增长 6.4%，占全国 GDP 总量（99.94 万亿元）的 11.61%。

与纽约湾区、东京湾区、旧金山湾区国际三大湾区对比来看，粤港澳大湾区呈现发展空间大、经济密度小、发展速度快的特征，经济总量上已远超旧金山湾区，并在 2017 年超越纽约湾区，排在东京湾区之后，预计未来粤港澳大湾区经济增速若能保持在7%以上，有望在2022年超越东京湾区，成为全球经济总量最大的湾区。

就国内长三角、粤港澳大湾区和京津冀这三大城市群对比看，基于表4–2所示2019年数据，虽然粤港澳大湾区的土地面积及人口数量都低于另外两个城市群，但粤港澳大湾区在经济效率上超越了其他城市群，城镇化率同样更胜一筹，城市密度远超另外两个城市群，经济聚集性最好。此外，粤港澳大湾区同时拥有香港和澳门两个国际自由港，以及深圳和珠海两个经济特区，具备较强的对外开放属性，在体制机制创新上也更加灵活和便利，这些优势都是我国其他城市群和地区所不具备的。

表4-2　　2019年粤港澳大湾区与长三角、京津冀对比

城市群	粤港澳大湾区	长三角	京津冀
陆地面积（万平方公里）	5.65	35.80	21.60
常住人口（万人）	7112	22500	11270
GDP（万亿元）	11.60	23.70	8.46
人均拥有的土地面积（平方米）	794	1591	1917
人口密度（人/平方公里）	1259	628	522
人均GDP（万元）	16.30	10.50	7.50
土地产值（亿元/平方公里）	2.05	0.66	0.39
城镇化率（%）	85.20	67.38	66.70

2. 区域合作在多个领域形成较好基础

产业发展方面，粤港澳大湾区内部产业体系完备，已初步形成先进制造业和现代服务业双轮驱动协作的产业体系。粤港澳大湾区产业布局特色突出，东岸主要为知识密集型产业带，深圳是著名的科技创新中心，以新兴产业和高科技为主；西岸主要为技术密集型产业带，以装备制造业和农业为主；沿海以生态保护型的现代服务业为主。粤港澳大湾区内部差异化发展态势明显，产业互补性强。港澳完善的金融、服务体系能够弥补珠三角地区金融与服务业的缺陷，为区内经济发展带来便利，而广东珠三角地区具有发展先进制造业的坚实基础，为港澳提供了腹地支撑，进而提升整个湾区的经济竞争力。

科技合作方面，港澳与广东的合作不断深化。粤港高校、科研机构联合建立了多个科研创新平台，香港中文大学、香港科技大学等多所院校在深圳设立科研机构。南沙粤港澳（国际）青年创新工场、前海深港青年梦工场、横琴澳门青年创业谷等创新创业平台相继建设，促进粤港澳高新科技研发与成果转化。河套深港科技创新特别合作区成为集国家自主创新平台、大湾区国际科创中心平台、深化深港紧密合作关系平台三大平台于一身的重点发展区域。创新巨头正加快在珠三角各城市之间跨城布局，以广深港澳科技创新走廊为主轴的粤港澳大湾区创新带正在加速崛起。

基础设施建设方面，随着港珠澳大桥和广深港高铁等跨境大型基建项目陆续开通，珠江东西两岸形成了完整的交通闭环，湾区内城市之间的距离大幅度拉近，湾区内人流、物流更为便利。

民生领域方面合作持续深化。医疗卫生方面，粤港澳三地建立了传染病防治、突发公共卫生事件应急、紧急医疗救援、食品安全监测、医院管理、专业人才培养、中医药发展等多个领域合作机制。

二、广东省促进中心城市和城市群发展的主要做法和成效

（一）积极推动粤港澳对接合作

广东以“湾区通”工程为抓手，大力推动粤港澳三地规则衔接。一是推动人流、物流、资金流跨境便捷流动。广深港高铁西九龙站实现“一地两检”，港珠澳大桥珠澳口岸实现“合作查验、一次放行”；港珠澳大桥通行政策不断优化，推行已有粤港两地牌车辆免加签通行大桥；货运上与香港的“跨境一锁”覆盖珠三角九市；开展贸易投资便利化试点，跨境人民币使用规模 2019 年已经达到 13.7 万亿元，跨境付汇时间缩短至 5 分钟以内，试点运行广东自贸区复制 FT 自由贸易账户体系。二是科技创新协同不断深化。与港澳合作新建 10 家联合实验室；支持港澳高校和科研机构参与广东省财政科技计划项目，

实现省、市科研项目财政资金跨境拨付超过1亿元；大力简化研发设备、样本样品跨境使用进出口手续，生物样品等特殊物品审批时限压缩到10个工作日以内；建成广东省科技资源共享服务平台（粤科汇），全省8354台（套）大型科学仪器向港澳提供服务。三是不断优化营商环境。深化投资贸易开放，完善港澳企业在法律、会计、建筑等领域投资营商享受国民待遇的措施；港澳企业商事登记服务实现“一网通办”；境外高端紧缺人才个人所得税优惠政策全面落实；对港澳原产食品实施口岸快放模式。四是港澳居民到广东发展更加便利。港澳创业者纳入内地创业补贴扶持范围；出台大湾区事业单位公开招聘港澳居民管理办法；对港澳居民在大湾区内地城市购房所需证明及税收、社保条件等予以豁免；允许港澳人士选定数家定点医疗机构，使用港澳医保直接支付医疗费用。

（二）加强城市群规划实施，推进珠三角一体化发展

广东历来高度重视城市群一体化发展，先后出台《关于加快推动珠江三角洲区域经济一体化的指导意见》《关于构建“一核一带一区”区域发展新格局促进全省区域协调发展的意见》《广东省建立健全城乡融合发展体制机制和政策体系的若干措施》等一系列文件，培育发展现代化都市圈理念不断升级，从最初提出建设广佛肇、深莞惠、珠中江三大区域圈，到珠三角地区对标建设世界级城市群成为引领全省发展的核心区和主引擎，再到提出科学制定广州、深圳、珠江口西岸都市圈发展规划，分领域、分步骤、分层次推进珠三角一体化发展。

（三）推进交通互联互通，区域交通网络不断完善

粤港澳大湾区以建设世界级港口群和机场群、畅通大湾区内外快速交通网络为重点，谋划和建设了一批标志性重大交通工程。先后建成港珠澳大桥、贵广、南广高铁、穗莞深城际，肇花高速、广佛肇高速一期等重大交通项目，推进区域轨道交通一体化运营，建立区域“城际＋地铁”互联互通、协同运输的技术标准和服务体系，推动城际轨道公交化运营。到2019年底广东全省高

速公路通车里程达 9495 公里，连续 6 年居全国第一。广东计划到 2022 年底，形成大湾区“12312”交通圈，即实现以香港—深圳、广州—佛山、澳门—珠海为核心的 1 小时交通圈，大湾区至粤东、粤西、粤北各市陆路 2 小时通达，至周边省会城市陆路 3 小时通达，与全球主要城市 12 小时通达，基本达到世界一流湾区交通发展水平。

（四）加强产业对接合作，区域产业格局不断优化

近年来，珠三角地区围绕区域产业协同发展开展了诸多探索，在推动产业梯度转移、共建产业园区等方面取得了一定的成效。已经建成广清经济特别合作区、广佛肇（怀集）经济合作区，在深圳光明科学城—东莞松山湖科学城连片区域、深港科技创新合作区深方园区建设综合性国家科学中心先行启动区。“广州服务 + 佛山制造”的协同效应不断凸显，在金融保险、商务、中介服务等现代服务业发展领域合作日益紧密；深莞产业优先向惠州、汕尾、河源转移，共同促进经济圈内产业结构调整和优化升级；珠中江制定了先进装备制造业发展布局和项目规划，出台了相关政策措施，在产业链完善、招商引资、人才培养、市场培育、公共平台搭建等方面展开了全方位区域合作。

（五）加强生态环保合作，区域生态环境质量明显提升

广东省政府建立珠三角区域大气污染防治联席会议机制，开创国内区域大气污染联防联治工作机制先河。随后又建立起粤港澳大珠三角联防联控工作机制，并突破区划，建立广佛肇、深莞惠、珠中江 3 个经济圈联防联控工作机制。联防联控机制建立，为大气污染防治提供了有力保障。共同保护和开发西江、珠江和北江水资源，建成西江引水工程，广州北江引水工程动工建设。

（六）都市圈生活一体化逐步推进完善

在共同规划和努力推进下，深圳都市圈、广州都市圈、珠江口西岸都市圈一体化进程不断加快。广佛政务同城化基本实现并在都市圈推广，医疗卫生、人事人才、社会保险、食品药品监管等方面合作正不断深入，实现读者证互

认、两地市民互认、文献资源互通。深圳都市圈跨市双向通勤活跃，深莞惠三市跨界通勤超 50 万人次 / 日，已经实现了公积金贷款互联互通，建立和完善了五市警务协作信息平台、企业和个人失信联动奖惩机制，初步实现了社保和医疗一体化。珠江口西岸四市着力推进公共服务对接，以医疗社保服务对接工程和旅游同城化工程为重点，进一步深化在教育、医疗、社保、文体、人才服务、应急管理等方面的交流合作。

（七）推动城市间探索利益共享、责任共担机制

健全生态保护跨区域补偿机制，建立生态保护地区和受益地区绿色利益分享机制，并积极探索碳排放权、碳普惠等市场化生态补偿机制。积极推动深汕特别合作区体制机制创新，探索建立珠三角城际轨道沿线土地增值收益共享机制。

三、粤港澳大湾区中心城市和城市群发展存在的困难和问题

（一）中心城市之间存在明显的同质化竞争

受“行政区经济”的影响，各自为政、同质竞争比较突出。例如金融业发展上，香港的目标在于巩固和提升其国际金融中心地位，深圳致力于打造国际金融创新中心，广州致力于打造国家绿色金融改革创新试验区，尽管各地定位说法有所不同，但三个城市的金融服务业存在不可避免的竞争；香港已经是国际航运中心，广州、深圳仍然以国际航运中心为自己的发展目标；广州已建成国际会展中心，深圳也谋划建设大型国际展览中心。

（二）区域发展差距明显，珠江口西岸核心城市首位度不高

在大湾区内部，香港、广州、深圳均已是超大城市，在经济总量、产业发

展档次、城市发展水平等方面都已进入国际一流城市行列，而惠州、肇庆、江门等地经济社会发展程度则较低，存在着明显的区域发展不平衡现象。珠江口东西两岸经济发展差距较大，珠江口东岸有香港、深圳两个国际化大都市引领，已发展成为经济比较发达的城市群，其中广州、深圳两市经济总量占到广东经济总量的一半以上。珠江口西岸核心城市首位度不高，城市间经济总量差别不大，城镇化水平较低，中心城区辐射带动力较弱。澳珠极点基础薄弱、能级量级相对较小，GDP 仅为港深的 13.5%、广佛的 19.9%，在经济规模、人口规模、综合实力、城市建设水平、开发强度等方面与广佛、港深相比还存在较大差距，对珠江口西岸城市乃至粤西地区的引领带动作用不足。目前，珠三角的崛起更多只是珠江口东岸城市的崛起，西岸地区相对来说发展处于滞后的状态。

（三）交通基础设施仍然存在短板

粤港澳大湾区对外通道不够，铁路对外运输能力仍较为紧张，既限制了大湾区与纵深腹地的经济联系，又制约了大湾区的辐射空间。大湾区内部通道有待优化，城际轨道交通发展明显滞后，虽然近几年广深轨道交通发展迅速，但人均轨道交通长度低于欧洲主要城市水平，也低于美国主要城市平均水平，比起北京、上海也要低许多。珠江口东西两岸之间的交通连接依然薄弱，西岸的珠海、中山、江门及澳门铁路干线连接不够，港口、机场未能充分利用。跨界交通基础设施衔接不够通畅，珠三角城际轨道正在加速推进，但与香港、澳门之间衔接项目的进展缓慢。

另外，中心城市深圳的交通枢纽能级、结构与自身功能定位不匹配，基础设施建设水平仍待提升。深圳机场国际航线、班次不足，高铁通道运输能力有限，辐射不足，都市圈快速交通体系尚未建立，特别是城际轨道建设滞后，尚未建成都市圈城际轨道交通网络。

（四）区域协调发展机制仍不健全

经过多年努力，珠三角城市群合作持续深化，但由于各市之间在行政体制、经济规模、社会发展上存在的客观差异，内部分工协作仍然不足，部分城市产业结构趋同，部分领域还存在无序竞争的问题，“一盘棋”统筹推进的格局尚未完全形成，仍存在一些亟待从体制机制上破解的难题。

现行的“行政区经济”主导模式下，规划衔接和统筹协调力度不足，公共服务供给水平不均衡现象突出；地区间成本分担和利润分成模式尚未形成，利益分享机制仍需完善，生态受益地区与生态保护地区、流域下游与流域上游的生态补偿机制有待健全和完善。

此外，目前各城市间的合作主要建立在政府层面，对于企业、民众和社会组织间的区域合作缺乏有效的引导机制，区域间多层次、多元化的协作交流机制仍未真正建立。

四、构建粤港澳大湾区中心城市和城市群高效率治理体系的对策建议

（一）构建粤港澳三地多层次协调机制

1. 健全大湾区协作组织体系

在国家粤港澳大湾区建设领导小组之下设立专家咨询委员会和专项小组等机构。专家咨询委员会的职责是在发展委员会做决策时提供专业方面的咨询和建议；专项小组，如粤港澳大湾区基础设施协作委员会、环境治理专门委员会；等等，由有关职能部门组成，负责推进基础设施互联互通、产业布局科学合理，实现联手治污和同步治污等。

推进企业家联盟、商会和行业协会等社会协调组织建设。重点研究港澳的商会、行业协会的经济和社会管理功能跨境在粤延伸落地，跨境到广东为其会员服务。鼓励广东的商会、行业协会积极与香港、澳门对应的社会团体交往，强化社团和民间组织在推进粤港澳合作中的力量和作用，支持三地社团和民间组织建立合作对接机制，组建固定办公服务机构，统筹引导社团和民间组织合作，推动建立政府与企业及行业协会的互动模式。借鉴粤港澳主要商会高层圆

桌会议，建立湾区 11 市商会高层圆桌会议，每半年召开一次会议。积极举办相关的企业论坛、洽谈会或技术研讨会，增加企业间交流与合作的机会和平台。

2. 建立中心城市直接对话机制

当前，香港、澳门、广州、深圳这四个中心城市合作仍然限制在两两直接对话上，而且广州在现行港澳政策限制下与港澳特区政府进行高层次直接对话体制也还没真正理顺。建议在粤港澳大湾区建设领导小组指导下，构建香港、澳门、广州、深圳四大中心城市直接对话机制，推动这四大中心城市以定期召开行政首长 / 市长圆桌会议，或者举办由四大中心城市一定层次官员参与的相关智库论坛等形式，就城市合作发展中的重大问题直接展开对话交流，共同寻找更多合作领域和重点项目，推动四个中心城市优势互补、深化合作、错位发展、协同发展。

（二）高水平建设粤港澳合作发展平台

要积极发挥重大平台在深化改革、扩大开放、促进合作中的试验示范作用，加强分类指导，明确细化各自发展定位，引导各平台立足区位特点、资源禀赋和发展基础进行错位发展、优势互补。争取国家加大对河套深港科技创新合作区深圳园区、粤澳深度合作区、大湾区综合性国家科学中心先行启动区发展规划和建设的政策支持力度，支持汕头申报建设自由贸易区，支持横琴建设粤澳（横琴）深度合作区，探索“分线管理”“澳企澳税”等创新政策，赋予重大平台更多科研、税收、商事管理等领域便利要素流动的先行先试政策。

（三）加快粤港澳大湾区都市圈建设，推进中心城市发挥极点带动作用

1. 加强都市圈和城市群规划编制

发挥规划对城市群都市圈的统筹指导作用，围绕提升都市圈发展质量和现

代化水平，加快编制广州、深圳、珠江口西岸等都市圈规划，推动都市圈建设与粤港澳大湾区城市群建设、广东省构建“一核一带一区”战略有机交错。着力形成广州、深圳等中心城市与周边城市在都市圈建设方面的长期合作机制，推动城市间在交通基础设施建设、产业协作、环境综合治理、政务同城化等方面联动发展，谋划一批重点区域合作平台。

2. 请求国家赋予广州、深圳更多自主权

支持和推进广州、深圳综合授权改革试点，梳理港澳规则衔接清单，以清单式批量申请授权方式赋予广州、深圳更大改革权限，牵引带动全方位深层次改革，推动广、深在要素市场化配置、营商环境优化、城市空间统筹利用、全面开放格局等领域先行先试，破解城市群发展面临的城市空间限制和资源环境约束等问题，努力打造全球企业投资首选地和最佳发展地。

支持广州、深圳成为全国首批要素市场化配置改革试点，梳理形成要素市场化配置改革任务清单，率先培育发展要素市场化交易平台，建立要素交易规则和服务，提升要素交易监管水平，增强要素应急配置能力，努力把广州、深圳打造成为全国乃至全球资源要素配置中心。

3. 推动澳珠极点打造成为珠江口西岸城市群健康发展的重要引擎

推进粤澳（横琴）深度合作区建设。创新粤澳（横琴）深度合作区管理体制，研究组建由粤澳、珠澳代表共同组成的粤澳深度合作区联合管理机构，共同管理区内经济、社会事务，履行公共服务职能；创新与澳门经济发展成果共享机制，合作区内税收共同分享、合理分成；围绕支持澳门经济适度多元发展，创新“分线管理”通关方式，实施“澳企澳税”，推动建立与澳门趋同的营商环境。

（四）加快推进基础设施互联互通，对重大建设项目给予支持

推进珠三角核心区深度一体化，形成以广州、深圳为双核，深莞惠、广佛肇、珠中江三大都市圈互动融合发展的一体化网络化交通运输体系。按照极点

带动、轴带支撑空间格局，构建以高速公路、城际铁路和高等级公路为主体的快速交通网络，带动区域发展轴带，形成大湾区主要城市间1小时通达的便利交通网。加快城际轨道建设，谋划广州、深圳等中心城市辐射周边城市的都市圈快线网络和市郊铁路规划，探索区域轨道交通一体化运营，建立区域“城际＋地铁”互联互通、协同运输的技术标准和服务体系，推动城际轨道公交化运营，推动澳门轻轨延伸至新横琴口岸，与珠海市区轨道交通便捷衔接，促进要素高效便捷流动。

重点推动珠江东西两岸和跨珠江口快速交通网络建设。加快推进深茂铁路深江段、深中通道等重大工程建设，进一步优化港珠澳大桥通行机制，着力解决跨境通行便利化、跨境车辆保险等问题，将澳门、珠海建设成为珠江东西两岸的交通枢纽，从而带动整个珠江口西岸基础设施建设和完善。用好大桥纽带，加强澳珠与港深一极的产业协同，在实现错位发展的同时做好珠江口东岸产业外溢的承接，以澳珠为重要节点实现对整个珠江口西岸的产业辐射。

（五）建立跨区域产业协作机制，促进形成错位发展格局

针对各市产业发展中所暴露出来的问题，探索制定统一的产业协调发展规划，编制各都市圈统一的产业指导目录，指导各市产业的健康有序发展。通过产业链优化整合，优化区域产业资源配置，促进区域产业合理布局。制定统一的招商引资政策，搭建招商平台，互通招商信息，共享招商资源，形成统一规范的土地政策、税收政策及招商引资服务标准。

建立产业对接机制。在明确功能定位的前提下，尽快形成错位发展、优势互补、互为支持的产业发展格局。重点围绕大力发展战略性新兴产业和培育世界级先进制造业集群，促进珠三角地区产业协调联动发展，加快规划建设大湾区（珠西）高端产业集聚发展区，强化城市间的软硬环境对接和协同发展，深化分工合作，促进区域产业合理布局。支持珠海、佛山重点发展高端装备制造业和智能制造产业，惠州重点发展高端电子信息和石化产业，东

莞重点发展智能制造和新材料产业，中山重点发展高端装备制造业和健康产业，江门重点发展轨道交通产业，肇庆重点发展新能源汽车和节能环保产业。发挥广州国际产业服务中心和深圳国际产业创新中心的引领作用，推进珠三角产业疏解与产业共建，增强广深核心城市辐射功能，真正转“极化效应”为“扩散效应”。

（六）构建珠三角区域合作和协调发展机制

1. 构建区域公共服务治理与地方政府协作机制

推动区域营商环境一体化。全面梳理珠三角九市在投资准入、贸易监管、金融服务、职业认证、口岸通关、社会保障、民生福利、信用评价等重点领域现行不一致的政策措施和管理标准，分区分类分步推动实现规则统一，实现大湾区主要城市间营商环境指标对接、流程相同、标准一致。协同推进区域“互联网＋政务服务”，打造区域政务服务“一张网”，实现医疗卫生、人事人才、社会保险、食品药品监管等公共服务跨区域“一网通办”。

2. 建立基础设施和环境保护的联建共担机制

在基础设施建设上，可以考虑根据公共设施的服务辐射面积分担建设成本，根据成本比例分享经营性收入；在环境整治上，可以考虑设立环境治理财政转移支付专项，从污染方的财政中拿出相应部分补贴治理方，从而避免上游污染、下游治理，地方政府不作为的现象。

3. 探索构建利益协调和共享机制

建立利益补偿机制。对于在合作中存在让渡自己权利、资源和利益的地方，中央政府和地方政府合作组织应当对其为区域整体利益作出的贡献给予相应的补偿。地方得到的利益补偿，一方面可由中央通过税收、财政及转移支付来进行，另一方面可由地方政府合作组织在经济、财政或者政策上给予适度的补偿。

建立利益共享机制。在产业转移中，转出区可能面临产业空心化风险，而转入区通过产业承接获得产业发展，财税和就业增加，推动转出区与转入区加强协商合作，将企业在转移后创造的产值税收实行共同分享。进一步创新区域发展合作范例，发挥深汕特别合作区示范效应，在体制机制、收益分成、公共服务衔接等领域先行先试，探索区域合作新模式。

* 执笔人：袁义才　李佳峰　陈　薇

---

* 袁义才，民盟广东省委经济委员会副主任、深圳市委常委兼参政党理论研究委员会主任，深圳市社会科学院国际化城市研究所所长，研究员。

李佳峰，民盟广东省委经济委员会委员、深圳市委参政党理论研究委员会委员，深圳市鲲鹏股权投资管理有限公司投资二部执行副总经理。

陈薇，民盟深圳市委参政党理论研究委员会委员，东兴证券（香港）金融控股有限公司金融机构部执行总经理。

第五章

广州提高中心城市能级发挥引领带动作用的研究报告

民盟广东省委

摘　要： 配合民盟中央重点调研安排，民盟广东省委于2020年5～6月就发挥广州国家中心城市和粤港澳大湾区核心引擎功能，引领带动城市群发展进行调研。调研发现，近年来广州举全市之力推进粤港澳大湾区建设，发挥中心城市作用促进城市群协调发展成效明显，但与上级要求还有差距，比如科技创新水平还有待提高，发展不平衡不充分问题仍然存在。为此，需要继续发挥核心引领作用，不断强化中心城市辐射带动功能，建议国家赋予广州地方性立法权、重大改革特别授权以及国土空间管理、要素市场化配置改革等方面更大的城市管理权限。

广州始终保持"敢饮头啖汤"的改革活力，立足新发展阶段、贯彻新发展理念、服务构建新发展格局，全面深入贯彻落实《粤港澳大湾区发展规划纲要》，举全市之力深入推进粤港澳大湾区建设、支持深圳建设中国特色社会主义先行示范区，加快推进"双区驱动""双城联动"，努力实现老城市新活力、"四个出新出彩"，不断提升大湾区区域发展核心引擎功能，因地制宜、同频共振，构建具有广州特色、体现广州担当的区域协调发展格局，携手港澳共同建设国际一流湾区和世界级城市群。

一、工作情况

（一）举全市之力推进粤港澳大湾区建设

规则衔接方面。进一步深化与港澳规则对接，建立与国际接轨的开放型经济新体制，先后实施营商环境 1.0、2.0 和 3.0 改革，于《中国营商环境报告 2020》中获评“标杆城市”，《广州市优化营商环境条例》自 2021 年 1 月 1 日起施行。率先试点商事登记确认制、落地商事登记“跨境通”，成功办理全国首例不动产跨境抵押登记，实现港澳机构在内地独立办展。加快推进职业资格互认，实现对港澳职业资格（工种）认可由 22 项增至 32 项（其中 6 项建筑领域资格实现互认），庆盛枢纽正式试点香港工程建设管理模式。在南沙成立广州首家粤港合作联营律师事务所，引入 CEPA 框架下首家粤港合资证券公司。

科技创新方面。中新广州知识城总体发展规划获国务院批复，南沙科学城被广东省纳入粤港澳大湾区综合性国家科学中心主要承载区，6 家粤港澳联合实验室落户广州，实现首笔财政科研资金跨境拨付。着力构建以呼吸领域国家实验室为引领、粤港澳大湾区国家技术创新中心为支柱、重大科技基础设施（4 个）为前沿研究战略支撑、省实验室（4 个）为原始创新主力军、多个高水平创新研究院为技术供给主平台的“1+1+4+4+N”战略创新平台体系。

基础设施方面。广深港高铁 2018 年全线开通运营，标志着穗港“一小时”交通圈正式形成。2019 年穗莞深城际新塘至深圳机场段正式开通运营，成为珠三角城际快速轨道交通的主干线路之一。《广州白云国际机场总体规划（2020 年版）》获中国民用航空局批复，白云机场三期扩建工程于 2020 年 9 月开工建设，穗港澳直升机机场一期建设完成并开始试运营。广州港深水航道扩宽工程全线建成投产，南沙港区至珠江口全长 66.6 公里航线由 243 米拓宽至 385 米。南沙港区四期、南沙港铁路等重大基础设施加快推进等重点项目陆续开工，广州港加快整合珠江口内及珠江西岸港口资源。

产业协同方面。广州期货交易所获国务院批复设立，粤港澳大湾区国际商业银行加快筹建。推动广州人工智能与数字经济试验区建设，获批创建国家新一代人工智能创新发展试验区、全国首个“区块链发展先行示范区”城市，打造工业互联网标识解析国家顶级（广州）节点和省级示范基地。以广州开发区创新发展为契机，携手香港共建穗港智造合作区。联合香港共建从化国际马匹检验检疫监测中心和马匹运动中心，香港赛马会从化马场建成使用。加强穗澳中医药和大健康产业合作，广药集团在澳门设立国际总部，在珠海横琴建设产业化基地，香雪制药公司与澳门大学签署合作协议，促进澳门经济适度多元发展。

（二）发挥中心城市作用促进城市群协调发展

强化组织机制。建立党政联席会议、市长联席会议、专责工作小组等多层级的统筹决策和协调落实机制，仅 2019 年以来，召开多次广佛同城化党政联席会议、广清党政一把手联席会议，与肇庆、韶关、深圳、东莞、珠海、江门、湛江等地党政代表团密集会面，并签署合作（或深化合作）协议。广州市与珠三角地区、沿海经济带、北部生态区的代表性城市均建立了正式合作关系和常态化合作机制，每年均将区域协作发展纳入市委市政府重点工作，定期督办落实。创新政策和利益分享机制，构建广佛高质量发展融合试验区、广清经济特别合作区、广佛肇（怀集）经济合作区三足鼎立的园区共建格局。

重视规划计划。从战略高度对区域工作进行整体规划，谋定而后动。早在“十三五”时期，广佛同城化“十三五”发展规划、广清一体化“十三五”发展规划就首次纳入广州市五年规划体系。开展广佛同城化和广清一体化“十四五”发展规划编制工作，成为省内唯一编制跨市合作五年规划的城市。广佛肇清云韶经济圈发展规划已于 2020 年 7 月印发实施，高水平编制广州都市圈发展规划。从实施角度编制年度工作计划，以实实在在的项目确保协议和规划落地。坚持编制广佛同城化以及与深圳、东莞、中山等城市合作年度计划，明确目标任务、进度要求、责任单位等，并建立经常性督办、检查和协调机制。

抓好广深“双城”联动。以改革联动牵引广深全方位多层次合作，全方位推动产业、科技、教育、医疗、金融、基础设施等领域对接协作。2019 年 9 月，发布《广州市深圳市深化战略合作框架协议》，明确广深合作的指导思想、内容、机制，互学互鉴、共建共享、强强联合，重点在共建国际科技创新中心、国际性综合交通枢纽、具有国际竞争力的现代产业体系、宜居宜业宜游优质生活圈以及协同优化政府管理和服务等领域开展合作，以整个都市圈、城市群的合作为全国其他地方的一体化发展提供经验借鉴。2020 年 10 月，广深"双城联动"论坛在深圳召开，签署科技创新、智能网联汽车、智能装备、生物医药、基础设施、营商环境、自贸区建设七个领域合作协议，双方合作推向多领域的具体实操层面。

推动广佛全域同城化。以广佛高质量发展融合试验区建设为重要抓手，进一步拓展广佛同城合作的广度和深度，激发大湾区广佛极点强大动能，支撑广佛同城化在全国同城化实践中引领示范。发挥国内唯一"双万亿级"同城化城市优势，携手共同打造装备制造、汽车、新一代信息技术、生物医药与健康等四个万亿级产业集群，加快构建"广州创新大脑 + 佛山转化中心"协同发展格局。2010 年开通的广佛地铁开中国跨城地铁先河，至 2018 年实现全线通车，从最初日均客流不足 10 万人次到如今日均客流量达到 60 万人次，成为拉动区域一体化发展的成功范例。

推进广清深度一体化。基于广清发展阶段差异和清远人力土地资源丰富等特点，通过对口帮扶和产业共建模式，在基础设施联通、产业结对合作、城乡融合发展、营商环境共建、民生福祉共享、生态环保协作等方面持续用力，推进广州的汽车零部件、电子信息、生物医药和新材料等领域产业链条向清远延伸，将清远打造为广州市优化产业布局的重要目的地。加快推动广清经济特别合作区建设总体方案报批，全面加快广清一体化高质量发展进程。2019 年底，广清结合片区等 11 个地区被确定为国家城乡融合发展试验区，范围包括广州增城、花都、从化及清远清城、清新、佛冈、英德连樟样板区，2021 年初试验区实施方案获批。

打造广佛肇清云韶经济圈。基于云浮、韶关北部生态发展区定位和肇庆生态资源丰富优势，建设广佛肇清云韶经济圈。重点在"菜篮子"、中药、旅游等绿色产业方面加强合作，优先保障其生态服务功能的实现，打造珠三角地区与北部生态区协同发展的示范区，依托经济圈建设良好基础，升级打造全国领先、具有高度全球影响力的广州都市圈。基于广州横跨珠江两岸的区位特点，加强穗莞中合作和广州湛江深度协作，推进广州地铁向东莞、中山、珠海等城市直联，着力打造珠江口东西两岸融合发展的先行区。

（三）加快实现老城市新活力、“四个出新出彩”

着力推动综合城市功能出新出彩。持续提升城市能级和核心竞争力，推动广州更好发挥对全省的支撑引领作用。一是全力提升经济中心功能。建设先进制造业强市，实施广州制造八大提质工程。2020 年，全市完成先进制造业增加值 2734 亿元，同比增长 6.0%；占规模以上工业增加值比重为 59.7%，同比提高 1.3 个百分点。二是全力提升枢纽门户功能。2020 年，白云国际机场旅客吞吐量居全球第 1 位，港口货物、集装箱吞吐量均居全国第 4 位。已经建成并开通 14 条地铁线路，运营里程 531 公里，实现在“十三五”期间区区通地铁的目标。三是全力提升科技创新功能。深入实施“科技创新 12 条”，26 个项目荣获 2019 年度国家科学技术奖，占全省的 52%。截至 2019 年底，全市高新技术企业数量超 1.2 万家，国家科技型中小企业备案入库 9283 家。四是全力提升综合服务功能。医疗卫生资源配置不断优化，9 家医院进入复旦版《2019 年度中国医院排行榜（综合）》前 100 名，40 个专业进入前 10 名。五是全力提升社会融合功能。承办中国法治国际论坛（2019）、世界律师大会，司法透明度指数实现全国“四连冠”。打造全国公共法律服务最便捷城市，建立全国首家 5G 市级公共法律服务中心和首家“公共法律服务标准研究基地”，全国首推“手机秒办公证”。

着力推动城市文化综合实力出新出彩。围绕建设社会主义文化强国的城市范例，完善政策支持，强化督办跟进，扎实推进城市文化综合实力出新出彩八大工程。一是提升广州文化形象。编制完成全市历史文化街区保护规划，恩宁路、沙面等 6 个片区更新改造基本完工。成功举办从都国际论坛、“读懂中国”广州国际会议、海丝博览会、中国（广州）国际纪录片节、广州文交会、篮球世界杯、广州亚洲美食节等活动，广州马拉松连续两年获评国际田联金标赛事。二是优化文化公共服务。完善城市规划展览馆功能，广州文化馆、美术馆加快建设，初步建成“图书馆之城”“博物馆之城”。实施北京路步行街改造提升工程，建设广州塔文化旅游区。三是培育壮大文化产业。深化文化体制改革，构建“1+N”文化产业政策体系，大力发展动漫、游戏、电子竞技、直播等文化创意产业。

着力推动现代服务业出新出彩。以创新为主要动力，着力提升现代服务业发展能级，加快建设具有全球影响力的现代服务经济中心。2020 年，第三产业占 GDP 比重提高至 72.5%，同比提高 0.8 个百分点，现代服务业增加值占第三产业比重超过 65%。批发零售、金融、房地产、租赁和商务服务、交通运输以及信息服务业等 6 个增加值超千亿的服务业进一步发展壮大。一是优化提升国际商贸中心功能。改造提升传统服务业，推动专业批发市场转型升级。大力发展跨境电商、网上会展、直播带货等新业态新模式。广州港获评首批国家物流枢纽，广州“单一窗口”主要业务覆盖率达到 100%。二是强化国际金融服务功能。上交所南方中心、深交所和新三板广州服务基地建成运营，筹建广州期货交易所。建设国家绿色金融改革创新试验区，绿色贷款余额、绿色债券、绿色保费在五省八地试验区中排名第一。截至 2020 年底，广州碳排放权交易中心实现广东碳排放配额累计成交量 1.72 亿吨，累计成交金额 35.61 亿元，分别占全国碳交易试点的 37.86% 和 33.77%，是全国最大的碳现货交易平台。三是加快促进服务业集聚发展。太赫兹国家科学中心正式落户广州开发区，与新加坡共建中新国际知识产权创新服务中心。南沙区出台全国首张专业服务业、航运物流业、医疗教育业对外开放清单指引。

着力推动现代化国际化营商环境出新出彩。以打造全球企业投资首选地和最佳发展地为目标，把营商环境改革作为各级各部门“一把手工程”。一是推进营商环境革命性流程再造。对标先进城市和地区，抓重点、补短板、强弱项。印发实施“工作方案 + 任务台账 + 政策清单”。获得电力推出 22 条改革措施，不到 1 个月即受理低压非居民新装、增容业务近 200 单，打响零申请、零上门、零审批、零投资“四零”电力服务品牌。开办企业向全球排名第一的新西兰看齐，上线“一网通平台”，推行“1 表申报、1 个环节，半天办结”。二是满足企业群众需求提供高效便捷服务。建立上线开办企业“一网通办”平台，制定实施 26 项审批便民措施，发布政务服务 App“穗好办”，整合电水气、有线电视等市政公用服务进入“一个窗口”。上线“信易贷”平台，形成以信用为纽带的新型金融服务机制。

近年来，在习近平新时代中国特色社会主义思想引领和中共中央坚强领导下，在新发展理念的引领下，粤港澳大湾区建设取得明显成效，广州提高中心城市能级，对城市群的引领带动作用不断增强，但与党中央要求和世界一流大都市相比还有不小差距。比如，科技创新水平还有待提高，科技成果转化机制不够顺畅，科技要素跨境流动仍然存在堵点，服务国家核心技术攻关、解决关键技术卡脖子问题作用发挥还不够充分；区域、城乡发展不平衡不充分问题仍然存在，对粤东西北城市及周边地区辐射带动作用还有待增强；区域污染防治形势依然严峻，生态环境保护和污染联防联治有待进一步强化；对外开放水平有待提高，与国际高水平经贸规则衔接还有待加强，营商环境需要进一步优化；与经济特区相比，广州的管理权限与政策扶持受限较多，公共服务资源共享水平还有待提高。

二、提高中心城市能级发挥引领带动作用的思路

（一）继续在粤港澳大湾区建设中发挥引擎作用

一是聚焦要素流动先行先试，加快促进硬软设施联通。持续推进规则机制“软联通”、基础设施“硬联通”，实现湾区“心联通”。促进基础设施“硬对接”，推动白云国际机场三期扩建，加快南沙港区四期、广汕高铁等项目建设。促进体制机制“软联通”，推进营商环境 4.0 改革，深入实施两批与港澳规则对接任务分解清单，支持南沙率先建设内地与港澳规则相互衔接示范基地。携手港澳共同发展现代航运服务业，强化白云国际机场与港澳机场的协调联动，共建大湾区“1 小时交通圈”。

二是聚焦合作平台引领示范，加快形成经济新增长极。大力推进中新广

州知识城、南沙粤港深度合作园、广州人工智能与数字经济试验区等重大平台建设，因地制宜建设穗港澳国际健康产业城、穗港智造合作区、国际马匹检测中心等特色发展平台。深化与港澳在人工智能、数字经济、健康等领域交流合作，促进与港澳优势互补、紧密协作、联动发展，共建具有国际竞争力的现代产业体系。

三是聚焦科技创新协同发力，加快产业发展深度融合。发挥广州重点高校和科研院所集聚优势，依托广深港澳科技创新走廊核心节点地位，强化创新思想策源和知识创造功能。推进明珠科学园、南沙科学城建设，深化中新广州知识城国家知识产权运用和保护综合改革试验。优化创新生态环境，加强关键核心技术攻关，构建区域协同创新共同体。推动新一代信息技术、人工智能、生物医药等战略性新兴产业迈向全球价值链中高端。联合港澳推动大湾区整体创新布局、环境营造、招才引智、协同创新，加快推进广深港澳科技创新走廊建设，探索实施更多科研人员跨境往来、科研资源跨境使用便利措施，共建全球科技创新高地和新兴产业重要策源地。

四是聚焦民生福祉便民惠民，加快建设优质生活圈。探索大湾区政务服务同城化，便利企业群众跨市办理业务。深化教育卫生合作，加强广州优质教育卫生资源对外拓展和服务。联动保护生态环境，优化区域生态安全格局，协同开展对珠江、西江、北江、东江以及珠江口海域环境的开发保护。落实好中央和省出台的惠港惠澳政策，有序解决港澳人员在穗创业就业生活居住涉及的教育、医疗、社会保障、住房等问题。加快广州国际邮轮港建设，推动粤港澳游艇自由行，携手打造粤港澳大湾区世界级旅游目的地。深化穗港澳青少年交流，高水平共建一批青年创新创业示范基地。

（二）不断强化广州中心城市辐射带动功能

一是增强交通枢纽门户功能。航空枢纽方面，支持白云机场扩建工程，释放更多空域资源，进一步增强国际客货运能力，提升对国际航空资源配置能力。航运枢纽方面，推进南沙港区和出海航道拓宽工程建设及用海审批，依托南沙航运交易所，建设粤港澳大湾区航运交易所，参考上海航运交易所建设方式，将粤港澳大湾区航运交易所定位为面向粤港澳、辐射全国、影响国际的国家级航运交易所，打造“交易、服务、信息”三大平台，实现船舶交易与鉴证、临港大宗商品交易、航空资产交易与鉴证、航运航空金融服务、航运航空人才服务及航运航空延伸服务及航运航空信息服务等功能。铁路枢纽方面，支持广湛、广清永、广河、广中珠澳等一批重要高铁通道项目规划建设，谋划建设广州至京津冀、长三角等城市群的超级高速铁路，打造“四通八达、四面八方”高铁战略通道。

二是增强科技创新枢纽功能。依托广州南沙科学城、深圳光明科学城、东莞中子科学城等重要平台，争取将更多大科学装置、顶级科研院所、顶级企业研发中心布局大湾区，形成世界一流的重大科技基础设施集群，建设大湾区综合性国家科学中心。全力推进人类细胞谱系、高超声速风洞、冷泉生态系统、极端海洋科考设施等 4 个重大科技基础设施落户广州。争取先行先试更加灵活的政策，推动人才、资本、信息、技术等科技要素跨境流动和区域融通，构建大湾区科技创新联盟，承担更多国家级科研攻关项目，为国家突破关键核心技术瓶颈多做贡献。

三是加快广州都市圈建设。作为国家中心城市，围绕广州高水平打造广州都市圈，对于在全国范围内树立示范和典型，代表我国参与国际城市群竞争具有重要意义。加快培育发展现代化都市圈，会同相关城市抓紧编修《广州都市圈发展规划》并上报审批。发挥好广州作为连接珠江东西两岸枢纽城市作用，做大做强大湾区广佛极点，推动更高水平广佛同城化，深化广州与中山、珠海合作。共建广佛高质量发展融合试验区，以广州南站—佛山三龙湾—荔湾海龙片区为先导区，着力构建“一核引领、四区协同”的试验区发展格局，建设粤港澳大湾区世界级城市群的重要支撑和都市圈协同治理发展的突出典范。推动国家城乡融合发展试验区广清接合片区建设，在人口迁徙制度、农村集体经营性建设用地入市制度等方面争取更多政策空间，为大湾区和国家城乡融合发展探索更多经验。

四是争取开展重大改革特别授权试点。广州作为国家中心城市、粤港澳大湾区核心城市、一线超大型城市，市场主体数量、市场体系建设、市场经济意识、市场监管水平以及对外开放水平均处于全国领先位置，具备率先建立高水平社会主义市场经济体制示范区的良好基础。争取实施重大改革特别授权试点，在优化营商环境、要素市场化配置、收入分配（包括财政、税收等方面）、市场监管、积极参与全球经济治理体系等领域先行先试，开展改革试验和实践创新，率先构建高标准市场体系、高水平社会主义市场经济体制，为加快完善社会主义市场经济体制提供样本和经验。

三、有关建议

与北京、上海、深圳等“标杆”城市相比，广州受较多政策、权限等因素制约，与在区域发展中的定位要求和发展责任不匹配。为更好发挥中心城市辐射带动作用，建议国家支持赋予更大的城市管理权限，重点包括地方性立法权、重大改革特别授权、国土空间管理、要素市场化配置改革等方面，推动广州加快实现老城市新活力、“四个出新彩”。

一是扩大广州地方立法权限。2015 年《立法法》修改后，广州的地方立法权被严格限制在城乡建设与管理、环境保护、历史文化保护三个领域，对经济发展、社会治理等立法需求旺盛的领域，由于全国人大常委会尚未作出明确授权，广州在加强市场经济法治保障、推进依法治市方面遇到瓶颈。建议充分考虑广州作为国家中心城市、粤港澳大湾区核心城市对全国经济社会发展大局的贡献，通过授权立法、作出立法解释、修改相关法律等方式，扩大广州地方立法权限。

二是加大财政税收支持力度。从财政收入来看，广州地方留成比例仅 26.8%（深圳留成比例 40%，杭州约 50%）。从财政支出来看，广州支出责任重，要统筹做好促进经济发展、服务在穗单位、开展精准扶贫、保障社会民生等各项工作。财政收入留成少、支出责任大的体制因素，导致广州财政收支压力客观存在。建议在总体统筹的基础上，充分考虑增强中心城市和城市群等经济发展优势区域的经济和人口承载力的具体举措，尽可能在体制上推动广州实现与其他“强省会”城市相当的财政体制。

三是在国土空间等方面赋予广州与其他一线超大城市同等经济社会管理权限。与北京、上海、深圳等“标杆”城市相比，广州作为国家中心城市在政策、权限等方面受到较大制约。建议国家按照“因城赋权、因城授权、因城施策”的原则，在国土空间、科技创新等方面，赋予广州与北京、上海、深圳等其他一线超大城市同等经济社会管理权限，鼓励广州对标国际先进城市，进一步提升超大城市治理体系和治理能力现代化水平。

四是支持建设以数据要素为重点的全国要素市场化配置改革示范区。在建立数据安全管理机制、贸易和金融领域新业态监管创新、数字知识产权运用和保护以及引领全球数字贸易合作规则等领域给予广州先行先试政策，推动成为数据跨境流动重要节点、国际数据资源汇聚地、数字贸易和金融等新业态集聚地，为构建更加完善的数据要素市场化配置体制机制提供广州经验，并支撑大湾区构建数字经济融合创新发展生态。

五是支持广州进一步扩大服务业对外开放。支持广州开展国家服务业开放综合试点，进一步放宽科技服务、文化娱乐、金融等领域外资准入条件，在法律、航运、物流、电信等领域实施特别开放措施。深化对外投资管理体制改革，推进服务贸易便利化，加强金融管理制度创新，加快构建与国际规则相衔接的服务业扩大开放新格局，全面增强广州国际大都市综合服务功能。

*执笔人：揭　昊

* 揭昊，民盟广东省委经委委员，广州市社会科学院现代市场研究所副研究员、高级经济师。

第六章
深圳中心城市和大都市圈发展研究报告

民盟深圳市委

摘　要：通过走访调研粤港澳大湾区建设领导小组办公室、市规划和自然资源局等部门，本文深度研究深圳市促进中心城市和城市群健康发展的基础及主要瓶颈，提炼出深圳构建高效率治理体系，促进中心城市和城市群健康发展的具体做法，包括统筹整合各方资源，举全市之力推进粤港澳大湾区建设；把规则衔接作为推进大湾区建设的关键环节；全力发挥好主阵地作用，推进综合性国家科学中心建设；突出大湾区深圳枢纽型城市地位，统筹推进基础设施互联互通；着眼于粤港澳大湾区战略要求，壮大战略性新兴产业和先进制造业；进一步扩大对外开放，推动重点国际合作发展平台建设；探索创建基层治理领域各类示范区，构建城市现代化治理体系。

一、构建高效率治理体系，促进中心城市和城市群健康发展的基础

（一）区域重大基础设施衔接基本完成

“十三五”以来，深圳市综合交通建设取得长足发展，初步建成海陆空铁

齐全、辐射国际国内的综合交通运输体系。机场、港口的国际枢纽地位稳步提升，国家综合铁路枢纽定位初步体现，五大对外铁路通道格局初步形成，市域形成“双十字”通道、“两主三辅”铁路枢纽布局，联通主要省会城市的高速公路网络体系基本成形。

（二）城市群与产业集群协同稳步发展

近年来，深圳都市圈围绕区域产业协同发展开展了诸多探索，签署了《深圳市、东莞市、惠州市关于产业发展合作的协议》《深圳市、东莞市、惠州市共建深莞惠区域创新体系合作协议》《深圳市东莞市惠州市汕尾市河源市共建区域创新体系合作协议》等文件，在推动产业园区共建、共建珠三角国家大科学中心、建设广深港澳科技创新走廊、科技成果相互转化机制建设、知识产权保护体系领域展开合作。

（三）重大科技创新平台共建格局成形

依托深圳光明科学城与东莞松山湖科学城，发挥两地产业基础和大科学装置集聚优势，深莞两地将推动形成优势互补、联动共建的发展态势，共建综合性国家科学中心的核心承载区。深圳光明科学城重点促进脑模拟、合成生物研究、材料基因组、空间引力波等世界级科学装置落户，强化基础科研与创新功能培育；东莞松山湖科学城重点围绕散裂中子源，加强材料科学和技术、生命科学、物理、化学化工、资源环境、新能源等诸多领域应用研究。

（四）区域生态环保合作治理成果显著

在生态环保合作方面，深圳、东莞、惠州在水污染、大气污染、固体废弃物领域进行了一系列合作探索，取得了初步成果。跨界河流治理合作取得显著成效，三市建立了环保执法会商机制、协同处置突发环境事件机制、联合执法监督和联合监测机制、环保信息共享机制、跨界河流联动预警机制等，加大资金投入，加强污水处理设施建设、淘汰污染源企业等多项实质性合作项目，取得了明显治理效果。

（五）都市圈生活一体化逐步推进完善

在共同规划和努力推进下，深圳都市圈生活一体化进程不断加快，深圳都市圈跨市双向通勤活跃，深莞惠三市跨界通勤超 50 万人次 / 日，已经实现了公积金贷款互联互通，建立和完善了五市警务协作信息平台、企业和个人失信联动奖惩机制，也初步实现了社保和医疗一体化，企业和个人在城市之间的流动也越来越便利，文化旅游合作成效显著。深港跨境出行稳定，社会交往日益深化。

二、深圳市构建高效率治理体系，促进中心城市和城市群健康发展的主要瓶颈

（一）基础设施对城市新定位支撑不足

面向支撑深圳建设国家“一带一路”倡议、“粤港澳大湾区”的核心城市以及中国特色社会主义先行示范区，深圳既有区域交通设施在支撑新的城市发展定位上仍有不足。航空方面，宝安国际机场将逐步面临空域容量不足、难以满足发展需求的情况。港口方面，深圳港“大港”向“强港”转型面临挑战，港城发展矛盾逐步凸显，亟须在区域层面寻求功能拓展的空间。铁路方面，深圳北向通道仅一条广深港客专同时承担北向、东向、西向高铁及城际功能，通道能力瓶颈明显。城际铁路仅穗莞深在建，跨珠江通道体系短板明显，东向区域公路交通存在瓶颈。能源方面，根据《深圳市城市总体规划（2010 ～ 2020 年）》，深圳市油库安全应急储备需达到 30 天以上，但深圳市现有油库储备仅能满足成品油约 17 天的消费量。

（二）粤港澳三地融合面临深层次难题

在“一国两制”方针和 CEPA（内地与香港、澳门《关于建立更紧密经贸关系的安排》）、粤港澳合作框架下，深圳深入对接港澳所需、深圳所能、湾区所向，积极推进与港澳在经贸、金融、科技创新、教育、医疗、跨境基础设

施等领域的务实合作，在维护港澳地区长期繁荣稳定、助力粤港澳大湾区建设方面取得积极成果。但三地实现融合仍面临不少深层次问题，如制度差异性带来的制度壁垒与制度摩擦成本，影响到湾区内人员和资源的自由流动和创造性发展；地方利益保护和湾区内产业分工与利益分享最优化的矛盾仍待化解；价值观与生活方式的差异影响港澳居民尤其是专业精英人士对内地的认同和归属感。

（三）城市群发展缺乏明确的协调机制

随着深莞惠三市区域协作的不断深入，城市边界地区的基础设施联通有利于打破行政边界限制、推动都市圈一体化发展。深圳市相关规划已提出轨道 6 号、11 号、14 号线等多条轨道及江湾大道、南光路、龙观路等干线道路与莞惠两地轨道、路网进行对接，但目前湾区范围内尚缺乏明确的协调机制，设施规划建设较难实现互联互通和共建共享，需要从省级国土空间规划层面推动建立相应协调机制，加大跨市域交通基础设施的规划建设统筹力度。

（四）社区治理体系与城市发展不适配

一是街道、社区规模设置与城市发展不相适应。近年来，深圳通过优化增设街道、社区[①]，但区划设置不够合理、资源力量不够平衡、事权划分不够清晰等问题依然存在。目前，全市街道的平均面积仍达 27 平方公里，远高于省街道设立面积 2.5 平方公里的标准，分别是北京、上海、广州的 2.7 倍、1.6 倍、2 倍。二是社区服务精准化、精细化水平与人民群众对美好生活的向往不匹配。服务资源还呈现碎片化现象，服务精准化、精细化程度不高，供需现状不匹配、专业力量不充足、供给方式不多元，智慧治理不成熟。三是社会力量协同参与不够充分。政府、市场、社会三方参与基层治理的边界仍未充分厘清，社会组织参与基层治理的能力有待提升，基层群众自治还欠缺活力，未能较好适应社区实际需求。

---

① 全市街道由原来的59个优化调整为74个。

三、深圳市构建高效率治理体系，促进中心城市和城市群健康发展的具体措施

（一）统筹整合各方资源，举全市之力推进粤港澳大湾区建设

建立全市统筹推进机制。成立由市委书记担任组长、市长担任常务副组长的市委推进粤港澳大湾区建设领导小组，作为深圳市推进粤港澳大湾区建设最高决策机构。领导小组每季度召开一次会议，对推进粤港澳大湾区建设工作进行全面部署，研究解决推进粤港澳大湾区建设中的重要事项和重大问题。整合市发改委和港澳办的力量，设立市委推进粤港澳大湾区建设领导小组办公室，作为市委工作机关，强化对推进粤港澳大湾区建设的组织领导，统筹推进粤港澳大湾区建设。成立市委推进粤港澳大湾区建设领导小组国际科技创新中心建设、基础设施互联互通、构建现代产业体系、生态环境保护、港澳青年创新创业基地建设、金融、机制创新七个专项小组，做到突出重点、科学推进、研究政策统一行动。相继以领导小组文件形式印发《关于贯彻落实〈粤港澳大湾区发展规划纲要〉实施方案》《深圳市推进粤港澳大湾区建设 2020 年工作要点》《关于大力支持社会力量参与粤港澳大湾区和中国特色社会主义先行示范区建设的意见》等政策文件；根据国务院印发的《粤港澳大湾区国际科技创新中心建设方案》编制《深圳市推进国际科技创新中心建设的实施方案》，梳理出涉及深圳的 71 项任务，明确责任单位和时间进度安排。

（二）把规则衔接作为推进大湾区建设的关键环节

深港澳规则衔接是一国两制背景下在科技创新、法律服务、金融合作、税务政策等方面促进资源共享、制度对接、待遇互认、要素趋同、流转顺畅，是推进粤港澳大湾区建设中的首要任务和关键环节，而先行示范区为推动规则衔接提供了解决路径和政策支持。深圳积极发挥先行先试作用，勇于解决与发展不适应的体制机制障碍和法规制度束缚，用法治化市场化方式协调解决大湾区合作发展中出现的问题，让创新的动力充分涌流，让市场主体的活力充分展现。

一是率先起草形成深港澳规则相互衔接政策文件。聚焦发挥“先行示范区”作用，以综合授权改革试点为着力点和突破口，解决粤港澳大湾区建设中核心问题，坚持“小切口带动大变局”，以企业和居民需求为出发点，针对深港澳各方反映最强烈、最集中、最突出和当前迫切需要推动解决的规则衔接障碍，提出在促进营商环境优化、科技创新合作、金融市场互联互通、基础设施互联互通、司法领域合作、港澳居民在深就业生活便利化、民生领域合作等七方面先行先试，梳理形成促进深港澳规则相互衔接政策措施48条，报市主要领导批示，拟以市委市政府文件形式印发，旨在推动深圳市在更高起点、更高层次、更高目标上深化改革、扩大开放。

二是推进科研机制衔接。加强与科技部对接，在科技领域探索先行先试。简化科研样本、实验试剂和遗传资源出入境手续。争取在深港科技创新合作区设立人类遗传资源出境的审批分支机构，直接申请生物样本出境。对香港科研资源进行调查摸底。通过受理的深港创新圈D类188个香港项目（港方高校和科研机构独立申请的课题）对香港优势领域进行分析，发现香港在新材料、精密制造、医疗科技、资源环境等领域有比较大的优势。推动科研资金跨境。印发《深圳市“深港创新圈”计划项目管理办法（试行）》，允许香港公营科研机构单独申报深圳市科技计划项目和资助资金跨境使用。目前已完成40余个项目资助，金额近1亿元。

三是推进通关机制衔接。推动要素自由流动，扩大对外开放步伐。优化口岸通行模式。率先对参与大湾区科研合作项目、已签订合作协议的科研人员缩短签注申请办理时限，放宽商务备案指标配额等方面限制。简化科研样本、实验试剂和遗传资源出入境流程。将人体组织、血液等科研样本、实验试剂检疫审批时限由20个工作日压缩到10个工作日以内，将D级低风险实验试剂审批许可权限由直属海关下放到隶属海关。积极研究科创区围网区域科研物资监管模式。围绕“视同境外”的总体定位，对围网区域的设置和通关制度实行分线管理，研究实施科创物资、运输工具、人员进出“一线放开，二线管住，区内自由”的监管模式。

四是推进人才机制衔接。进一步出台政策措施，便利港澳居民在深居住、生活、就业。优化港澳居民和社保政策。增加港澳居民办理居住证网点，简化办理手续；放宽大湾区港、澳、台及外籍专家参保缴费年龄限制，允许符合条件的港、澳专家在深圳市延长缴费年限，并可按国家、省转移政策相关规定，办理养老保险、医疗保险关系转移接续手续。推进港澳专业人士在深就业执业便利化。推出“深港通注册易”“深澳通注册易”服务，简化港澳居民在深圳市开办企业流程，实现“足不出户、在线办理”。逐步建立香港职业资格与深圳市职称的对应关系，目前已获得香港测量师（产业测量组）资格的专业人士，可按照房地产估价师相关规定申报高级经济师职称；已获香港规划师协会资深会员或会员资格的专业人士，可按照注册城乡规划师相关规定申报相应的副高级职称。将港澳人员纳入自主创业扶持范围。取消港澳台人员就业许可，将港澳台人员纳入深圳市就业创业管理服务体系；出台《进一步促进就业若干措施》，明确规定将法定劳动年龄内的港澳居民纳入深圳市自主创业人员范围。

五是推进金融机制衔接。加强金融合作，促进三地互联互通。有序推进不良金融资产海外并购重组。由市发改委加快制定境外机构投资者对境内不良资产的专项监管和工作细则，同时明确不需要就不良贷款及其他信贷资产的跨境转让另外报批备案。设立大湾区保险服务中心。积极与香港保险业联动在深设立大湾区保险服务中心，有条件支持并允许在该中心处理内地保单持有人的保费缴纳、向内地人士支付理赔款的业务。便利人民币跨境结算。简化收付款手续，允许优质企业凭《跨境业务人民币结算收 / 付款说明》或收付款指令，直接在银行办理货物贸易及服务贸易人民币跨境结算，无须事前、逐笔提交真实性证明材料。启动“深港澳金融科技师”专才计划。共同推行金融科技人才培养机制和金融科技专业人士执业资格互认。

六是推进医疗机制衔接。推动优质医疗卫生资源紧密合作，发展区域医疗联合体和区域性医疗中心。深港澳卫生健康常态化合作机制不断完善。举办第二届粤港澳大湾区卫生健康合作大会，签署粤港澳大湾区输入性热带病防控联盟、粤港澳大湾区呼吸疾病研究中心等合作项目 62 个，推动粤港澳大湾区在疾病研究、传染病防控、紧急医疗救援、医疗人才培训、高水平国际医院建设等方面的合作常态化。推动建立更加便利的港澳和深圳居民定点医疗服务、紧急救治、联合会诊、跨境运送转诊制度安排。湾区跨境合作项目不断拓展。龙岗区和香港中文大学共建香港中文大学耳鼻喉咽喉头颈外科医院及研究院，坪山区引进50家名医诊所建设香港名医诊疗中心，市第三人民医院联合港澳地区传染病医院和防控机构、高等院校成立粤港澳大湾区新发重大传染病应急防治医学研究中心，市妇幼保健院与香港大学合作开展大湾区妇幼口腔健康精准防治研究及转化平台项目。

（三）全力发挥好主阵地作用，推进综合性国家科学中心建设

一是有序推进深港科技创新合作区建设。深港科技创新合作区深方园区的土地整备、空间筹集、项目落地等工作有序推进。“1+N”规划体系基本形成。《深港科技创新合作区深圳园区发展规划》《深方园区统筹规划实施方案》《深港跨境货运交通组织实施方案》等规划体系基本成形。皇岗口岸改造已于2019年6月底正式启动，港澳科研设备从4月1日过关免于办理强制性产品认证，简化科研样本、实验试剂和遗传资源出入境已进入实操等。汇集一批高端要素资源。已引进或确定入驻的香港及国际优质科研项目75个，包括金砖国家未来网络研究院中国分院、香港科技大学福田基地、香港生产力促进局深圳创新及技术中心等。空间整备持续推进。筹集长富金茂大厦、深港国际科技园、国际生物医药基地、国际量子研究中心等产业空间共37万平方米，梳理东西两翼启动区可供开发和改造的土地面积共计约67万平方米。

二是积极打造光明科学城，打造以大科学装置群为基础的科学中心，构建源头创新高地。持续推进《光明科学城空间规划（2019～2035年）》编制，稳步推进重大科技基础设施规划建设。材料基因组大科学装置平台、空间引力波探测地面模拟装置项目和合成生物研究设施3个项目可行性研究报告已通过专家评审，即将分别组织实施关键技术和设备研发项目。脑解析与脑模拟设施关键技术和设备研发项目已通过专家评审。精准医学影像大设施等项目已完成政府投资登记赋码，正进行可行性研究报告的编制工作。中国科学院深圳理工大学已获得国家教育部正式批复同意纳入广东省“十三五”规划高校设置中期设置名单。中山大学深圳校区公共教学组团、理工科组团等加快建设。国家超

级计算深圳中心二期、深圳湾实验室等科技创新载体已明确落地。启动区 1.82 平方公里土地整备已完成房屋清拆、土地平整，正办理土地移交入库手续，加快大科学装置核心区 5 平方公里、光明中心区 2.86 平方公里和光明城站周边 2 平方公里土地整备。

三是加快推进西丽湖国际科教城建设。基础研究持续加强。省级实验室鹏城实验室顺利奠基，人工智能和数字经济广东省实验室（深圳）成功授牌，集成电路颠覆性芯片实验室持续论证，杰曼诺夫数学中心、内尔神经可塑性研究院、马歇尔生物医学工程实验室、索维奇智能新材料实验室 4 家诺奖实验室挂牌建设，科教城内诺奖实验室达到 7 家。高等教育持续集聚。清华国际研究生院正式动工；天津大学佐治亚理工深圳学院经过教育部专家评议，过渡校区投入使用；北京大学国际校区与北大进行密切对接；哈工大国际设计学院正按教育部专家意见整改落实。深港微电子学院经国家教育部批准列入“国家示范性微电子学院”筹备建设单位，并与 ARM（Advanced RISC Machines）公司联合共建“先进芯片设计联合实验室”，拟与华为共建“人工智能生态联合实验室”。深港合作持续增强。深港青年创新创业基地顺利挂牌，基地孵化团队 40 多支，获得发明专利 20 多项、融资 3800 余万元。加大对六家港校深研院支持力度，推动成立香港高校产学研联盟，规划建设白石岭深港科学园。创新平台持续布局。粤港澳大湾区集成电路设计创新公共平台（ARM 中国牵头）入驻智园，鹏城实验室四大科学装置开始建设、清华伯克利 RIOS 实验室顺利落地。创新空间持续拓展。全市首个联建总部大楼正式落地，智园三期投入使用，南山科技创新中心、南山智谷、南山智园二期等创新空间建设持续推进。

（四）突出大湾区深圳枢纽型城市地位，统筹推进基础设施互联互通

一是以重点项目为依托，加强深港双方交流合作。统筹协调跨境基础设施工作。深圳市委推进粤港澳大湾区建设领导小组办公室统筹协调市有关部门，与香港特区政府全面对接两地口岸与交通工作项目。加强口岸建设和功能调整，扩大开放、促进合作。抓紧推进皇岗口岸重建，为深港科技创新合作区建

设释放空间。皇岗口岸重建后占地面积8.7公顷，将取消货检通道。通关能力达20万人次/天、查验模式为“一地两检”。高标准建设开通莲塘口岸，推动“东进东出、西进西出”交通格局尽快落实。深港间规划建设的第7座综合性陆路口岸，占地面积17.7公顷，总建筑面积约13.7万平方米，深方口岸区总投资15.45亿元，通关能力达3万人次/天。首次利用先进信息采集技术，实现客货车查验通道“一站式”通关。莲塘口岸现场建设指挥部直接转换为莲塘口岸开通指挥部，新口岸设施设备试运行、应急演练等开通前的各项准备工作已经全面启动。

二是加快基础设施“硬联通”，推进粤港澳大湾区内互联互通，打造国际一流湾区和世界级城市群。港口建设方面，推进盐田港区东作业区、南山港区妈湾作业区超大型集装箱码头和西部港区深水航道建设。规划建设“高水平国际中转贸易港”，实施更加开放的外贸中转运输管理，试点实施“中国前海”籍船舶的开放登记制度。2020年，深圳港累计完成外贸集装箱吞吐量2436.42万标箱，同比增长2.27%。航空建设方面，持续推进机场扩建，大力拓展国际航线，深圳机场国际航线已达到50条，直通伦敦、法兰克福、阿姆斯特丹、洛杉矶、悉尼、迪拜、东京等国际主要城市。2020年深圳机场旅客吞吐量3791.61万人次，排名上升到全国第三位，货运量139.87万吨，同比增长8.99%，排名也升至全国第三位。陆路建设方面，加快深港西部快轨、中深惠城际、穗莞深城际、中虎龙城际、深中通道等项目规划建设，积极推进赣深客专、深茂铁路深圳至江门段建设，规划增加深汕铁路、广深第二高铁、深肇铁路、深莞增城际、深大城际等城际铁路。

三是创新推动基础设施“软联通”。探索推动“合作查验、一次放行”模式，推动在深圳湾口岸、莲塘口岸实行24小时通关，推进文锦渡口岸免下车查验试点。优化口岸监管模式，海关申报项目由229个合并精简至105个，深圳进出口环节需验核监管证件精简至46种。推动落实在深圳国际机场实施“24小时过境免检”和外国人“144小时过境免签”、境外人士在内地居住的时间认定、出入境往返当日不计入境内居住天数等政策。推进在盐田国际集装箱码头、惠州国际集装箱码头之间实施“惠盐组合港”通关运作模式。

（五）着眼于粤港澳大湾区战略要求，壮大战略性新兴产业和先进制造业

一是布局制造业重大创新载体。加快发展先进制造业，提升核心竞争力。积极推进制造业创新中心建设。对标工信部制造业创新中心实施方案，结合深圳市行业领域发展情况，在高性能医疗器械、石墨烯等重点领域积极推进制造业创新中心建设。截至目前，深圳市已获批筹建智能海洋工程、石墨烯、高性能医疗器械、粤港澳大湾区小分子新药和5G中高频器件等5家省级制造业创新中心，5G中高频器件和石墨烯2家创新中心已挂牌。鼓励企业组建企业技术中心。鼓励深圳市企业开展技术创新，强化企业技术中心建设，充分发挥企业技术中心在技术创新体系中的重要作用。大力扶持公共技术服务平台。围绕产业共性技术开发、质量认证、计量测试、检验检测、数据挖掘、信息服务、设备共享、管理服务、人才培训等功能，大力资助公共技术服务平台建设。

二是大力推动制造业转型升级。加快制造业结构调整，推动智能化发展。实施技改倍增计划。出台《深圳市关于实施技术改造倍增计划扩大工业有效投资的行动方案（2017～2020年）》及若干措施，实施零门槛申报，简化申报程序，全力推动工业投资上规模、优结构、增效能。实施智能制造。积极推动企业申报国家和广东省智能制造专项和智能制造试点示范，实施智能化技术改造典型案例推广计划。积极引导企业开展技术改造，实施“机器换人”，提高企业生产技术水平和效率。实施工业互联网。出台《深圳市工业互联网发展行动计划（2018～2020年）》，加快发展工业互联网平台，推动先进制造业与互联网深度融合。

三是加强创新基础能力建设。超常规布局创新载体，主要聚焦新兴产业的前沿技术领域，为产业技术创新、源头技术供给提供有力保障。规划建设重大科技基础设施、基础研究机构、诺贝尔奖科学家实验室、制造业创新中心等，加快补齐原始创新短板。深化产学研合作，在基因组学、超导材料、大数据、石墨烯等前沿领域，组建了一批集科学发现、技术发明、产业发展“三发”一体化的新型研发机构。

四是持续推动创新型经济做大做强。依托高新技术产业基础，打造具有国际竞争力的战略性新兴产业集群。率先在国内出台战略性新兴产业发展规划和配套措施。抢抓科技产业变革机遇，出台《深圳市关于进一步加快发展战略性新兴产业的实施方案》，提升产业科技含量，促进集成电路、人工智能、5G移动通信等更多优势领域发展壮大并成为支柱产业。完善全过程创新产业链。加大技术攻关力度，在集成电路、高端医疗器械等领域实施“卡脖子”重点技术攻关项目。注重科技与市场深度对接，积极搭建科技成果转化平台载体，深圳技术转移机构超过 70 家。推动科技与金融深度融合，设立天使投资引导基金和中小微企业银行贷款风险补偿资金池，缓解初创企业、中小企业融资难问题。优化创新政策法规体系。聚焦创新驱动关键环节，出台“一揽子”政策①，集中推出 235 条措施，在科技成果转化、促进人才流动、加强协同创新和开放共享等方面形成精准化、差别化、组合型政策供给。瞄准更高目标，出台《加快深圳国际科技、产业创新中心建设总体方案》，实施新一轮创新发展战略布局。

五是加快建设全球海洋中心城市。贯彻落实国家海洋强国战略和“一带一路”倡议，提升深圳城市定位、实现跨越发展。全球海洋中心城市建设稳步推进。印发《深圳建设全球海洋中心城市 2019 年度工作推进方案》，持续跟进 65 个重点项目进展，从海洋科研、政策、产业、金融、法律、交流合作等方面补短板、谋跨越、树品牌，重点跟进“十二个一”工程重点项目②。充分展示我国海洋事业取得的历史性成绩和海洋科技创新的最前沿成果。牵头推进国家深海科考中心组建，推动海洋大学和国际海洋开发银行建设。组织开展国家深海科考中心组建方案编制研究，初步形成国家深海科考中心筹建思路。

六是推动信息通信基础设施建设。新型产业成长、新型数字经济发展，对信息通信基础设施建设提出更高的要求。加强 5G 等新型基础设施建设。发布

---

① 科技创新、企业竞争力、人才优先发展、人才住房、高等教育等政策。

② 成功举办2019中国海洋经济博览会。举办高端论坛12场，配套活动357场；首发新技术新产品432项；签约成交项目394项，签约成交金额7.4亿元，达成意向合作项目1013项，金额18.4亿元；来自28个国家和地区的9.7万人次专业观众观展。

《多功能智能杆系统设计与工程建设规范》，建成多功能智能杆2289根，启动《深圳市信息通信基础设施专项规划》编制工作，以5G需求为主线，统筹布局数据中心、通信机楼、通信机房、基站站址、多功能智能杆及通信管道等信息基础设施，2020年实现全市5G网络全覆盖，也是全球首个5G全覆盖城市。推进跨境通信业务开放试点。研究跨境通信业务开放试点等相关事项的可行性，已对接国家工业和信息化部相关司局，推动福田深港科技创新合作区内跨境通信方面的可行性探索与规划，加快推动相关支持事项尽早落地。

（六）进一步扩大对外开放，推动重点国际合作发展平台建设

一是加大前海蛇口自贸片区改革开放力度。充分发挥前海在深化改革、扩大开放、促进合作中的试验示范作用。深入实施城市新中心规划和三年行动计划，前海国际会议中心“大干快上”，地下结构施工全面完成；推动英国哈罗公学落地，正加紧建设，2021年分批投入使用；建成开园前海运动公园，前海城市新中心地标、演艺中心、国际金融交流中心等项目加快推进。加强制度创新复制推广。2019年以来，新推出制度创新成果81项，累计达495项，在全国复制推广50项，在广东省复制推广69项，深圳全市复制推广122项。金融创新政策先行先试。率先推动实现跨境双向股权投资、跨境资产转让、跨境人民币贷款、跨境双向发债和跨境双向资金池等政策，开展资本项目收入支付审核便利化试点。推动前海联合交易中心创新发展，建设国家级创新型商品交易所。推进在前海成立香港保险业大湾区服务中心。联合澳门共同探索在金融人才培训、证券交易平台、在澳门设立投融资平台等方面的合作，加快推动设立澳海证券。

二是加快打造深港口岸经济带。罗湖口岸、文锦渡口岸、莲塘口岸及其周边片区构成核心区，横向联动深港边境沿线口岸资源，打造口岸发展核心轴，并向外拓展到蔡屋围、东门、湖贝等成熟发展空间，辐射罗湖及周边区域，紧密承接深港合作利好，推动区域互通互联、共荣共享。加强口岸建设和功能调整。加快深港边界高水平开发，2020年内建成启用莲塘 / 香园围口岸；高标准重建罗湖口岸，完成城市设计国际咨询，正在开展统筹规划编制工作，片区将

打造集观光旅游、住宿餐饮、休闲娱乐、时尚购物于一体的“城市会客厅”。打造“小河套”超级创新综合体。探索“飞地经济”合作新模式，推动深圳过境土地开发建设。规划建设高标准国际医院和深港精准医疗联合实验室，引进最先进的医疗技术、硬件，开展国际先进的肿瘤治疗、细胞治疗、基因治疗等治疗服务、前沿技术研究和高端医疗器械的研发，打造深港协同发展试验区。

三是将沙头角打造成跨境购物街区深港合作示范区。围绕“旅游＋消费”主体功能，打造集跨境旅游合作区、国际商贸消费先行地、深港先行先试承载平台、大湾区深度合作示范区于一体的宜居宜业宜游区域发展范例。优化跨境管理模式。积极争取国家政策支持，改变目前深圳侧边境特别管理区准军事化管理模式和香港侧沙头角禁区管理模式，推动放开合作区内深港边境线管制，允许人员、货物等要素在合作区内自由流动；推动合作区关口实现24小时通关，简化出入手续，允许港、澳、台游客和外国游客进入合作区；推动实施更加开放便利的免税购物政策。打造高水平对外开放门户枢纽。积极推动中英街现有商业空间优化整合，加快打造区域旅游消费新热点。强化人工智能、生命健康等产业合作，推动两地共建重点实验室和人才培养基地。促进基础设施互联互通。升级改造沙头角口岸，加强深港口岸合作，实现深港口岸通关联合执法和查验结果互认。

四是稳步推进大鹏游艇旅游自由港建设。大鹏与香港隔海相望，海洋和游艇旅游资源丰富。推动改革创新协同发展。大鹏与前海共同构建自贸试验区、改革创新协同发展示范区，合作打造粤港澳国际游艇旅游自由港。积极向海关总署申报进一步放宽粤港澳游艇自由行政策，争取在深圳区域实施比琼港澳自由行更宽松的游艇出入境监管政策。积极与港方对接，研究开通南澳—香港马料水码头航线。建立常态化沟通机制。市委大湾区办牵头，与中山市港澳局、港澳特区政府有关部门加强沟通，梳理游艇自由行、游艇自由港有关现行政策、中山与澳门的试点经验等，探索深圳市推进游艇自由行、打造游艇自由港的实施路径等。

（七）探索创建基层治理领域各类示范区，构建城市现代化治理体系

一是深入开展和谐社区、社区治理和服务创新实验区等社区治理创建活动。积极争取国家、省相关部门能在基层治理领域各类示范区创建活动中给予深圳更多指导与支持，鼓舞和推动全市更多区、街道和社区创新基层治理体制机制，总结提炼上升为示范带动经验予以推广应用，进一步推动实现治理体系和治理能力现代化，为深圳市在全国深入推进基层治理体制机制创新方面树立示范、建立品牌。

二是进一步加强民生服务保障部门、街道和社区队伍建设。在健全体制机制、提升薪酬待遇、明确职责定位、完善考核激励、加强组织保障等方面，建立健全社会工作者、社会救助经办员、养老服务专员、养老护理员、儿童督导员、残疾人康复协调员等各类社区服务队伍的政策体系和支持措施，找准服务功能定位，增强职业荣誉感，畅通职业发展渠道，进一步回归专业、回归本职，更好地发挥服务作用，建设一支结构合理、素质优良、能力突出、群众满意的社区服务队伍。

* 执笔人：陆有源

---

* 陆有源，江苏省扬中市人，香港科技大学土木及环境工程学系博士毕业，深圳市孔雀计划人才，领航人才，国家一级建造师。参与国家973计划2项，在SCI国际学术期刊发表论文15篇，拥有中国发明专利3项，中国实用新型专利4项，美国发明专利1项，主持起草中华人民共和国交通运输行业标准1项。现任深圳市罗湖区政协委员、佳兆业科创集团副总裁。

第七章
京津冀构建区域高效协同治理体系，促进中心城市和城市群健康发展调研报告

民盟北京市委

摘　要：京津冀协同发展是我国重大发展战略。“十四五”时期，京津冀地区要全面围绕国家构建新发展格局的总体部署，在更高水平上坚持统筹布局、协同发力，在构建新发展格局中发挥强大战略支撑作用。民盟北京市委围绕京津冀三地协同发展情况展开调研，认为在构建新发展格局过程中，京津冀协同发展尚且存在公共服务投入和建设水平差距明显、跨区域生态补偿机制有待增强、“飞地经济”利益分享机制需要进一步完善、制约要素自由流动的体制机制障碍仍需要进一步破解等方面深层次矛盾和问题，并提出循序渐进推动京津冀在公共服务领域一体化发展进程、加快完善生态保护补偿长效机制、进一步完善跨区域项目财税分配机制、建立健全区域要素自由流动的体制机制等重点建议。

我国已经开启全面建设社会主义现代化国家新征程，区域经济正在发生着重大而深刻的变化，推动区域高效协同发展不仅是国家战略，也是区域内在要求。中共中央、国务院提出，未来我国将建立以中心城市引领城市群发展、城市群带动区域发展新模式，推动区域之间融合互动发展。

当前，国内外形势纷繁复杂，习近平总书记多次强调，要推动形成以国

内大循环为主体、国内国际双循环相互促进的新发展格局。[①]中心城市和城市群应该成为“双循环”格局的战略支点和主要载体：在内循环中，中心城市和城市群突出的规模效应、协同效应、人才红利，为提升产业链供应链现代化水平、推动科技创新和关键核心技术攻关，创造了基础条件；在外循环中，中心城市和城市群也是参与全球竞争力的重要平台，是展现中国经济社会韧性能力的强大空间。

古来燕赵地，今日京津冀。京津冀地区自元代以来就是政治经济发展中心。现今，坐拥北京、天津两座特大城市的京津冀城市群已成为我国经济社会发展最为活跃的地区之一，也是开放程度最高、创新能力最强、吸纳人口最多的区域之一。其整体定位为“以首都为核心的世界级城市群、区域整体协同发展改革引领区、全国创新驱动经济增长新引擎、生态修复环境改善示范区”。京津冀协同发展作为重大国家战略，是一项巨大复杂的系统工程，要按照习近平总书记的指示，从全局的高度和更长远的考虑来认识和做好京津冀协同发展工作，增强高效协同发展的自觉性、主动性、创造性，保持历史耐心和战略定力，稳扎稳打，勇于担当，敢于创新，善作善成，下更大气力推动京津冀协同发展取得新的更大进展[②]。当前，京津冀协同发展已从“谋思路、打基础、寻突破”进入“滚石上山、爬坡过坎、攻坚克难”的关键阶段[③④]。非首都功能疏解由零散项目、点状疏解向以点带面、集中连片，央地协同、形成合力，系统联动、整体推进的大疏解转变。雄安新区与北京城市副中心“两翼”齐飞，引领京津冀构建以首都为核心的世界级城市群。京津冀交通、生态等领域工作重点由硬环境建设向软环境提升转变，产业协同的工作重心由承接平台建设向产业链创新链构建及营商环境整体改善过渡，首都公共服务资源向重点地区延伸

---

① 新华网. 看习近平这几次重要讲话，弄懂“大循环”“双循环”. 2020[2021-07-28]. https://baijiahao.baidu.com/s?id=1676953684931635520&wfr=spider&for=pc。

② 求是网. 从全局高度更长远考虑认识京津冀协同发展. 2019[2021-07-28]. http://www.qstheory.cn/zhuanqu/bkjx/2019-01/21/c_1124021061.htm。

③ 人民日报海外版. 谋思路、打基础、寻突破京津冀协同发展走过五周年. 2019[2021-07-28]. https://politics.gmw.cn/2019-02/26/content_32562277.htm。

④ 光明日报. 京津冀协同发展如何“爬坡过坎”. 2019[2021-07-28]. http://theory.people.com.cn/n1/2019/0126/c40531-30591161.html。

布局日益成为协同工作新着力点。

自2015年《京津冀协同发展规划纲要》颁布实施以来，京津冀城市群在北京非首都功能疏解、区域交通一体化、生态环境保护协作、产业转移升级等领域便取得了明显进展。但是，目前京津冀城市群仍存在若干影响发展全局的深层次矛盾和问题，亟待通过进一步深化体制机制改革创新，加快构建更加科学、更加高效的治理体系，在机制和模式上引领带动整个环渤海地区向更高水平和更高质量协同发展迈进。通过调研，我们认为难点、堵点问题主要集中在以下四个方面：

一是公共服务方面，京津冀三地在教育、医疗、养老等公共服务财政投入和建设水平上差距明显。

目前，与京、津两地相比，河北省在社会发展、公共服务水平和质量层次上差距明显，个别方面甚至呈现“断崖式”落差。从近年统计数据（表7-1）来看，在教育方面的生均财政支出，河北省分别为京、津两地的20%、30%～40%；在医疗卫生方面的人均财政支出，河北省分别为京、津两地的40%、60%～70%。

客观地说，受经济社会发展水平和政府财力不足等各种历史现实因素的制约，这些差距在短期内还难以有效消除，需要立足区域内部发展不平衡、公共服务资源配置不完全均衡的实际条件，充分考虑河北的现实需要，统筹解决好三地在公共服务供给方面的协作机制问题。

表7-1　京津冀三地教育、医疗等公共服务主要统计数据一览

类别		地区	2015年	2016年	2017年	2018年	2019年
教育	地方财政教育支出（亿元）	北京市	855.67	887.37	964.62	1025.51	1137.18
		天津市	507.44	502.49	434.59	448.19	467.63
		河北省	1041.16	1134.89	1276.55	1385.59	N.A.
	生均教育经费支出（万元/人）	北京市	4.26	4.46	4.87	5.10	5.50
		天津市	3.09	3.01	2.57	2.59	2.59
		河北省	0.92	0.97	1.04	1.08	N.A.
	高校数（所）	北京市	91	91	92	92	93
		天津市	55	55	57	56	56
		河北省	118	120	121	122	122

续表

类别		地区	2015 年	2016 年	2017 年	2018 年	2019 年
教育	985 高校数（所）	北京市	8	8	8	8	8
		天津市	2	2	2	2	2
		河北省	0	0	0	0	0
	211 高校数（所）	北京市	26	26	26	26	26
		天津市	3	3	3	3	3
		河北省	1	1	1	1	1
	高考一本录取率（%）	北京市	24.13	30.53	30.50	34.13	36.27
		天津市	23.39	24.09	24.10	33.64	35.89
		河北省	12	15.86	14.55	10.43	19.1
	在校生数（万人）	北京市	201.01	199.17	198.00	201.13	206.6
		天津市	164.31	167	169.09	173.18	180.3
		河北省	1128.73	1174.34	1225.65	1284.25	N.A.
医疗	地方财政医疗卫生支出（亿元）	北京市	370.52	397.95	427.87	490.09	534.41
		天津市	195.02	203.23	182.1	192.76	197.89
		河北省	535.09	547.86	605.1	691.33	N.A.
	人均医疗卫生支出（元/人）	北京市	1707	1831	1971	2275	2481.5
		天津市	1261	1301	1170	1236	1267
		河北省	721	733	805	915	N.A.
	医院数（座）	北京市	701	713	732	736	745
		天津市	402	421	426	420	441
		河北省	1543	1618	1846	2108	N.A.
	三甲医院数（座）	北京市	53	53	53	53	58
		天津市	26	26	26	26	31
		河北省	45	45	45	45	48
常住人口（万人）		北京市	2170.5	2172.9	2170.7	2154.2	2153.6
		天津市	1546.95	1562.12	1556.87	1559.6	1561.83
		河北省	7425	7470	7520	7556	7591.97

注：原始数据来自京津冀三地统计年鉴，整理数据系原始数据加工而得。

二是在生态建设方面，存在跨区域补偿机制不完善、补偿资金渠道单一、补偿效益有待提升等问题。

生态涵养区发展模式亟须破题，市场化生态补偿机制亟须完善。目前，京津冀区域生态产权未能清晰划分，区域生态市场建设不完善，缺乏科学规范的定价程序和各方普遍认同的定价方法，补偿中对生态环境修复维护成本、生态服务核心价值以及发展机会成本考虑不足，且缺乏动态调整，直接影响地方生态保护的积极性和效果。京津冀地区生态补偿以财政资金为主，技术、投资等项目补偿形式较少，生态补偿税（费）缺位。当前生态补偿的制度设计和政策安排以政府为主，公众参与不足。如果考虑到共同确保国家2030年实现碳达峰、2060年实现碳中和这一总体目标，京津冀三地的绿色协同发展需求更加迫切。

三是区域合作方面，京津冀间“飞地经济”的利益分享机制需要进一步完善和创新。

京津冀产业结构差距巨大，梯度差异明显，产业关联性不强，没有形成系统完整的产业链，三地产业对接协作的政策机制尚不完善，产业转移对接难度大。一些北京的实体经济企业外迁到河北、天津后，中断了同北京的联系，导致北京产业疏解后税收流失严重，也未能实现促进京津冀产业协同发展的初衷。特别是很多企业向南方沿海城市迁移，造成了京津冀地区产业链、产业集群实力整体受损。未来要在“飞地经济”利益分享机制方面加快改革创新步伐，推动跨区域产业合作更加有效开展。

四是在要素保障方面，制约要素自由流动的体制机制等障碍还需要进一步破解，亟待进一步深化要素配置市场化改革。京津冀统一要素市场建设滞后，政策互惠、资证互认、信息互通的政策环境不完善，区域资源要素空间配置效率不高。受户籍、行政区划等制约，人才、资金等要素流动性仍显不足，产业疏解与承接意愿存在错位。京津冀产业转移承接重点平台中，“2+4”产业合作平台层级高，机制与渠道较为完善，而数量众多的其他产业合作平台缺乏统筹和精准对接、精准施策。交通一体化的软环境建设亟待加强，跨省域的通勤效率亟须提升，服务于都市圈通勤出行的市郊轨道系统还比较缺乏。区域公共服务均等化不足，缺乏统一规划，总量性缺乏与结构性缺乏并存。市属医院向“两翼”等重点地区跨区投资建设还存在政策制约。人口方面，新型城镇化首先是以人为本的人的城镇化，但面对京津冀整体性、持续性的人口流出，缺乏针对性的制度设计。

为此，我们提出如下建议。

一、从实际出发，循序渐进推动京津冀在公共服务领域相对、渐进与动态的一体化发展进程

京津冀协同发展仍然是以满足北京市可持续发展的实际需要为基本依托和第一要务。因此，京津冀公共服务体系建设应破除以往对绝对均等化的追求，本着实事求是、立足实际的原则，循序渐进地推动三地在公共服务领域的相对的、渐进的与动态的一体化发展进程。基于当前京津冀所面临的战略定位差异化、动力机制缺位以及跨区域体系割裂等困境，可尝试从构建互惠利益格局、打造一体化标准融合体系与综合运用新兴信息技术入手，探索三地公共服务体系一体化构建的新路径。

（一）构建互惠利益格局，探索建立三地间公共服务财政支撑的相互补偿机制

跨区域的横向财政转移支付机制可以进一步提高弱势地区的公共服务水平，提升其对北京疏解人口的承载能力，尤其可以选取部分与疏解北京非首都功能相关的领域作为试点，展开针对性的协同共建。如可在医保、养老保险等领域着力探索京津冀三地在养老服务财政补贴上“钱随人走”的新路径。

（二）打造标准融合体系，以其为基础来规范区域基本公共服务一体化运作

首先，统一京津冀区域内公共服务标准，实现域内标准的互认与对接。确定区域内基本公共服务清单，以基本公共服务为示范突破口，对基本公共服务标准进行简化、统一、对接、联通，并纳入统一的区域标准体系，促进区域内基本公共服务资源的有序流动与有机融合。其次，在区域基本公共服务标准一体化的基础上，进一步拓展公共服务标准化的领域和范畴。以基本公共服务标准化示范项目推动标准化在其他公共服务领域的建设，将更大范围和更多领域的公共服务项目纳入标准化建设轨道。最后，建立明确的考核、监督与问责机

制。三地政府应在充分协商与沟通的基础上，清晰界定各自在相应的公共服务领域推动标准化制定、实施与评估的职责。

（三）运用大数据手段，助力公共服务资源共享和功能互补

首先，依托互联网等信息技术手段进一步优化提升政府的公共服务供给效率，缩小京津冀三地在公共服务资源分配和供给机制上的区域差异。其次，借助一体化网上政务服务平台建设的契机，基于线上、线下双线融合，通过数据联通等手段进一步克服京津冀三地在公共服务供给上的协同困难，并充分发挥“互联网 +”模式在便民服务上的优势，推动公共服务供给的便捷化与智慧化。最后，加强信息基础设施建设，运用智能终端、大数据、云服务等新兴信息技术手段，一方面，精准识别获取各区域居民的个性化公共服务需求，以提升京津冀各地政府提供跨区域精准服务的水平；另一方面，通过信息化建设进一步推进基础公共服务资源的整合共享，并以此服务于三地在多元领域的协同发展。

（四）促进教育优质均衡发展

完善京津冀教育合作机制，积极推进三地教育统筹谋划，制订实施京津冀教育协同发展专项行动计划，提高区域教育服务水平。鼓励优质中小学采取教育集团、学校联盟、结对帮扶等方式开展跨区域合作办学，深入推进干部教师跟岗交流、优质数字教育资源共享，开展教师资格、职称资格互认等。借助北京市和天津市的优质公共教育资源，与河北省相关院校开展多层次的教育合作模式，研究跨省市职教集团（联盟）管理运行机制，加快建设与区域产业创新发展相适应的现代职业教育体系；共建若干京津冀职业教育人才培养基地，联合培养高水平职业教育人才。深化京津冀高校联盟建设，探索建立京津冀高校大型科学仪器设备库，共建政产学研一体化创新服务基地、实验室。深化大学生思想政治教育工作交流，开展辅导员、思想政治理论课教师挂职交流工作。完善京津冀教育督导评估与监测协作机制，共享教育督导专家库，探索实施协同、交叉区域督导，不断丰富京津冀教育合作内容，加快推进京津冀教育服务一体化。

（五）深化医疗卫生协作联动

持续推进与河北廊坊、张家口、唐山、承德、保定等地区开展的重点医疗卫生合作项目，加快区域医疗中心建设，提升区域医疗卫生服务能力，促进更多患者就近就医。加强与国家部委对口联系，密切跟踪国家层面推动医疗等重大疏解项目动态进展和政策创新，配合下一步国家层面对医疗机构的疏解，配套相应的医疗机构向北三县（香河县、大厂回族自治县、三河市）和其他交界区域布局。扎实推进医疗卫生服务一体化，逐步统筹三地医保政策和具体标准，解决京津冀之间在药品报销范围、医保报销起付线等方面存在的具体差异，在京津冀之间逐步实现医保服务一体化。选择部分病种，依托京津冀区域医联体，逐步推动建立三地转诊机制。探索试行京津冀跨省市医师多点执业，促进医疗卫生人才合理流动。继续推进京津冀医学检验结果互认，完善医学影像资料共享工作质量控制规范，形成定点医疗机构和互认共享项目动态调整机制，逐步扩大互认范围。搭建医用耗材联合采购平台，推进京津冀一体化卒中急救体系建设，建立医疗卫生大数据开放共享机制，加强卫生应急、疾控、妇幼保健、医养结合、食品安全、卫生计生监督合作。推进中医药协同发展，加强中医医联体建设，以结对帮扶、合作联盟等方式推进重点专科协作，力争在区域中医药重点专科组、中医重点专科协作群、中西医结合重点专科协作联盟建设上有所突破。

（六）推动就业与社会保障有序衔接

加强京津冀统一的人力资源市场体系建设，推动建立有序、开放的公共就业服务体系。依托人才资源交流合作平台，深入推进医生、教师等职业技术人员跟岗交流、实现资源共享，开展教师、医师、护理人员等资格、职称资格互认。推广京冀（曹妃甸）人力资源社会保障服务中心的合作模式，设立京津冀公共服务联合办事窗口，推进京津冀区域社保卡全覆盖。完善劳动保障监察执法协作机制，促进劳动力规范有序合理流动。按照国家统一部署，继续做好京津冀跨省市异地就医直接结算工作。推动养老协同发展，扩大养老机构医保互联互通和养老补贴试点范围，支持有实力的养老服务机构输出品牌和管理经验，共建养老服务基地、养老产业园、养老产业集群。坚持和推广医养结合养老模式，支持北三县等地盘活养老地产存量，积极导入北京地区医疗资源，带动社会资本发展养老产业。制定京津冀防灾减灾协同发展规划，联合开展灾害风险评估、应急演练。探索建立京津冀社会组织、慈善机构协作机制，深化在社会救助、志愿服务等领域的合作。

（七）加快三地文化旅游融合共建进程

充分挖掘北京深厚的文化底蕴，做好历史文化名城保护，做好文物保护单位腾退、修缮与开放，实现古都风貌整体保护、传承历史文脉，推动建立区域文化遗产连片、成线整体保护体系。加快大运河文化带、长城文化带、西山永定河文化带建设。借助中轴线申遗机会，加强对中轴线及沿线的元上都、南苑、大兴国际机场等地区的文化资源挖掘和文化功能集聚。推进城市副中心博物馆、剧院、图书馆、实体书店等文化设施建设，与廊坊“北三县”等地共享文化资源。积极参与雄安新区文化发展各项工作。发挥区域文化联盟作用，多层面对接资源，共同推出一批文艺精品。利用北京文博会、天津滨海文交会、河北特色文化产品博览会等平台，加强区域文化产业协作，持续开展京津冀曲艺、传统技艺、传统医药、绘画、美食等非物质文化遗产联展以及文物联展等活动，不断加强三地的文化交流。深化京东休闲旅游示范区、京北生态（冰雪）旅游圈、京西南生态旅游带建设。整合区域旅游资源，共同开发旅游产品，推动建立统一的旅游信息、交通、人才队伍及行业管理体系，构建京津冀大旅游格局。

二、建立京津冀“碳达峰”“碳中和”协同管理体制，加快完善生态保护补偿长效机制，充分激发区域绿色协同发展的内生动力

国家提出2030年实现“碳达峰”、2060年实现“碳中和”总体目标，对

“十四五”期间京津冀生态文明建设提出了更高的协同要求，任务艰巨，时间紧迫。推进区域生态协作，加快完善区际生态保护补偿长效机制，充分激发区域绿色协同发展的内生动力，是京津冀合作与发展的题中应有之义，需要在以下方面发力。

(一)加强生态环境联建联防联治

更加积极践行“绿水青山就是金山银山”的理念，加大生态环境联合治理和协同保护力度，加强北京生态沟域、张家口首都“两区”（首都水源涵养功能区和生态环境支撑区）等规划衔接，全力打造京津冀区域绿色生态屏障，携手构建山川秀美的京津冀。扎实推进区域协同联动治理大气污染，持续完善空气重污染监测预警体系和应急协调联动工作机制，共同打击京津冀区域内环境违法行为。实施新一轮清洁空气行动计划，深入推进农村煤改清洁能源工程、交通运输结构调整等重点工作。大力改善水生态水环境，深入推进永定河综合治理与生态修复，加快永定河全流域生态廊道、2022 年冬奥会延庆赛区应急水源保障等工程建设，实施永定河山峡段生态修复，协调推进北运河、潮白河等跨界河流水环境治理和生态工程建设，加快大运河水系“减污增容”综合治理，全面改善大运河水系水质。加大绿色生态建设力度，持续推进京冀生态水源保护林、京津风沙源治理、太行山绿化等京津冀区域重大生态工程建设。加快构建雾灵山等环首都国家公园体系，打造环首都“生态绿环”。加强清洁能源供应保障，推进河北张南—昌平、北京东—通州等送电通道建设，加快密云经平谷至河北香河、西六环中段天然气管线建设。建成通州区域能源中心，提升城市副中心清洁供热能力。实施河北张家口—北京可再生能源清洁供热工程，推进河北涿州热电厂向房山供热。加快土壤治理修复与乡村环境改善工作，开展第三代垃圾处理技术试点，助力垃圾减量化、无害化、资源化。

（二）厘清生态补偿主体责任

建议中央政府加强顶层设计和顶层推动，继续做好生态补偿的协调和监督，积极发挥导向作用，带动各地积极参与生态补偿。同时，加快相关市场领域的改革，尽早实现利用市场手段进行补偿。

（三）科学确定生态补偿标准

利益相关方协商和市场定价机制相结合，是未来京津冀生态保护补偿标准制定的基本方向。应建立生态资源统计报告制度，分年度对各类生态资源投入情况进行专报，为相关标准的制定提供客观的核算依据。可考虑引入第三方生态价值和环保成本独立评估，核算生态服务补偿标准。根据经济社会发展和环保形势变化，建立补偿标准动态调整机制，可考虑每两年调整一次，充分激发生态服务提供方的积极性。

（四）促进补偿来源与形式多元化

逐步实现财政专项、社会资金等资金来源的多样化，推动政策、项目、技术、实物等补偿形式多元化，强化生态保护补偿的持续性。需考虑逐年提高生态保护补偿资金在财政支出中的比重，设立京津冀生态保护补偿专项资金，实行专门账户独立管理；探索多种类型的产权交易形式，发展京津冀区域生态产品与服务新业态，推进水权交易、碳汇交易、排污权交易等区域试点；适时开展生态补偿税（费）试点工作。

（五）注重三地公众共同参与

赢得社会公众的理解和支持，是京津冀生态保护补偿取得实效、实现长效的重要基础。要开展多种形式的宣传教育活动，强化公众对生态补偿的重要性和紧迫性的认识；健全信息公开机制，及时发布生态补偿相关信息，保障公众对生态补偿的知情权、监督权；吸收一定数量的三地专家学者，参与制度设计和政策制定，为科学决策提供智力支持；发挥区域内环保组织的作用，对生态补偿事宜进行跨行政区的监督。

（六）建立健全实施保障机制

系统建立评估、监督、立法执法机制，是促进京津冀生态保护补偿和治理常态化、高效化的重要保障。可考虑建立京津冀生态保护补偿常设机构，负责生态补偿重大事务决策与协商平台建设；建立区际生态补偿评估机制，对补偿标准、补偿形式、补偿效果进行客观动态评估；建立生态补偿监督考核机制，对补偿资金的筹集到付、规范使用等事项进行督察，确保生态补偿资金用在实处；推动生态补偿机制法治化，尽早推动京津冀生态补偿协同立法，推进实现生态补偿有法可依，用法律法规保障区域生态利益的公平分配和经济社会成本的合理共担。

（七）给予河北重要生态区位特殊政策支持

河北环京津地区特殊的地理区位，决定了其在拱卫首都绿色发展、保障京津冀生态环境建设方面具有不可替代的支撑地位和作用。建议国家本着公平发展的理念，多层次、宽领域加大对这一地区的扶持力度，给予河北环京津贫困地区西部大开发政策待遇。

三、进一步完善跨区域项目财税分配机制，理顺迁入地（津冀）、迁出地（北京）间的利益关系

就京津冀而言，建立与区域协同发展和政府事权分配相适应的横向财政税收关系是“举一纲而万目张”的关键，而利益分配机制则是关系到“飞地经济”能否发展好的核心问题。建议从细化税收分享比例、区分税收分享持续时间、考虑企业迁移因素、扩大参与分享主体范围等方面，进一步完善飞地税收分配机制。

（一）细化税收分享比例

不同规模、性质的企业和不同类型的项目（如新上项目、搬迁项目、合作园区项目），对区域经济发展的贡献以及环境的影响均有不同，在确定税收分享比例时，建议综合考虑企业自身特点及项目类型进行精细化制定。例如，可根据企业在促进就业、带动相关产业发展等因素来调整税收分享比例，将一般制造业转移后的环境治理成本纳入税收分享影响考虑范围；对于占用公共产品数量较大的传统重工业企业的税收分享比例应向迁入地倾斜；而为鼓励技术创新型企业的迁移，应制定税收分享比例向迁出地倾斜的政策。

（二）区分税收分享持续时间

在税收分享持续时间上，不宜“一刀切”。应结合企业生命周期以及其所处行业的特点，对其规定相应的已存续时间范围要求。对于传统的第二产业企业如重工业，由于其需在前期投入较大的时间成本和较多资金，企业的盈利较缓慢，同时对环境容易产生较大影响，应对其规定较长的已存续时间要求，以保障迁出地获得税收分享的权利；而对于新兴互联网企业、高新技术产业，鉴于其发展通常较快，盈利周期短，应设置较短的已存续时间要求。

（三）合理考虑企业迁移因素

企业迁移的原因有两点：一是自愿迁移，二是不符合当地产业发展要求，由迁出地政府强制迁出（如从京津迁往河北）。第一种情形下，企业自愿迁移往往是为享受迁入地更丰厚的资源，此时税收分享比例应向迁入地倾斜。第二种情形下，为促进迁出地政府鼓励该类企业迁移，应将分享比例向迁出地倾斜。

（四）扩大参与分享主体范围

应将具有迁移实质但不具有迁移形式的企业纳入考虑范围。对于在京津冀产业转移过程中，由于生产经营需要，通过在飞地新设子公司进行投资的方式逐步实现重心转移的企业，由于其满足迁移实质，应将其纳入企业分享范围，避免造成税源与税收收入不相匹配、税收分配不公等问题。此外，建议将企业总分支机构的实际经营规模、企业性质、经济活动的贡献程度、涵养税源的前期建设成本以及企业生产带来的外部性等综合因素纳入考虑范围，适当调增总分机构企业所得税在河北省迁入地区的分成比例。

四、深化协同制度保障改革，建立健全区域要素自由流动的体制机制，协同优化营商环境

（一）建立健全区域协调联动机制

扎实推进区域营商环境优化，借鉴北京市优化营商环境的经验，携手津冀共同提升整个区域营商环境。推动建立京津冀跨省市企业投资项目统筹协调机制，促进投资管理服务“一张网”建设。以法治化、国际化、便利化为导向，全面实施负面清单管理制度，放宽市场准入限制，依法依规给予内外资企业同等待遇；大幅取消和下放审批事项，简化审批流程、压缩审批时限，提高行政审批效率和服务水平；加强公平竞争审查和反垄断执法，加快构建以信用为核心的监管机制；推进工商税务登记迁移一体化办理，缩短办理时限；推进京津冀三省市开展跨省市执法协作，联合打击制售假冒伪劣商品和操纵垄断等违法行为，努力把京津冀区域打造成为国际一流的营商环境高地。深化与津冀两省市和中央有关部门的协同联动，推动编制新型首都圈规划、京津冀城市群规划，实现“多规合一”。深化“放管服”改革，规范三地通用的行政许可办事流程，推动建立互联互通、资源共享、通办互认的电子服务平台和网上办事大厅，研究建立统一的政务综合信息平台。优化配置三省市部分行政职能，探索实行一体化管理，加大对现有行政执法部门机构与职能整合力度，强化在市场、交通、生态、环保等重点领域的审批、监管与执法合作，构建统一的监管执法体系。建立跨省市相关部门间联合审批、共同执法、应急响应协同的工作

机制。推动京津冀区域社会信用体系合作共建，建立失信企业联合惩戒机制。逐步统一各类地方标准，推动检验检测认证互认。完善食品药品安全监管联动协作机制，共同研究制定食品药品监管技术规范，推动三地统一监管标准，实现异地协同监管。推动建立统一的食用农产品产地证明和检验互认制度，共享食品药品监管信息。健全京津冀旅游质量监督体系，开展旅游市场秩序联合整治，提高协同监管能力。

（二）着力完善区域产业协同机制

推动产业园区共建与产业政策对接协调。争取国家有关部门在跨省市投资、产业转移、园区共建等方面的支持政策，积极研究制定产值分计、税收分享，以及社会保障、高新技术企业、产品、专业技术人才、劳动用工资质跨省市互认等政策措施，促进产业顺畅转移承接。发挥首都地区各类行业协会、咨询机构等多元主体力量，构建区域合作与发展的平台及执行体系。推动建立各类跨区域行业协会，协调京津冀区域内的竞争合作机制，承担区域内行业内的相关标准、质量检测和资格认证方面的统一制定和执行，并通过行业自律、自治等方式进一步规范企业，推进行业资源的优化配置。推动建立跨区域企业联合会，鼓励企业跨区域合作；鼓励并引导居民和社区组织积极参与到区域合作与维护合作的工作中来，共同推进区域合作行动的开展。健全飞地经济模式，研究推广北京药企转移进驻沧州渤海新区的异地监管模式。围绕京津冀城市群沿重点交通轴线集聚发展要求，结合“轨道上的京津冀”建设，推行“铁路+土地”为主的投资模式，依靠土地综合开发收益来弥补铁路建设成本。适度推广 PPP 模式，探索地铁及沿线物业联合开发模式，加速沿线地区城镇化进程。结合沿线的特色小城镇建设、新型城镇化试点，加强重点区域的地产综合开发，建设一批微中心，不断提高京津冀区域城镇化率，促进区域整体高质量发展。对北京、天津等重点城市中心的地铁建设与沿线商业开发进行评估，参与盘活空置厂房、楼宇及老轨道闲置资源，参与铁路用地及站场毗邻区域土地综合开发利用。

（三）探索完善区域人才交流机制

落实京津冀人才协同发展规划，根据三地产业准入目录，动态调整和优化人才结构，逐步形成人才随产业有效集聚、合理流动的体制机制。建设统一、规范、灵活的京津冀人力资源市场，完善人才资源流动政策，推进专业技术人才资质、职称资格互认。搭建人力资源信息共享和服务平台，提升人才协同发展水平。搭建博士后信息交流平台，联合推动博士后管理改革试点，逐步实现京津冀三省市共同招收博士后人员。加强与廊坊、涿州等周边中小城市开展经济适用房、老年公寓、高校转移等方面的合作，建设良好职住环境，吸引各类人才在区域内流动。通过技术进步、延长产业链、发展现代服务业体系来提高周边城市的人口吸纳能力，促进区域均衡协调发展。加快公共服务一体化建设，推动人才合理流动。加强人口异地疏导政策研究，探索异地养老、异地康养的医疗、社会保障政策。

（四）引导资源要素高效合理配置

探索建立京津冀区域统一的要素市场建设，推动要素高效配置、合理流动。推进金融市场一体化改革。支持符合条件的在京金融机构在津冀两地设立分支机构，在京津冀区域创新经营模式、金融服务和产品。探索京津冀区域内金融机构利用异地授信、银团贷款等综合授信机制，为跨省市合作项目和基础设施建设提供金融支持。充分利用京津冀产业协同发展领域相关基金，积极吸引社会资本参与协同发展重大项目建设。深化区域内各类资本市场分工协作，推动建立统一的抵押质押制度，深入推进京津冀支付清算、异地存储、信用担保、融资租赁等业务同城化发展，降低跨行政区金融交易成本。引导金融机构在京津冀区域内统一金融业务流程、服务标准、风险标准，逐步实现区域内基础金融服务一体化。深化京津冀金融监管合作，推动建设统一的信贷征信体系，建立区域信贷资源统筹协调机制，推动金融信息共享，促进金融协同监管，及时监测、评估和研判跨行业、跨市场、跨区域金融风险，打击非法集资，共同防范金融风险。进一步推动京津冀产权、碳排放权、林权、矿业权、旅游资源等要素资源跨区域流转，逐步形成功能互补、布局合理的要素市场新格局。推进技术转移交易市场一体化改革。推动现有各类技术和知识产权交易平台规划发展，健全知识产权运用体系和技术转移机制。依托北京技术市场，推动完善京津冀技术交易市场布局，提高科研成果、科技服务、科技信息等创新资源市场一体化程度。加快网络基础设施一体化建设，大力推动新一代互联网建设，推动北京互联网国际出入口优化扩容，加强网络及信息安全保障体系建设。

*执笔人：王　喆　王铁铮

* 王喆，民盟北京市委创新发展委员会副主任，民盟西城区委委员，国家发展和改革委员会经济体制与管理研究所区域与城乡室主任、副研究员。

王铁铮，民盟北京市委经济委员会委员，民盟西城区委宣武综合第二支部成员，北京市科学技术研究院副研究员。

第八章
新动能推进天津城市高质量深化发展研究

民盟天津市委

摘　要：本文通过调研天津引育新动能助力城市高质量发展相关情况，评价分析新动能引育与城市高质量发展的关系，探究新动能引育下天津城市高质量发展的主要方向和有效路径。针对天津城市发展存在的问题，本文提出五个方面的建议，即：强化产城融合，明确城市发展定位；优化资源配置结构，激发双城创新要素；“引育”结合，厚植新动能发展土壤；坚持绿色发展理念，全力建设生态宜居城市；深化高水平对外开放，打造国际化营商环境。

习近平总书记在党的十九大报告中明确指出：“我国经济已由高速增长阶段转向高质量发展阶段”[①]，这是“高质量发展”相关描述首次出现在中央文件当中。随后，习近平总书记在各种场合的重要讲话中反复提及“高质量发展”。在2018年和2019年的国务院政府工作报告中，又进一步明确提出了对

---

① 习近平：《决胜全面建成小康社会 夺取新时代中国特色社会主义伟大胜利——在中国共产党第十九次全国代表大会上的报告》，2017年10月18日。

“高质量发展”的工作目标要求。[①②]“高质量发展”是继中央提出“经济新常态”“供给侧改革”之后的又一重要概念。高质量发展既是战略阶段方向，又是当前工作目标要求。我国现代城市的高质量发展必然是工业化、信息化、城镇化、现代化叠加并进，以全面实现现代化为目标，统筹推进经济建设、政治建设、文化建设、社会建设、生态文明建设。

2020年的《政府工作报告》强调依靠改革激发市场主体活力，增强发展新动能，具体包括推进要素市场化配置改革，提升国资国企改革成效，优化民营经济发展环境，推动制造业升级和新兴产业发展，提高科技创新支撑能力，深入推进大众创业万众创新六个方面。[③]

近年来，天津引育新动能助力特大城市转型发展，城市高质量发展态势不断巩固深化拓展。加快建设创新发展、开放包容、生态宜居、民主法治、文明幸福的“五个现代化天津”，开创了各项工作新局面。进入新发展阶段，坚持城市发展以人民为中心，以满足人民对美好生活的向往作为城市高质量发展的出发点和落脚点，坚持城市发展的高质量导向，遵循城市发展规律，进一步彰显城市发展的人本化和个性化，天津经济增长的新动能，主要依靠供给侧结构性改革中的创新驱动，通过高技术产业、战略性新兴产业等产业部门的新技术、新产品所产生的新动力，以及传统产业部门通过转型升级所爆发出的新能量共同构成，推动经济发展的规模、质量和效率不断提升。根据天津产业发展的总体布局，产业发展的新动能引育工作主要围绕“1+3+4”的产业体系展开，涵盖智能科技产业，生物医药、新能源、新材料三大新兴产业，以及航空航天、高端装备、汽车、石油石化四大优势产业。

---

① 中国政府网. 图说2018年《政府工作报告》. 2018[2021-07-28]. http://www.gov.cn/guowuyuan/2018-03/05/content_5270955.htm#1。

② 中国政府网. 2019年政府工作报告. 2019[2021-07-28]. http://www.gov.cn/zhuanti/2019qglh/2019lhzfgzbg/。

③ 中国政府网. 2020年政府工作报告全文. 2020[2021-07-28]. http://www.gov.cn/zhuanti/2020lhzfgzbg/index.htm。

一、天津实施新动能引育工程

天津新动能引育工程始于 2015 年，通过科技创新的方式引育新动能，在专项、产品、平台等多方面都实现了创新进步。在专项方面，推出一批重大科技专项，如新能源汽车、智能机器人等；在产品方面，开发出天河一号、曙光星云等国际领先的高科技产品；在平台方面，搭建了一批创新平台，如中科院工业生物技术研究所。

2016 年，在以供给侧结构性改革为主的同时，对重点领域和关键环节进行深入改革，新动能快速发展。全社会从上到下的创新创业情绪不断提高，表现在方方面面。“三去一降一补”展现出显著的效果，粗钢产能下降，空置大楼得以活用。得益于政府性融资平台融资成本的下降，大小企业的融资压力得到了缓解。国有企业进一步深化改革，出清出让，使民营经济得到了更多的发展空间。同时，加快金融创新，进一步发挥了融资租赁、商业保理、跨境人民币业务等特色。天津市作为全国率先实施“五证合一、一照一码”登记制度的地区，市级行政许可事项大大减少，“放管服”改革进一步深化。“十三五”期间，新兴产业加快壮大，新动能加快成长。[①] 设立百亿元智能制造专项资金，智能科技、生物医药、新能源、新材料等产业快速发展。新一代超级计算机、大型地震工程模拟研究设施等 10 个国家级重大平台获批建设，国家自主创新示范区、新一代人工智能创新发展试验区建设加快推进，国家高新技术企业、国家科技型中小企业分别超过 7400 家和 8100 家，每万人口发明专利拥有量为 24.03 件。信创产业已形成涵盖芯片、操作系统、整机终端、应用软件等全产业体系。国家级车联网先导区成功获批，信息安全、动力电池两个集群入选全国先进制造业集群。优势产业加快转型。高端装备形成了以海工装备、轨道交

---

① 廖国勋：“天津市2021年政府工作报告——2021年1月25日在天津市第十七届人民代表大会第五次会议上”，载于《天津日报》2021年2月1日。

通装备、机器人等为代表的产业集群，汽车产能和配套能力大幅提高，航空航天产业形成“三机一箭一星一站”产业格局，中沙新材料园、中石化 LNG（液化天然气）等一批重大石化产业项目顺利实施。现代都市型农业加快发展。现代服务业加快提质。飞机、国际航运船舶、海工平台租赁业务领跑全国，租赁跨境资产占全国 80% 以上。海河产业基金位居“中国政府引导基金 30 强榜单”前列，渤海银行等 24 家企业上市。金街纳入全国首批步行街改造试点，3 个区被评为国家全域旅游示范区。软件和信息技术服务业、互联网和相关服务业快速增长。服务业增加值占比达 64.4%，比“十二五”末提高 7.2 个百分点。

在 2021 年天津市《政府工作报告》中，明确到 2035 年，将天津基本建成创新发展、开放包容、生态宜居、民主法治、文明幸福的社会主义现代化大都市。要坚持把新发展理念贯穿发展全过程和各领域，笃定高质量发展不动摇，把科技创新摆在核心位置，推动质量变革、效率变革、动力变革，坚持拼质量、拼效益、拼结构、拼绿色，加快转方式、强动力，培育新优势、拓展新空间，推动发展质量和效益不断跃升。全力打造紧凑活力“津城”和创新宜居“滨城”，推进国际消费中心城市和区域商贸中心城市建设，积极融入“一带一路”建设，全力提高对外开放水平。《中共天津市委关于制定天津市国民经济和社会发展第十四个五年规划和二〇三五年远景目标的建议》中要求，突出推动构建新发展格局和推进高质量发展这个重点，坚持制造业立市。要把发展制造业特别是战略性新兴产业摆到重要位置，将打造信创产业集群、建设人工智能先锋城市作为提升城市创新力和竞争力的主攻方向，不断向创新链、产业链、价值链高端迈进，大幅提升战略性新兴产业比重，全面增强全国先进制造研发基地核心竞争力。

二、天津新动能发展趋势分析

从2015年以来，天津经济发展始终坚持贯彻新发展理念，积极推动产业结构的转型升级调整，实现新旧动能转换，推进经济社会的高质量发展。特别是近年来，在新动能引育工作方面取得了丰硕的成果。2020年，高技术产业（制造业）增加值增长4.6%，快于规上工业3.0个百分点，比上年加快1.5个百分点，占比为15.4%，提高1.4个百分点；工业战略性新兴产业增加值增长4.4%，快于规上工业2.8个百分点，比上年加快0.6个百分点，占比为26.1%，提高5.3个百分点。高技术服务业和战略性新兴服务业营业收入分别增长5.4%和4.9%，均快于规模以上服务业平均水平，占比分别超过1/3和1/4；新兴服务业逆势快速增长，互联网和相关服务营业收入增长16.1%，研究和试验发展增长18.5%，软件和信息技术服务业增长9.5%，直播带货、远程办公、在线教育、互联网医疗等新模式快速发展。新动能投资增长较快，高技术产业投资增长14.0%，战略性新兴产业投资增长1.8%，智能制造投资增长22.9%。部分电子及新产品产量保持较快增长，服务机器人产量增长1.6倍，电子计算机增长93.3%，新能源汽车增长70.3%，电子元件增长35.4%，集成电路增长28.5%，光电子器件增长2.1倍。信息安全、动力电池入选全国20个先进制造业集群。从2015年到2020年，天津国家级高新技术企业由2309家快速增长到7420家；评价入库国家科技型中小企业、市级雏鹰企业、市级瞪羚企业分别达到8179家、3557家和385家。“海河英才”行动计划累计引进各类人才35万人。年末在津院士36人，新建博士后工作站43个，新进站博士后417人。

从新动能产业部门产出情况来看，在产出比重前20位的产业部门中，新动能产业包括金属冶炼和压延加工品、交通运输设备、化学产品等共计11个部门，产出比重合计为43.89%，余下的9个传统产业部门占比为42.78%（见表8–1）。

表8-1　　产业比重排名前20位的产业部门

序号	产业部门	序号	产业部门
1	建筑	11	租赁和商务服务
2	交通运输、仓储和邮政	12	食品和烟草
3	金属冶炼和压延加工品	13	公共管理、社会保障和社会组织
4	交通运输设备	14	信息传输、软件和信息技术服务
5	金融	15	电力、热力的生产和供应
6	化学产品	16	石油和天然气开采产品
7	批发和零售	17	石油、炼焦产品和核燃料加工品
8	通信设备、计算机和其他电子设备	18	电气机械和器材
9	房地产	19	教育
10	科学研究和技术服务	20	卫生和社会工作

在产出比重前 20 位的产业部门中，新动能产业占据 10 个，分别是货币金融和其他金融服务、钢压延产品、汽车零部件及配件、汽车整车、电子元器件、电力、热力生产和供应、专业技术服务、石油和天然气开采产品、精炼石油和核燃料加工品、金属制品，产出占比达 26.86%，接近总产出的 1/3。其余 10 个传统产业部门，产出比重达 34.59%。

三、天津新动能引育下城市高质量发展评价分析

城市高质量发展的评价指标理论体系包括四个层次：目标层、系统层、指数层和指标层。其中系统层由经济发展、提质增效和协调繁荣三个综合指数部分组成，经济发展指数反映整体的经济总量规模和质量；提质增效指数着重反映科技、结构和开放状况，因为科技发展效能必然反映在经济结构和外向竞争方面，具有极强的关联性；协调繁荣指数集中反映了民生、生态和城市发展状况。系统层的三个综合指数全面、完整地反映了“创新、协调、绿色、开放、共享”五大发展理念（见表 8–2）。

表8-2　　天津城市高质量发展综合评价指标理论体系

目标层	系统层	指数层	指标层		说明	备选指标
天津城市高质量发展评价总指数	经济发展	规模指数	1	人均GDP（元）	总量水平	人均中外资金融机构本外币存货款余额
			2	服务业增加值（亿元）	聚焦度	
			3	居民人均消费支出（元）	公共支出水平	
		速度指数	4	GDP年增长率（%）	总量增速	主导产业增加值增速
			5	固定资产投资增长率（%）	区间指标	
			6	一般预算收入增长率（%）	财政收入能力	
		效能指数	7	人均可支配收入增长率（%）	居民收入能力	规模以上高新技术工业企业产值增速
			8	增量资本产出率（%）	资本效率	
			9	税收占GDP比重（%）	税收效能	
	提质增效	科技指数	10	信息服务业和科学技术服务业投资占总投资比重（%）	研发投入力度	数字经济点GDP比重、“三新”经济增加值占GDP比重
			11	新增简科技贷款比重（%）	金融支持	
			12	信息和科学技术服务业从业人员占比（%）	创新活跃度	
		结构指数	13	服务业增加值占GDP比重	宏观经济结构	重化工业增加值比重
			14	消费对经济增长的贡献率	产业转型成熟度	
			15	民间投资占城镇投资比重	民间资本活力	
		开放指数	16	外贸依存度	综合开放度	高科技产品出口额占出口额比重
			17	服务贸易占外贸总额比重	开放结构	
			18	港口集装箱吞吐量增长率	物流开放度	
	协调繁荣	民生指数	19	劳动者报酬占GDP比重	宏观收入结构	财政支出用于民生占比、人均基本公共服务支出
			20	城镇单位在岗职工平均工资增长率	就业质量	
			21	社会保障和就业支出占一般公共预算支出比重	民生保障度	

续表

目标层	系统层	指数层	指标层		说明	备选指标
天津城市高质量发展评价总指数	协调繁荣	生态指数	22	万元工业增加值能耗下降率	能耗绿色度	清洁能源消费比率
			23	绿色建筑占新建筑比重	建筑绿色度	
			24	电力消耗占生活能源消耗比重	生活绿色度	
		城市指数	25	常住人员城镇化	城市发展水平	人口老龄化率、人均受教育年限
			26	小学在校人数增长率	人口结构趋势	
			27	全社会教育投入增长率	人口素质趋势	

依据天津发展实际情况，结合指标取值的一致性和数据可得性，选择样本期为 2006 ~ 2020 年，其数据来源为天津统计公报。

图 8-1 显示，从 2006 年到 2020 年的 15 年间，天津地区生产总值由 3538.2 亿元快速增长到了 14083.73 亿元。受供给侧结构性改革影响，从 2012 年开始，经济名义增速出现了显著下降。特别是 2015 年以来，天津积极开展新动能引育工作，产业结构转型升级调整成效明显。

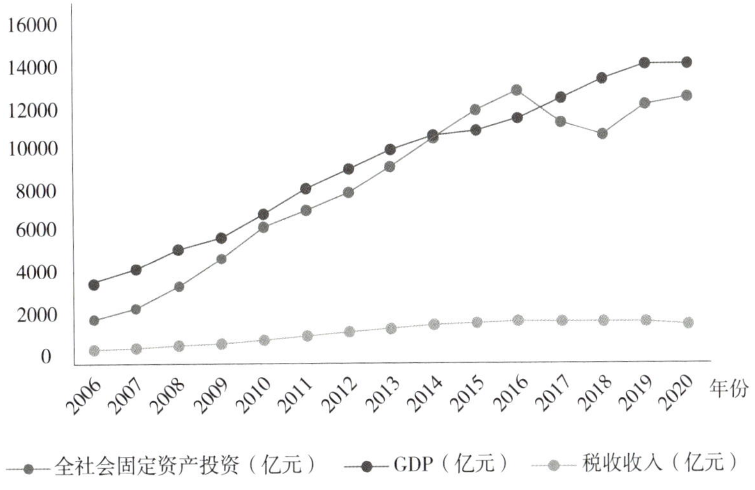

图 8-1　2006—2020 年天津市经济形势分析

从图 8–2 曲线形态可以观察天津经济发展（发展指数）、提质增效（质量指数）和协调发展（协调指数）的变化特征。2015 年以前天津发展指数明显高于质量指数和协调指数，这表明天津经济发展具有鲜明的数量增长特征，2016 ～ 2017 年期间 3 指数相对关系发生了逆转。但 2018 年天津 3 指数同步下降，说明天津处于经济结构深度调整的震荡期。2019 年天津 3 指数同步向好，逐步迈入高质量发展的新阶段。

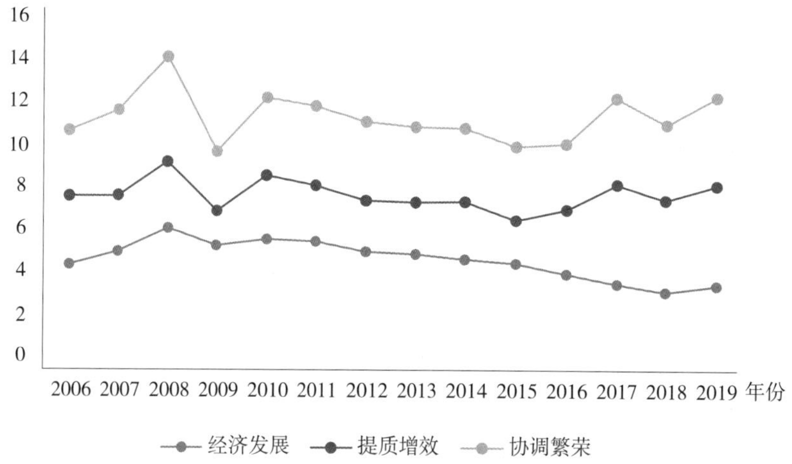

图 8-2　天津市高质量发展系统层指数变化

从图 8–3 的曲线形态来看，伴随经济高速增长，2010 ～ 2015 年天津综合指数呈下降趋势，这表明“数量增长型”的经济发展空间逐渐缩减，发展质量和效益降低，发展动力不足，宏观经济运行进入新常态。得益于新动能引育工作，天津城市发展质量有了明显提升。从 2015 年至今，天津高质量发展综合指数逐渐上升，天津产业结构向高质量转换速度逐步加快，产业结构的合理化、高技术化和服务化程度不断攀升，战略性新兴产业和高技术产业蓬勃发展，新产品产量规模持续扩大，战略性新兴服务业、高技术服务业稳步发展，新产业、新业态、新商业模式快速成长，数字产业化和产业数字化水平加速上升。

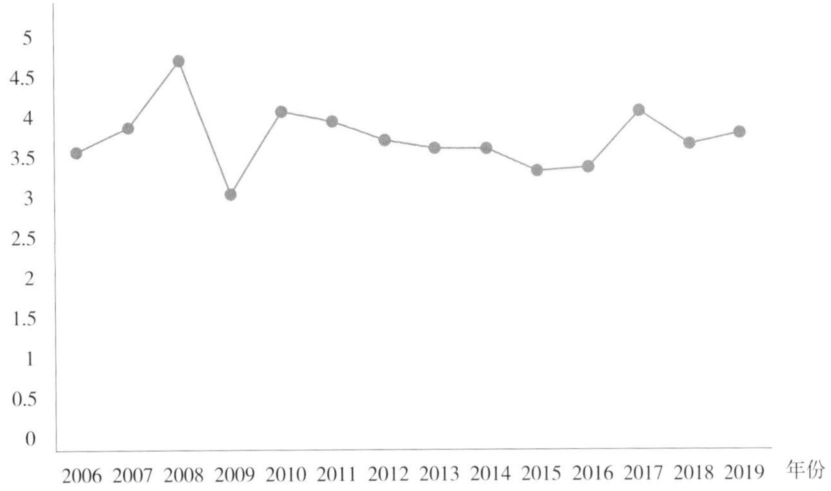

图 8-3　天津市城市高质量发展综合指数变化

天津市城市高质量发展在绿色、共享等方面仍存在一定的短板。主要表现在：

一是产城融合度低，公共资源供给不足。近年来天津市的用地呈现出快速增长的趋势，随着城市扩容，每年出现大量的新城新园区，且产业园选址逐渐远离城市，造成产业园普遍存在公共配套设施建设明显滞后，园区功能单一，城市轨道站点覆盖不足，缺乏足够的接驳交通保障等问题。部分城市轨道站点周边人口和岗位覆盖率偏低，土地低效。二是同质化竞争加剧，中心城区缺乏活力。新冠肺炎疫情加快了传统产业转型，线上经济进一步替代了传统商业中心。受空间和成本等因素影响，中心城区创新能力不强，产业集聚能力下降。三是绿色指数偏低，城市生态体系亟须升级。《2019 中国绿色城市指数 TOP50》报告显示，2018 年天津绿色城市指数排名第 21，人均公园绿地面积 14.2 平方米，空气质量综合指数 3.96，人均能源消费量 7.1 吨标准煤，环境噪声等级 53.9，绿色指数 82.4。四是开放包容度不够，城市人才吸引力下降。2016 ～ 2019 年人才净流入逐年下降且 2018 年由正转负，与天津开放度、包容度密切相关。2019 年天津人才吸引力指数 35.9，排名第 10，远低于排名前四的上海、深圳、北京、广州，人才流入占比 2.3%，人才净流出占比 –0.1%，应届生人才流入占比 2.4%，海归人才流入占比 2.5%。

四、天津进一步促进城市高质量发展建议

基于对天津市城市高质量发展现状的分析可知，随着新动能引育工作的不断深化，天津城市发展中提质增效明显，协调繁荣指数持续上升。这表明，天津近年来的产业结构调整成效较为显著，产业结构向更高水平调整的速度稳步加快，同时，产业结构的合理化水平也有了明显提升。新动能引育推动天津城市发展的民生指数、生态指数、城市指数持续向好。为推动天津城市高质量发展水平稳步提升，在保持天津城市经济和文化发展的良好趋势的基础上，推动城市生态环境持续改善，要加大力度推动城市社会发展和制度建设水平的快速提升，需要做好如下工作。

（一）强化产城融合，明确城市发展定位

持续深化“多规合一”，统筹城市规划、建设、管理，合理确定城市规模、人口密度、空间结构，推进产业园区向产业社区转化，促进城市和产业园区协调发展。要坚持世界眼光、国际标准、创新思维、天津特色，高水平规划建设产城融合示范区，突出产业导向、强化城市配套。大力发展现代服务业，加大土地储备和城市更新力度，全力构建高质高效城市交通综合运行体系，完善居住、教育、医疗、文化和休闲等生产性生活性服务设施，建设智慧城市、海绵城市、韧性城市。

提升近郊和远郊区的公共服务水平。科学规划轨道交通，发展地铁经济，以轨道站点为核心，重塑“最后一公里”的城市生活圈，通过丰富配套、保障房计划等，构建完整社区。在公共教育、卫生方面，加大对近郊和远郊区的扶持力度，增加财政拨款，提高学校、医院的软硬件建设水平，为郊区学校老师、医务人员提供更多培训和进修机会，鼓励中心城区的优质中小学校通过线上、线下相结合的方式加强与郊区中小学校的交流和合作。

（二）优化资源配置结构，激发双城创新要素

一是推动服务业转型升级。发挥中心城区的人才优势，大力发展科技研发、文化创意产业，鼓励高新技术及新能源新材料研发中心、战略和管理咨询等工业服务业，以及教育培训、休闲娱乐、数字信息、文化传媒、健康养老和现代金融等高端服务业。要充分利用互联网技术推动服务业升级换代，大力发展电子商务、健康服务、养老服务、网络教育、互联网金融等新兴服务业，推动服务业整体发展水平提升。

二是深挖存量资源。发展楼宇经济，激活存量楼宇资源，盘活中心城区的老建筑，重塑历史风貌建筑、老建筑功能，打造促进经济高质量发展的有效载体。推进城市发展从新增土地开发的扩张性规划转向城市中心重构的存量挖潜，优化城市空间结构。

三是鼓励科技型企业夯实创新根基，加大对“卡脖子”关键核心技术、颠覆性技术等研发资金投入；完善创新政策激励，统筹好科技型企业研发专项资金管理，有序开展对企业“撒手锏”产品和重点新产品的认定补贴。

（三）“引育”结合，厚植新动能发展土壤

一是紧密围绕“1+3+4”重点优势产业布局，精准识别引进高成长性科技型初创企业和团队，完善创业初期风险分担机制，尽快实现企业研发项目落地。重视引进种子期、初创期、成熟期科技企业的数量和结构比例，推动处于不同成长期的科技企业协同有序发展。充分发挥好平台类企业以商招商作用，鼓励科研机构、商会组织、众创空间等引进创新能力强、成长性高的科技企业，对引进成功的单位或组织实施奖励措施。

二是积极推动国家科技型中小企业评价入库工作，加大对科技型企业梯度培育力度，遴选一批“雏鹰”“瞪羚”和领军企业，进行分类施策与精准扶持，同时，加强科技型企业上市培育。进一步赋能科技企业上云，涵盖企业运行设施上云、平台系统上云以及业务活动上云，依靠云管理、云服务、万物互联、大数据分析、生产全流程智能管控等实现发展模式变革，强化科技型企业与现

代服务业深度融合，降低企业运行成本，减少经营风险，提升管理效率。

（四）坚持绿色发展理念，全力建设生态宜居城市

推进城市生态宜居体系由满足生态环境安全需要，向满足生态环境审美需要、维护生态环境权益需要、加强生态环境协同共生需要的“自然生态、人居生态、创新生态”融合共建体系转变。将环境容量和城市综合承载能力作为确定城市定位和规模的基本依据，将生态文明融入城市规划和发展，着力推进绿色经济、循环经济、低碳经济、共享经济，加快构建资源节约、环境友好型的城市产业体系，促进经济发展、城镇建设和生态文明和谐共进，构建城市生态、生产、生活和谐的“三生”空间。研究出台《天津城市绿色发展指标体系》，提供高效优质的行政管理和公共服务，营造城市宜居宜业宜商环境，吸引优秀人才和优质生产要素集聚，形成良性的创新创业生态系统。加快构建资源节约、环境友好型的城市产业体系。加快现代服务业发展，提升第三产业占全市经济总量的比重。

（五）深化高水平对外开放，打造国际化营商环境

着力营造一流的国际营商环境，提高城市的宜居性和国际化水平，加快建设具有全球影响力的国际港口城市。建设更高水平开放型经济新体制，以自贸区建设推动全面提高对外开放水平，以天津口岸区块链验证试点项目推动贸易和投资自由化便利化，进一步加大提效降费力度。制订引进海外留学归国创业人才计划，打造开放共享的人才生态，成立人才天使基金和人才成长基金，建立高端人才信用体系，发挥资本和中介机构的引智作用。全面引育国际化教育资源、医疗资源，建设国际化儿童友好型和老年友好型城市，打造人才服务综合体，为人才引育、安居、创业提供一站式服务。开展柔性人才引进工程，通过柔性引才政策引进高层次人才，建立高端人才智库，通过线上平台发挥院士专家的智库作用。

创新政务制度安排。建立企业平台的普惠、便捷、智能合规自测系统，提升“放管服”力度，更多政务网上办、统一平台办、材料容缺办，由“快批”

升级“秒批”，最终实现“无须批”，最大限度降低企业办事成本。持续优化政府服务，更大范围推进“证照分离”改革，实现“多证合一、一照一码”。全面对标企业和群众需求，推动审批手续流程再造，给予企业更大决策自主权。实行境外投资备案改革，探索推行“一表填报、信息共享、并联审批”的管理模式，促进企业更快“走出去”。打造国内领先的创新创业环境。实施概念验证计划，由政府分担早期实验研究风险，加大科研基金对重点产业领域和科研人员的资助力度。建立政府主导、市场化的科技成果中试基金，解决科技成果转化的瓶颈问题。支持企业通过合作并购、建立海外研发中心、海外学习、跨国研发合作等方式，利用全球人才资源和科技资源提高自主创新能力。推动天津滨海国际知识产权交易中心开展知识产权检索、评估、交易和国际技术成果展示等活动，打造国际知识产权高地。

* 执笔人：王艳婷

---

* 王艳婷，天津社会科学院经济分析与预测研究所副研究员。

第九章
河北省促进京津冀协同创新发展研究报告

民盟河北省委

摘　要：为深入实施京津冀协同发展战略，调研组对京津冀协同创新发展的情况进行了专题调研，当前缺乏站在国家创新驱动发展战略、站在建设世界级城市群和打造中国经济增长第三极的战略高度，来认识京津冀创新合作发展的战略价值。因此，本文提出了加快建立三地协同的科技创新发展平台，完善京津冀三地协同创新管理机制，实施京津冀科技协同发展，提高中心城市和城市群承载能力，有力推动河北经济实现高质量发展。

一、基本情况

京津冀协同发展上升为国家战略以来，北京、天津、河北不断增强协同联动能力，构建了“2+4+N”产业合作格局。一是围绕北京城市副中心、河北雄安新区的建设，积极吸纳和集聚创新资源要素，重点发展高端高新产业，打造了创新高地、科技新城和创新产业集群；二是联合建设了曹妃甸协同发展示范区、新机场临空经济区、张承生态功能区、天津滨海新区四个战略合作功能区，形成了协同推进产业发展和创新创业的良好生态；三是合作共建了一批协同创新与产业转移承接平台（图 9–1），有效推动了区域产业链上下游协同，促进各类平台资源互享、政策互惠、功能互补、融合互动。京津冀确立了“2+4+46”产业承接与协同发展体系，中关村企业在津冀设立分公司达 3049 家、子公司达 3100 家，北京市输出津冀的技术合同成交额年均增长 30%。北京市对津冀认缴出资额累计超过 8000 亿元。

现代制造业平台20个

廊坊经济技术开发区
北京亦庄永清高新技术产业开发区
天津经济技术开发区
天津滨海新区临空产业区
天津华明东丽湖片区
天津北辰高端装备制造园
天津津南海河教育园高教园
沧州渤海新区
沧州经济开发区
天津西青南站科技商务区
保定高新技术产业开发区
石家庄高新技术开发区
石家庄经济技术开发区
邯郸经济技术开发区
邢台经济技术开发区
唐山高新技术 产业开发区
秦皇岛经济技术开发区
京津州河科技产业园
固安经济开发区
衡水工业新区

现代农业合作平台3个

涿州国家农业高新技术产业开发区
京张坝上蔬菜生产基地
京承农业合作生产基地

协同创新平台15个

武清京津产业新城
未来科技城京津合作示范区
武清国家大学创新园区
邯郸冀南新区
邢台邢东新区
石家庄正定新区
保定一中关村创新中心
白洋淀科技城
宝坻京津中关村科技城
曹妃甸循环经济示范区
中关村海淀园秦皇岛分园
北戴河生命产业创新示范区
霸州经济开发区
衡水滨湖新区
清河经济开发区

服务业平台8个

保定市白沟新城
廊坊市永清临港经济保税商贸园区
石家庄市乐城·国际贸易城
沧州市明珠商贸城
香河万通商贸物流城
邢台邢东产城融合示范区
静海团泊健康产业园
燕达国际健康城

图 9-1　京津冀 46 个专业化、特色化承接平台

2014 年京津冀三地签署《京津冀协同创新发展战略研究和基础研究合作

框架协议》，不断促进区域科技创新资源有序流动和布局优化，科技协同创新持续深入，科技成果转移转化步伐加速，为区域经济发展转方式、调结构注入了新活力。据统计，北京市已有几千家企事业单位在天津、河北设立分支机构或研发中心，在装备制造、电子信息、交通一体化、生态环保、产业转移等方面，实施了一批新技术、新工艺应用示范项目。河北省通过强化主动、精准、有序、持续、深度“五个对接”，实现了协同创新加速推进。近年来，河北省吸纳京津技术成果2800项，吸纳京津技术合同额超过900亿元，吸纳京津技术合同额占全省吸纳总额的40%。京津冀协同发展重大国家战略实施7年来，河北积极推进京津冀协同创新共同体建设，主动与京津共建创新平台、共享创新资源，在建立协同机制、搭建创新平台、扩大开放共享、提升成果转化能力等方面取得明显成效，“京津研发、河北转化”不断迈出新步伐，为经济社会发展持续培育新动能。

（一）协同共建科技园区

与京津合作共建各类园区55个。曹妃甸协同发展示范区签约北京项目400多项，京能曹妃甸港LNG码头接收站、北京鑫山重工金属构件制造、中展集团会展产业园、北京市政集团装备制造基地等一批项目落地建设；保定中关村创新中心采取整体托管模式高效吸引创新资源，目前已入驻企业375家，园区企业累计研发投入超过1亿元；160多家中关村高新技术企业落户中关村海淀园秦皇岛分园；北京沧州渤海新区生物医药产业园成为全国唯一一家北京转移医药企业由北京市延伸监管的园区，目前已签约项目154个，总投资467亿元；廊坊开发区云存储产业园已承接国家多个部委的电子政务云平台、能源企业信息交互平台，以及百度、阿里等互联网企业的IDC中心。河北省科技厅启动“52111”工程，打造5个战略高地，建设20个示范园，做强百个转化机构、已转化千项重大成果。

（二）协同共建创新基地

河北省企业与京津高校、科研单位围绕产业发展需求，由北京航空航天大学与长城汽车联合建立首个京冀联合实验室。截至目前，河北与京津共建省级以上研发平台达 165 家。其中，中关村在正定新区共建集成电路产业基地已签署合作框架协议，曹妃甸中关村高新技术产业基地有多家中关村企业落地，清华大学重大科技项目（固安）中试孵化基地开工建设，沧州北京现代汽车产业基地工程动工，中捷生物产业园四环、康辰、朗依等首批 10 家北京医药企业正式开工。

（三）共同设立转化基金

科技金融领域合作逐步走向深入，总规模达 10 亿元的京津冀科技成果转化创业投资基金已全部到位，共投资京津冀地区项目 18 个，投资金额 6.73 亿元，其中河北省项目 6 个，投资金额 2.14 亿元。科技部、招商集团合作建立了首期规模为 10 亿元的科技成果转化引导基金；建行河北分行 390 亿元贷款支持科技型小微企业发展；京津冀三地科技主管部门也分别设立科技专项资金，用于支持三地高校院所、企业等协同开展科技创新，引导各市设立科技转化引导基金 13 只。京津冀科技创新券实现了互通互认。

（四）协同共建技术市场

与中国技术交易所、北京国际技术转移中心等单位合作建立了联通京津、贯通河北的“三中心，两平台”创新创业综合服务体系，积极促进了京津科技成果在河北落地生根；石家庄科技大市场功能逐步凸显，中科院（秦皇岛）技术创新成果转化基地、中科院唐山高新技术研究与转化中心成为对接转移中科院科技成果的重要平台，中关村在保定设立的创新中心投入运营、取得实效。

技术合同成交额大幅攀升。随着河北“52111”工程的持续推进，河北的科技成果转化能力大幅提升，“十三五”以来，全省累计吸纳京津技术合同成交额超过 900 亿元，其中 2020 年吸纳京津技术合同成交额 209 亿元（占京津技术合同输出额比例达 5.21%，较 2015 年的 1.9% 实现了大幅跃升），较 2015 年增长 2.43 倍。

（五）协同共建创新联盟

唐山高新区与中关村华清石墨烯产业技术创新联盟等单位合作成立了“京津冀石墨烯产业发展联盟”，推动了石墨烯新材料产业技术的发展；北京大学、北方技术交易市场、河北省科技成果转化服务中心等单位合作建立了“京津冀技术转移协同创新联盟”。在精品钢铁、抗生素、卫星导航、半导体照明、现代农业等产业领域，围绕河北优势主导产业、战略性新兴产业以及有影响的区域特色产业发展需求，河北已与京津两地高校、科研院所、科技服务机构，通过市场化机制建立产业技术创新联盟 95 家。

（六）协同共享科技信息资源

京津冀三地科技情报研究院，以大数据、互联网、云计算、地理信息系统为技术手段，以“科技资源 + 数字地图 + 情报研究 + 平台服务”为特色模式，建成了京津冀科技资源创新服务平台，实现了区域科技创新资源的数字化查询与共享，促进了企业引进京津科技成果，提升了产业技术创新水平。建立了京津冀大数据综合试验区建设联席会议制度，召开“京津冀大数据创新应用论坛”，同期举办“京津冀大数据应用感知体验展”等活动。

二、问题与分析

京津冀协同发展、协同创新呈现加速之势，但受传统观念的束缚，各地还尚未真正跳出“一亩三分地”的思维，考虑本地的利益多，思考区域发展的少，缺乏站在国家创新驱动发展战略、站在建设世界级城市群和打造中国经济增长第三极的战略高度，来认识京津冀创新合作战略价值。

（一）顶层设计与统筹推动不足

尽管各地合作积极性高，但面临着合作主体多、缺乏顶层统筹的问题，京津冀各地区间的对话机制、利益协调机制尚未完全成熟。京津冀协同发展规划出台后对各区域的发展功能有了明确的定位，京津冀三地也制定出台了一批推动科技协同创新的政策措施，但都是站在本区域的角度，很少制定具有强操作性的实施细则，统筹推动力度有待加强。比如河北有 11 个地级市、172 个县（市、区），天津涉及 16 个区，再加上高新区、开发区（国家级、省级、市级），协同对接主体超过 200 个。各类主体层级不同、发展导向不同，难免造成无序对接、同质化竞争，造成了竞争大于协同、合作的局面，迫切需要加强统筹管理。

（二）重点不突出，导向不明确

总体上讲，在推动协同发展过程中，各地聚焦的重点主要是经济发展和税收项目，注重产业承接合作的多，而对创新、生态、社会发展的关注还相对不足。北京周边区域都在积极建设大园区、延拓经济载体空间，对承接北京非首都功能疏解与产业转移表现出空前高涨热情，甚至一些生态型区域也在积极谋划园区开发建设搞产业扩张。这种经济导向的过度强化，势必在一定程度上削减各地区在创新、在生态环境建设领域的持续投入，也可能会加剧生态环境的压力。

（三）协同发展的联动机制不健全

京津冀科技创新资源的不对称性以及落实协同发展战略的不平衡问题，仍然是阻碍区域科技创新体系有机融合的主要因素，迫切需要建立协调联动机制、形成合力效应。京津冀三地市场体系特别是技术市场体系发展存在一定的差距，存在市场主体盲目建设与创新资源要素流动不畅并存的现象，市场在配置资源上的基础决定性作用没有得到有效发挥。政府引导与市场主体需求之间仍缺乏有效衔接，三地政府推动协同创新发展的意愿强烈，制定过多的规划、定位，忽视市场化主体的现实需求。相比较，河北省科技服务业、对外开放和市场化程度仍然偏低，除此之外，区域内部分工、错位发展、协同联动的局面也尚未形成。京津冀各自的技术创新中心、工程技术中心、重点实验室（国家级、省市级）只限于解决自身的技术问题，同行业以及京津冀三地间公共服务功能不强，对外社会服务能力较弱，资源共享、协同创新处于起步阶段。

（四）发展不均衡问题突出、产业结构布局不合理、亟须高质量发展

河北省靠近京津，长期以来更多的是服务于北京和天津，省内城市发展不均衡，个别城市有发展滞后现象，被边缘化问题突出。河北省各市之间的产业转型升级和生态治理矛盾较为突出，发展高新技术产业、战略性新兴产业的基础薄弱、特色不明显。从产业结构来看，第一产业规模化、集约化经营程度较低，龙头企业带动能力不强；第二产业原材料和初级产品比重大，精深加工、高附加值产品设备少，特色产业链不长，战略性新兴产业占比仍然偏低；第三产业以商贸、餐饮、交通运输等传统服务业为主，现代物流、电子商务、金融服务等高端服务业发展相对滞后。河北省高耗能、高污染企业比重较大，生态环境治理压力较重，面临着产业结构调整和生态环境治理的双重任务，对接京津、承接京津、协同发展科技需求旺盛，需要统一规划、布局产业，突出吸引创新资源和先进生产要素，错位发展。

三、京津冀协同创新高质量发展对策与建议

（一）加快建立三地协同的科技创新发展平台

京津冀是我国创新主体最多、创新资源最为集中、科技创新成果最为富集的区域。北京科技创新能力优势突出，天津技术研发和科技成果孵化能力明显，河北承接转化潜力显著，三地科技创新能力的梯度差异，为推动京津冀地区建立科技创新协同发展机制奠定了基础。一是突出重点，引领带动。抓住国家在雄安新区规划建设创新驱动发展引领区、协调发展示范区、开放发展先

行区的机遇，积极推进省内城市与雄安新区协同发展，与雄安新区共同申报国家级开放创新试点，积极申请创建国家自主创新示范区。其他各设区市应该突出基础和特色，积极承接北京非首都功能疏解、产业转移和生产要素资源，积极申请国家服务外包示范城市，加快复制实施国家跨境电子商务综合实验区政策。加快建立京津冀相互融通的产业、技术转移服务平台，强化信息技术、装备制造、商贸物流、教育培训、健康养老、金融服务、文化创意、体育休闲等方面的公共服务，积极探索建立京津研发、河北孵化转化的产业协同创新机制。二是抓好载体建设，促进有效承接。以省级以上建制完备的开发区、科技园区等作为主要承接产业转移平台和主战场，共建创新成果中试基地，将京津创新主体的研发成果在河北进行中试、孵化，推进其产业化发展，实现京津创新资源助推当地产业培育提升。共建科技成果转化基地，围绕京津冀地区企业、科研机构等技术需求，组织京津创新资源、科技成果进行对接，鼓励京津地区创业团队、投资机构等在三地进行成果转化。积极推动共建科技园区、指导各地完善协同创新体制机制，形成共建共享、协作配套、统筹互助机制，最大限度吸引京津技术到河北孵化转化。加强与京津高校院所特别是北京中关村的战略合作，在河北建设一批科技人才创业基地和科技成果转化基地。三是积极打造科技协同创新平台。加速建设京津冀共享的科技创新平台和科技基础条件平台，推动科技资源开放共享、创新要素有序流动、合理布局。发挥京津冀各自优势资源，推动三地工程技术中心、重点实验室开放共享和产学研合作。同时联合开展战略研究和基础研究，共同设立京津冀基础研究专项。共建联合攻关研究院，组建京津冀地区科研团队，为三地产业转型升级提供技术支撑和产业示范。鼓励支持河北高校与京津高校、对口帮扶高校、科研院所建立紧密合作关系，通过科教融合、教学实习开放、联合培养人才等形式，共同构建协同创新发展的平台。四是协同创新人才培育。要充分利用现有公共服务平台，更好地为中小企业服务，把科技孵化平台建设成为集聚科技创业创新，集聚高端人才的基地。积极促进人才交流和联合培养，完善跨区域人才服务网络，努力实现京津冀人才支持政策相互衔接、工作体系相互对接、资源市场相互贯通、发展平台相互支撑、体制机制改革相互促进，不断增强对高端人才的吸引力。着力加大引进和培养急需的高层次人才和具有较强创新能力的科技领军人才的力度，引进京津高端人才进入河北科技创新平台，推进河北科技平台建设和技术创新工作，加快造就一批创新能力强的高素质科技创新团队。协同发展人才是关键，要把着力点放在进一步加强京津冀三地高校和各种人才培训机构的合作上，实现人才培养、培训的融合互动。

（二）完善京津冀三地协同创新管理机制

打破京津冀三地行政区域和管理机制的地域分割，充分发挥市场配置资源的决定性作用，促进京津冀地区有利于协同创新的各种政策机制、资源成果、人才团队等有效整合对接，健全科技服务体系，形成政府引导、市场主导的区域创新要素科学有效配置格局。一是制定促进三地科技协同创新的政策。设立京津冀协同创新科技专项，支持区域内的高校、科研院所、科技服务机构等协同开展科技创新，共同组建跨区域公共科技研发或服务平台，推动三地创新资源开放、共享与衔接。完善京津冀高新技术企业、科技型中小企业互认制度和科技创新券互认共享机制，充分借力京津科技创新资源，提升河北企业创新能力。共同探索自主创新示范区、自贸区、保税区等多种政策叠加推动协同创新的激励机制。建立科技创新管理工作信息沟通机制，跟踪发布科技合作动态、针对热点问题开展舆情分析，促进三地科技项目库、成果库、专家库、人才库等信息资源互动共享。建立区域公共科研平台、科技基础条件平台、工程技术中心、重点实验室、大型科学仪器设备、科技成果、科技文献、知识产权和检验计量等各类科技资源的共享制度。落实《京津冀国际科技合作框架协议》，建立和完善合作机制，充分利用和共享中国（北京）跨国技术转移大会等国际创新合作平台，进一步对接国际创新资源和渠道，推动国际创新项目成果在京津冀地区落地。定期召开京津冀技术成果转化对接推介会。二是加快建立“共建共享、互联互通”的技术市场。围绕加速推动重大共性关键技术成果的转移扩散，加快构建互联互通的京津冀技术交易网络，培育发展若干功能完善、辐射作用强的技术交易市场，研究建立统一的京津冀技术交易市场，以中国技术交易所河北分中心、北京国际技术转移中心河北分中心等为主节点，以共建、托管、设立分站等形式，建立联通京津、贯通河北各市县的技术市场。谋划打造国际化科技成果展示交易中心，促进高水平科研成果和尖端技术与市场有效对接。加强不同行业领域技术中介服务机构均衡发展，鼓励跨京津冀区域科技中介机构发展，加强高校、科研院所技术转移机构建设；加快社会化技术转移机构发展。鼓励各类中介机构为技术转移提供科技成果、知识产权、法律咨询、资产评估、技术评价等专业服务；引导各类创新主体和技术转移机构联合组建技术转移联盟。建立新型协同创新机制，优化资源配置，缩小三地发展差距，协同构筑“一南一北一环”三大战略性标志性创新平台，全力推进雄安新区创新驱动发展引领区建设，完善京南国家科技成果转移转化示范区建设方案，建立与科技部和京津两市“1+3”共建机制。加快打造科技冬奥绿色廊道，推动零排供能、绿色出行、5G 共享等技术研发与成果应用。鼓励与京津共建产业技术联盟，联合争取国家项目支持，省市组织实施重大科技成果转化专项。三是建设京津冀一体化科技金融市场共管机制。积极借鉴京津发展科技金融的做法，不断深化金融与科技融合，逐步在重点科技合作园区建立支撑“双创”的科技金融市场体系和服务体系。加强京津冀之间科技金融合作，完善科技投融资体系，推进科技金融体系创新，解决科技型中小企业发展面临的融资难问题。加强多样化的科技企业股权融资渠道，包括政府资助、科技贷款、科技担保、股权投资、多层次资本市场、科技成果转化风险补偿等，建立“银行＋政府＋担保＋保险＋创投＋科技服务中介”促进双创企业发展的科技金融服务体系。推动京津冀区域金融政策对接，探讨京津冀科技金融创新一体化平台的建设，建立以数据共享和服务企业为宗旨的信息服务平台，实现信息资源共享，更好地把本省科技型中小企业与京津冀金融投资机构紧密连接起来，促进三地投融资市场融合，引导社会资本加大投入，促进京津冀区域协同创新发展。

（三）推进京津冀协同创新，提高区域创新发展能力

一是以创新驱动支撑高质量发展。产业结构转型、发展质量转型、由高新技术驱动的转型是河北经济转型的三大主要方面，产业结构转型意味着推

进一二三产业的相互融合，从粗放转向集约；发展质量转型强调由吸收技术转为自行研发创新，由靠外部市场驱动发展转向引领创造市场；高新技术驱动的转型可以实现跨越式发展，改造传统生产模式，提高产出效率。通过政府推动和市场资源配置相结合方式，促进更多科技资源转化为产业发展的支撑，使科技资源优势转化为现实的产业优势。通过政府搭建的科技创新平台和条件基础平台，促进科技创新资源向企业、科技孵化器聚集，企业是将创新转化为生产力的终端，企业是自主创新的主体，将各类创新项目向企业主体配置，提高科研经费中对科技创新人员的报酬，激励其创新动能。鼓励高校、科研事业单位专业技术人员创办科技类企业，并在其绩效考核中充分体现科技成果转化的贡献。二是以政府改革支撑高质量发展。高质量发展还需有良好的制度环境，按供给侧结构性改革的基本要求，制定发展政策，从长远发展目标、从社会资源的充分利用、从创新及经济增长新动能、从建设现代化经济体系的角度，加快形成推动高质量发展的指标体系、政策体系、标准体系、统计体系、绩效评价、政绩考核，创建和完善制度环境。加快构建以高质量发展为导向的政绩评价指标，发挥评价指标的指挥棒作用，以“创新、协同、绿色、开放、共享”为基本理念，设计更全面的评价指标，除了 GDP 指标，引入全要素生产率、单位产值能耗、产品服务质量、生态环保、医疗教育、社会保障等指标。积极营造公平竞争的市场环境，有效保护各类市场主体的利益，尤其要保护创新主体知识产权，形成公平有序的知识创新环境。优化民营经济发展环境，保障各种所有制法人依法平等参与市场竞争。完善产权保护制度吸引投资和贸易便利化，搭建政府公共服务平台，全面营造尊重知识创新、尊崇价值创造和服务市场主体的营商环境。坚决贯彻落实“法无禁止即可为”的市场主体监管理念，以包容式监管推动创新创业，把激发市场活力和创造力作为市场监管方向。加强政务信息化建设，大力推动智能监管，强化对互联网经济等新兴产业模式监管。三是以高质量人才支撑高质量发展。充分挖掘人才潜力，凝聚更多优秀人才创新创业。充分利用现有科技创新平台更好地为企业服务，吸引人才、培育人才，打造产业集聚群，带动相关行业发展。把京津冀三地科技创新平台、孵化园和科技产业园建设成为集聚科技创业创新，集聚高端人才的基地。积极促进人才交流和联合培养，完善跨区域人才服务网络，努力实现京津冀人才支持政策相互衔接、工作体系相互对接、资源市场相互贯通、发展平台相互支撑，不断增强对高端人才的吸引力。着力加大引进和培养急需的高层次人才和具有较强创新能力的科技领军人才的力度，引进京津高端人才进入河北省科技创新平台，推进科技平台建设和技术创新工作，加快造就一大批创新能力强的高素质科技创新团队。

（四）实施产业协同创新发展，驱动经济实现高质量发展

围绕京津冀产业发展、生态建设、民生改善等重点领域协同发展、共同提升，集成优质资源、集中优势力量，实施产业协同创新工程。一是高端产业培育工程。围绕新材料、生物医药、节能环保、新能源汽车、现代服务业、新一代信息技术、高端装备制造等战略性新兴产业发展，引导京津创新成果等在河北合作区域产业化，培育区域性高端产业发展，促进以创新驱动为主导的高端产业在京津冀地区逐步形成。二是优势产业提升工程。围绕钢铁、电力、建材、服装纺织等传统型主导产业，发挥京津技术优势，以先进技术和设计理念全面推进河北相关区域产业转型升级，以协同创新促进产业优化发展。三是生态安全工程。围绕张承地区作为首都重要生态屏障和水源地的区域定位，从食品安全、水源保护、矿产资源优化利用、绿色能源示范、大气环境治理、智慧旅游等多个层面全面提升张承地区的生态安全水平，为京津冀生态环境联动建设提供支撑。四是服务民生工程。围绕医疗卫生、交通运输、养老服务、教育培训、城市管理等领域，针对大城市发展中面临的民生问题，组织京津冀科研资源开展创新合作，强力解决一批事关改善民生的重大科技问题。通过实施协同创新行动，加快推动区域高新技术产业、战略新兴产业集群式发展，打造一批高端产业研发生产基地，建设一批科技成果转化基地，支撑河北经济实现高质量发展。

四、结语

借鉴北京、天津推进协同发展的经验做法，河北应该强化统筹、突出重点、科学布局、协同推进，突出引进建设高端产业研发生产基地，特别着力依托“大院名校”的创新资源，建设产业技术研究院或产业创新基地。充分借力京津优质创新资源，驱动河北供给侧产业结构调整，推进经济实现高质量发展。将京津冀城市群发展成为承载创新要素、发展要素，引领高质量发展的主要空间载体，带动全国经济发展。为“十四五”发展、实现“两个一百年”奋斗目标和中华民族伟大复兴的中国梦提供有力支撑。

*执笔人：李　冰

* 李冰，民盟河北省科技委员会委员，民盟石家庄市长安区第一委员会一支部主委， 石家庄市科技合作与创新平台中心 教授级高级工程师。

第十章
长三角更高质量一体化专题

第一节　上海推动长三角一体化发展的政策举措和突破口

民盟上海市委

摘　要：本调研报告以长三角一体化为调研对象，针对目前长三角一体化发展中存在的体制缺乏协调，政府行为封闭；产业合作不足同构明显，上海龙头效果不显著；区域间发展不平衡，空间格局一体化进程缓慢等问题，建议在行政体制层面，创新行政区划治理；在空间格局层面，协调各要素有效布局；在产业经济层面，建设长三角一体化发展工程；在金融支持层面，组建“一行四金”。并从行政体制、空间格局、产业经济、金融支持四个层面全面提升上海的“龙头”地位。

一、引言

长三角区域是一个不断发展变化的区域。春秋时期，连通长江和钱塘江的自然河道已经形成，隋代在自然河道基础上大规模开凿北起长江南岸的京口（今镇江），南到余杭（今杭州）的江南运河，开启了历史上延续至近代的南粮北运航道。今天的省级行政区肇始于元代的行省建置，以长江为界，长三角区域在当时分属于江北的河南江北行省和江南的江浙行省。明代，分属于地跨长江南北的南京和浙江省，清代康熙年间，始有江苏省、安徽省和浙江省。原属江苏省的上海是近代中国最大的城市，1927 年成立上海特别市，1930 年改为上海市，直辖于行政院。

长三角地区地域相邻、人缘相亲、文化相融，长三角区域一体化发展最早可追溯到 20 世纪 80 年代提出的“上海经济区”概念。20 世纪 90 年代，一些政府官员和学者建议国务院批准设立“长三角经济特别行政区”，或者由国家成立“长江三角洲经济管理局”，希望以此促进长三角区域经济的一体化发展。2008 年 9 月，国务院《关于进一步推进长江三角洲地区改革开放和经济社会发展的指导意见》正式颁布；2010 年 5 月，国务院正式批准实施《长江三角洲地区区域规划》，要求长三角区域加快推进区域一体化进程，充分发挥长三角对周边地区、长江流域及其他地区的辐射和带动作用。在此过程中，长三角地区成立了省级政府协调会、市长联席会议等多种形式的组织协调机构，进一步统一和强化了长三角区域一体化发展的思想认识，为促进长三角地区减少市场分割、强化一体化采取了许多具体措施，起到了积极的推动作用。

2014 年习近平总书记到上海调研时强调，发挥上海在长三角地区合作和交流中的龙头带动作用，既是上海自身发展的需要，也是中央赋予上海的一项重要使命[①]。要按照国家统一规划、统一部署，围绕落实全国城镇化工作会议精神、参与丝绸之路经济带和海上丝绸之路建设、推动长江经济带建设等国家战略，继续完善长三角地区合作协调机制，加强专题合作，拓展合作内容，加强区域规划衔接和前瞻性研究，努力促进长三角地区率先发展、一体化发展。

2017 年党的十九大报告指出，要创新引领率先实现东部地区优化发展，建立更加有效的区域协调发展新机制。以城市群为主体，构建大中小城市和小

① 解放日报. 习近平总书记考察上海侧记. 2014[2021-07-28]. http://cpc.people.com.cn/n/2014/0526/c64094-25066284.html。

城镇协调发展的城镇格局，以共抓大保护、不搞大开发为导向推动长江经济带发展。这些为长三角一体化发展指明了方向和道路。

二、长三角一体化发展瓶颈

近些年来，长三角地区的协调和一体化发展起起伏伏，在不同时期受不同诱因激发，被一次次激活，又一次次陷入沉寂。受益于得天独厚的区位优势、经济发展的历史积淀和引领改革开放风气之先，长三角一体化发展也取得了一些成绩。但是从实际情况看，目前长三角一体化发展的效果并不理想。制约其发展的主要瓶颈有以下几个：

（一）体制缺乏协调，狭隘政绩观导致政府行为封闭

在长三角一体化发展的议题上，各方观念的陈旧保守，必然导致行为上的封闭甚至扭曲，主要表现为一些地方政府出于局部利益和狭隘政绩观，出台行政干预、设立行政壁垒，抱守本地市场不开放，产生种种壁垒和障碍。因此，在形成区域共同市场前，基于行政区划分割的现实，这种以各自利益取向为前提的交流合作，仅通过市场组织与社会组织的力量来推动区域一体化的做法，无法撬动、激活和统筹长三角区域的真正能量，导致长三角区域一体化发展尚停留在较低水平、较低质量、较低竞争力的层次，没有充分发挥一国发展中的战略引领、战略竞争、战略塑造的重大作用。

（二）产业合作不足同构明显，上海龙头效果不显著

上海在长三角一体化发展中的龙头地位和带动作用，是由政治和经济、历史和现实、地理和区位共同构筑的。长三角地区由于地域文化的相似，导致地区产业同构化明显，产业分工合作受制于各方争夺的竞争模式而难以全盘布局。上海在其中的龙头效果逐渐弱化，例如：在高新制造业方面，苏南与上海争雄，且梯度分布、块状结构、配套能力、成本控制皆优于上海；同时，以规

模化、块状化、商务成本、产权清晰、创新自觉、政府职能转型先行一步等综合优势铺垫的“浙江制造”，几乎取代了传统意义上的“上海制造”。地区间产业同构化不仅造成地区间“内耗”过大，而且造成上海“龙头”的“产业空心化”趋势，非常不利于长三角经济一体化发展。

（三）区域间发展不平衡，空间格局一体化进程缓慢

目前，长三角区域在最基本的跨地区基础设施建设方面仍未真正实现前期的战略规划目标。尽管先后形成区域内公交一卡通、区域内产品质量检测互相认可、区域内旅游合作，以及园区共建、陆海联动、港口一体化等合作项目，但出现成效的项目不多，大多虎头蛇尾，最终不了了之。到目前为止，长三角沿江各港口依然存在“单打独斗、各自为政甚至内耗”的现象，还未形成合理分工的格局，港口功能趋同，中心干线港口与支线港口尚未对接，区域内集疏运网络还不完善。

三、政策建议

长三角地区无论是在经济总量、经济功能上，还是作为战略支点的地位上，对于我国经济都起着中流砥柱的作用。长三角的协同发展不仅是一个区域的发展问题，而且是整个国家建设与发展的问题。长三角一体化最终将推动全国统一市场的形成，从而是我国“十三五”期间经济保持持续稳定、高质量增长的重要保障。如果长三角能有积极的制度创新和制度共享，那么必定带动我国社会主义市场经济体制的全面建设与发展，最终对我国建成社会主义现代化国家产生重要的战略性推动作用。

因此，未来长三角一体化发展，必须由高层政府部门规划推动，必须通过市场化机制的途径，必须以经济利益为纽带，强力推进，才能出现成效。对此，提出如下建议：

（一）在行政体制层面，创新行政区划治理

1. 转变观念，形成开放共识

在目前经济转型进入关键时期、经济运行进入新常态、改革开放进入一个新阶段的背景下，长三角区域各方一定要转变原有观念，从长三角整体发展出发，从长三角一体化发展对全国经济的战略重要性的高度来认识，以开放的胸怀，形成开放共识，积极主动推进长三角一体化、协调发展，共同实现更高的目标。这是最根本的，也是最关键的。

2. 建议成立“中央推进长三角一体化发展领导小组”和“国务院长三角管理委员会”

在完善长三角一体化发展的组织架构方面，现有的决策和协调机制已较完备有效，关键是要增强决策的落实和执行职能。因此，按照受益范围、信息复杂性、与居民的密切程度、城市间空间距离、比较优势等事权划分相关依据，可以把长三角治理所涉及的事权划分为中央事权、区域共同事权和地方事权三类。这种区域性分权内容包括：

（1）由中央推进长三角一体化发展领导小组统筹行使区域发展规划权、区域重大基础设施一体化权（以交通、能源、水利、信息、港口、航空为核心）、区域社会、法制治理制度设计权。

（2）由国务院长三角管理委员会统筹行使区域生态环境维护与治理权、区域交通设施建设与维护权、区域基础设施建设与维护权、区域文化网络发展权，推进区域“硬性”基础设施建设与“软性”公共服务建设的一体化进程。

（3）各行政区一方面上移以规划权为核心的事权给“中央推进长三角一体化发展领导小组”，另一方面上移以区域公共事务为核心的事权给“国务院长三角管理委员会”，在此过程中，各行政区政府按照事权大小承担相应的支出责任，确保区域协同发展整体战略规划的有效制定和实施，形成共赢共荣的区域协同发展新格局。

3. 建立长三角城市群行政区划的“三步走”战略

第一阶段，2018 ～ 2020 年，以“区域规划一体化”为引领，形成沿江环湖沿海环湾连陆接空一体化发展的长三角城市群“六位一体”整体性宏观战略规划。按照统筹长三角协同治理、推进区域经济社会文化一体化发展、推进全国经济增长、参与国际竞争合作这一发展主线，制定系统性、引领性和前瞻性的整体性宏观战略规划，持续推动区域合作深化发展和城市群转型升级，重点建构江湖海湾陆空联动发展的区域规划对接对联、基础设施互联互通、市场体系开放开发、区域制度深度融合、经济社会文化一体化发展、沿江环湖沿海环湾连陆接空发展带一体化整合的“六位一体”的新型发展战略。

第二阶段，2020 ～ 2035 年，以成立“中央推进长三角一体化发展领导小组”和“国务院长三角管理委员会”为突破口，形成江湖海湾陆空联动发展的长三角城市群事权划分架构以及区域公共治理新型组织形态。

第三阶段，2035 ～ 2050 年，在“中央推进长三角一体化发展领导小组”和“国务院长三角管理委员会”的基础上，以创建“上海都”行政区划为落脚点，形成推动当代中国区域一体化发展与国家现代化发展的“都带融合”新型战略体系。

一旦推进江湖海湾陆空联动发展的“区域规划一体化”进程取得实效，“长三角管理委员会”模式运作成熟，就可考虑从行政区划创新视角，并从立法角度将长三角城市群变更为“上海都”，其主要职责在于代表国家统筹世界级城市群包括国家战略、区域战略与地区战略三者一体化规划、区域产业发展、区域交通信息基础设施体系、区域公共服务体系、区域制度体系、区域法制体系等一体化发展问题，而“上海都”下设的各省市主要是贯彻落实和有效执行“上海都”的战略决策，形成“上海都”统一决策。各省市有效执行的高效互动发展模式，成为推动当代中国区域发展与国家现代化发展的最重要发展引擎之一。

然后，在此基础上，对当代中国的行政区划进行再造，可以相继形成北京都、深圳都、重庆都等一系列世界级城市群，进而开创当代中国将“都”的发展战略与“一带一路”和“长江经济带”的“带”的发展战略有机结合，融区域发展、国家发展于一体，体现点线结合、点面相融、面面相接式“都带融合发展”特征的立体化、均衡化、一体化的新型发展道路。

（二）在空间格局层面，协调各要素有效布局

1. 基础设施一体化的率先突破

形成陆、水、空三位一体的综合运输格局。具体来说，一是需要强化长三角城市间公交、地铁和城铁等公共交通设施的建设，特别是城际铁路的贯通、衔接、成网。二是推动江苏、浙江港口群与江海联运的合作，共同打造长三角现代化港口物流体系。三是推动航空港的共建共享。

2. 鼓励要素资源自由流动

要素资源的自由流动既是区域一体化发展的重要内容和体现，也是进一步增强区域凝聚力的纽带。

实现大学本科学历以上人力资源在长三角区域内完全自由流动。虽然像上海等一些中心城市的人口压力较大，但其人力资源并不富余。应完全取消对大学本科以上学历人力资源的限制，允许其在长三角区域内自由流动。同时，针对长三角地区经常出现劳动工人短缺的状况，对于一般劳务人员的流动也应实行弹性的管理，直到一般劳动力也完全自由流动。

实现资金的自由流动。受金融监管部门对金融机构异地经营的限制，总体上，金融机构资金在长三角区域内自由流动还有较大障碍。可以探索通过设立允许在长三角区域内全面提供金融服务的金融机构或者投资机构，最终实现资金的自由流动。

通过“飞地”模式实现土地资源的充分利用。长三角地区总体上土地资源比较紧张，但各地的情况差异也非常明显，还有较大的土地资源利用潜力。“飞地”模式已有实践，总结这一模式的经验，并加以推广，推动“飞地经济”发展，既有利于长三角地区土地资源的充分利用、缓解土地紧张状况，也是打

破行政区划限制，实现跨区域合作发展，从而增强区域一体化的有效途径。

（三）在产业经济层面，建设长三角一体化发展工程

1. 强化产业协同发展的利益纽带

产业协同发展是长三角一体化发展的基础，也是凝聚长三角区域一体化的强有力的利益纽带。

在产业布局方面，从产业配置上把产业集团总部放置在上海等生产者服务业发达的地区，而把其产业制造基地配置在长三角甚至泛长三角地区。前者降低长三角地区商品和服务生产的交易成本，而后者则可以降低长三角地区商品和服务生产的制造成本。

在利益补偿机制方面，鉴于目前长江三角洲区域的城市经济发展中存在的诸多问题与其以行政区为单元的区域经济利益格局有直接关系，因此，为保证城市经济整合和一体化发展的可行性，必须从统计、税收、金融等方面着手，建立有利于协同调整的利益调整机制，对在地区利益和地区机会上的损失予以补偿，使这些地区同样享受到协同整合后效率提高所增加的利益，从而减少城市经济整合和一体化发展可能遇到的阻力。

2. 设立企业实体执行市场化操作

在市场化程度日益提高的情况下，一些计划或者项目的落实需要通过企业实体的市场化运作来推动，而且实际上，一体化发展更多的还是需要市场化运作，而不是由政府部门去操作。因此，在长三角一体化发展过程中，为了强化执行和有效执行，视需要还要成立实体企业，来运作一体化发展项目。这在国外的一些区域一体化发展案例中，也有很多先例和成功的经验。

3. 充分发挥大型企业财团的纽带作用

在长三角一体化发展中，大型企业财团是重要的主体之一，许多一体化发展内容和项目都是通过企业来运作和实现的。因此，要支持形成一批大型、超

一流的企业财团，以充分发挥其在跨区域流动、跨区域联动、国际化发展中的显著作用。企业在跨地区发展中将自动产生经济一体化发展的内生效应。鼓励企业在长三角区域中进行跨地区的企业并购活动，各地企业之间的资产并购重组活动，是实现长三角地区经济一体化的最有效的微观基础和制度平台。当大量的企业财团都把经营网络渗透到长三角各地区，长三角协调和一体化发展程度也就必然显著提升。

4. 以新型产业为突破口，率先推进一体化模式

推进新一轮的长三角一体化发展，当务之急是选择突破口。选择长三角各地最大的公约数，各地都有迫切需求，又有较大发展空间，可以推动区域一体化的项目，实现长三角协同发展的突破。当年，欧共体的形成正是从煤钢联盟开始，而后逐步把共同体原则推广到其他经济领域，最终建立共同市场的。

我们建议，可以从新能源汽车产业开始，推进长三角一体化发展。新能源汽车产业涉及技术研发、规模化制造、区域化服务及这些产业的布局，涉及充电设施的统一标准、统一规划、统一实施建设、共享充电网络信息等，涉及政府补贴协调等方面的问题。这些问题恰恰需要长三角各地充分协调，一致行动，从而也就实质性地推进一体化。长三角地区的上海、江苏、浙江和安徽“一市三省”都有较好的汽车产业发展基础，协同推进新能源汽车产业完全可行。

完成了点的突破，各地获得了一体化发展的红利，后续的其他条线乃至面上的一体化，也就会水到渠成。

（四）在金融支持层面，组建“一行四金”

1. 组建长三角发展银行

通过设立区域性发展银行，向对象区域的一体化发展提供有力的金融支持，是世界上普遍选择采用的方式。长三角发展银行将专门为长三角一体化发展项目提供金融支持，同时也可以为长三角地区重大经济社会问题提供研

究、咨询和决策建议服务。这一举措既有利于长三角一体化发展项目的实质性推动，也有利于通过长三角发展银行的联合运作，加强长三角各地的协作；同时，组建这样一家商业银行，也是推动我国金融体制改革的一项创新突破。长三角发展银行的资金来源包括一市三省的财政资金、国家相关部门的资金、长三角区域内社会资本和发行债券。到一定发展阶段，可以吸收其他方面的资金包括外资，甚至可以成为公开上市的银行。

2. 设立长三角发展基金

产业发展基金、公共项目发展基金是更加灵活、更加市场化的金融支持模式。欧洲在其区域一体化发展进程中，发展基金发挥了非常明显的支持作用，是欧洲推进实施区域一体化政策的重要抓手。在目前长三角各地方政府财政相互独立的情况下，为平衡各方利益、争取协调发展，组建“长三角发展基金”将是非常有效的方式。根据实际需要，可以考虑设立长三角区域发展基金、长三角农业发展基金、长三角环境保护基金和长三角社会发展基金等类型的发展基金。

四、全面提升上海“龙头”地位

在长三角新一轮一体化发展进程中，上海要积极担当，充分发挥龙头带动作用。就目前的情况而言，上海发挥龙头带动作用主要从以下方面着手：

（一）在行政体制层面

首先，由上海向中央提出建议，组建“中央推进长三角一体化发展领导小组”和“国务院长三角管理委员会”。在推进新一轮长三角一体化发展中最为关键的是中央的决策，但是上海应积极建议，这也是其龙头带动作用的体现。

其次，上海要发挥制度创新的模范作用，率先破除制度壁垒。上海应建立有利于跨省对话交流和利益分享的共赢机制，通过政府交流、项目合作等方式促进各省市间的交流，摆脱囚徒困境。如已经成的“三个层次，四个座谈会”等。

最后，主动向长三角地区开放上海的优质资源，主要包括科研、医疗和教育。开放现有各类科研平台、大数据和大型科研仪器设备的区域共享。探索医保联通，共建区域内分级医疗转诊制度，施行快速便捷的异地直接使用和直接结算服务。教育领域，推广教材、教学一体化，探索区域内高等教育、基础教育优质资源共享互惠。

（二）在空间格局层面

一方面，上海作为国家重要交通枢纽和国际航运中心，需要努力推进长三角交通一体化。需要推动长三角各地区与上海的交通对接，尤其是城际铁路建设，通过共同规划、共同建设，提高各地到上海的可达性，以交通一体化为破冰点，率先突破长三角一体化的难题。

另一方面，上海应该放低姿态，变被动为主动，增强辐射带动力，发挥龙头作用。上海可以发挥自身技术优势，建立与浙江市场优势和江苏制造业优势的互补互鉴。如在原有松江 G60 科创走廊的基础上，扩大影响，突破行政区划界限，依托交通运输网络，与更多城市建立联系。同时，上海建成或完善第一批 18 个功能平台，进一步向其他地区企业和科研机构开放，打造真正的以上海为圆心的长三角 2 小时“创新圈”。

（三）在产业经济层面

一方面，支持大型企业充分发挥其在跨区域流动、跨区域联动、国际化发展中的显著作用。鼓励企业在长三角区域中进行跨地区的企业并购活动，各地企业之间的资产并购重组活动，鼓励企业流动和产业梯度转移，以流促留，流留结合。

另一方面，以新能源汽车产业为突破口，加快牵头长三角产业联盟。新能源汽车的生产制造在“一市三省”都已有一定的基础，但在充电设施的统一标准、统一规划布局、统一实施建设、共享充电网络信息等，以及政府补贴协调等政策方面，尚未起步，上海可以积极牵头推进。在充电设施建设统一协调取得初步成效的基础上，再进一步推进技术研发、提高制造质量、提升区域服务等方面的工作，直至最终形成长三角新能源汽车产业联盟。

（四）在金融支持层面

上海牵头组建“长三角发展银行”和“长三角发展基金”。上海作为国际金融中心建设城市，作为国家金融市场体系和众多金融机构集聚地，牵头组建“长三角发展银行”和“长三角发展基金”是题中应有之义。积极推动组建这些金融机构，必将有力促进长三角一体化发展，同时也能充分体现长三角一体化发展中的市场化路径和经济利益纽带。

统稿：丁光宏

*执笔人：韩汉君　沈桂龙　唐亚林　孙斌栋　韩昭庆

* 丁光宏，民盟盟员，民盟中央常委，上海市委专职副主委，复旦大学教授。
韩汉君，民盟盟员，上海社科院经济研究所西方经济学研究室主任，研究员。
沈桂龙，上海社科院经济研究所副所长，研究员。
唐亚林，复旦大学国际关系与公共事务学院教授。
孙斌栋，华东师范大学城市与区域科学学院教授。
韩昭庆，民盟盟员，复旦大学历史地理研究所教授。

第二节　浙江省推动长三角一体化发展的调研与建议

民盟浙江省委

摘　要：长三角地区是“一带一路”和长江经济带的重要交汇点，在国家现代化建设大局和全方位开放格局中具有举足轻重的战略地位。为此，民盟浙江省委组织有关专家，深入杭州、宁波、舟山等地有关部门、企业开展调研。本文课题组建议，新时代要准确把握一体化发展和率先发展、有为政府和有效市场、区域协商和区域协调的关系，聚力共建“一港多区”对外开放高地、一体化发展示范区、美丽长三角、浙沪共同战略空间、区域共有品牌、区域共同市场等，推广一体化好的案例经验。

一、深化对新时代长三角一体化发展的认识

一是一体化发展和率先发展的关系。一体化发展、率先发展，是中央对长三角的要求。一体化和率先是条件和目标、是路径和落脚点的关系。长三角区域合作的基础及发展条件，决定了一体化发展是实现率先发展的必由之路，同时一体化发展必须服务服从于率先发展的要求。通过一体化发展，破除要素流通壁垒、推动设施互联互通、实现民生共建共享，提升长三角区域资源配置效率和整体运行效率。在区域一体化发展的基础上，凸显区域整体优势和全新格局，进而实现高质量的率先发展，打造具有全国乃至全球影响力和竞争力的核心功能，为全国区域协调发展发挥重要的示范效应。

二是有为政府和有效市场的关系。市场有效以政府有为为前提，政府有为

以市场有效为依归。毋庸置疑，市场机制本应在市场经济中发挥决定性作用，推动资源要素的优化配置。长期以来，长三角区域合作非常尊重市场的主体作用，各方主体基本按照市场规则来参与市场活动。但新时代面对区域一体化发展的新矛盾，在“更好发挥政府作用”方面，急需政府的“适当介入”，突出需求导向、问题导向、结果导向，提高历史方位和全球站位，解决区域合作领域的“市场失灵”问题，加快推动政府部门制订区域合作行动计划，增强长三角地区主要领导座谈会的战略决策功能，协同推进跨区域的重大平台、重大项目、重大事项、重大课题，推动重点合作内容向纵深拓展。

三是区域协商和区域协调的关系。长三角现有合作模式更多体现的是“协商”的性质，目前的“决策层、协调层、执行层”三级运作合作机制，一定程度上是一种交流平台，难以发挥决策执行的应有效率，相互之间的合作更多是出于局部自身利益的考虑，难以凸显区域合作的共同利益。为了更加务实、高效地推动长三角合作，亟须建立更高层级的协调机构，建议在国家发改委设立指导和协调区域合作的专门机构，跳出一时一事的利益得失，建立利益对冲机制，使长三角一体化成为继雄安新区、粤港澳大湾区后的国家重大发展引擎之一，从而为区域合作发展提供更强有力的保障，提高区域合作的“实操性”和“执行力”。

二、突出长三角一体化发展的重点领域

（一）以打造全球大宗商品国际贸易与资源配置新中心为目标，共建“一港多区”的中国特色自由贸易港

宁波舟山港相比国内其他港口，基础能力更强、功能布局更优、发展空间更大，离岛港口岸线资源丰富，特别是大宗商品方面占据绝对优势，是自由贸易港建设的最佳选址。同时，随着浙江全省海洋港口一体化发展的深入推进，形成了“向东以港出海、向西依陆出境、东西互联互通”的双向开放独特优势，对接“一带一路”、长江经济带的辐射能力进一步增强，有利于提升宁波舟山港现代化综合枢纽港基础能力、国际化物流组织能力、全球化大宗商品资

源配置能力和高端化现代航运服务能力。

因此，为致力于打造亚太重要国际门户，建议国家部委支持区域港口创建“一港多区”自由贸易港，以联动建设上海自由贸易区和浙江舟山自由贸易区为着力点，纵深推进浙沪小洋山区域合作，尽快启动小洋山总体规划编制研究和大洋山合作开发研究，共同形成小洋山北侧开发方案研究，支持上港集团、浙江省海港集团等港口龙头企业以资本为纽带加强合作，推动浙江省海港集团与上港集团共同组建长江集装箱运输公司，加快解决宁波舟山港一体化过程中的通关、口岸开放、口岸监管等问题。推动浙苏皖三省港航企业建立江海联运合作联盟，鼓励长江沿线港口与上海港、宁波舟山港开展联合运输、江海联运等领域合作，进一步深化区域港航合作。给予油品贸易资质、保税燃料油混兑、大宗商品交易、跨境人民币回流等方面的政策支持，推动开展投资、贸易、财税、金融等方面的政策突破与创新，共同打造长三角现代化港口物流体系。

（二）以环淀山湖区域为主平台，共建全球性科技创新高地，高质量共建一体化发展示范区

一是协同共建长三角科创中心。在沪苏浙交界的环淀山湖地区，规划建设一个新的战略性、枢纽型科创平台，以生态为基底叠加创新、文化、产业等功能，紧盯影响和主导未来发展的新技术、新经济，加强创新要素集聚和新动能培育，建设成为集生态保护、科技创新、教育文化、高端产业于一体的新型区域协作发展共同体，形成长三角一体化发展的新增长极。二是协同推进建设未来城市样板。严格规定蓝绿空间比例，完善多层级公共空间系统，构建低密度组团式建设模式，努力实现生态文明时代“诗意的栖居”。提升区域整体教育质量，引进创建一批高水平的双语幼儿园、中小学校，培育建设一批国际学校、国际交流合作示范学校。推进建设集临床服务、医疗教育、学术交流、医学科研和成果转化为一体的长三角医疗综合体。三是共建江南水乡新典范。推进重要河湖岸线贯通和生态廊道建设，整体提升水体环境品质，重点加强汾湖湿地、祥符荡湿地保护和修复，保护原生特色湿地景观，建设江南水乡国家湿地公园。深入挖掘“吴根越角”历史人文内涵，融合创新创意元素，形成古镇产业发展新形态。

（三）以践行“两山”理念为宗旨，构建山水林田湖命运共同体，共同打造“美丽长三角”

一是共同推进建设宁杭生态经济带。在已经编制完成《宁杭生态经济发展带发展规划》的基础上，争取国家发改委批复实施，推进打造长三角区域重要生态经济发展带，建立务实高效的区域生态文明合作发展体制机制，以市场化为路径建立健全生态资源转换成生态资本的体制机制，打造具有全国重要影响力的绿色发展增长极，率先走向社会主义生态文明新时代。二是共同开展区域重点流域治理。主要包括太湖流域水环境综合治理、千岛湖及新安江上游流域水资源和生态环境综合保护，推动转型发展、区域协作、生态补偿等多措并举。环太湖区域应以全面践行新发展理念、率先实现基本现代化为主题，推进环太湖地区优化发展，打造沪湖绿色制造廊道。进一步完善太湖综合治理和开发利用机制，谋划打造环太湖生态文化旅游圈，为其他同类区域发展提供示范经验。三是联动建设大运河文化带。加强浙苏合作，联手推进大运河文化带建设，实施大运河重要河道沿线景观及环境整治工程，展示江南水乡湖荡河网特色，展现湿地净化、水源涵养、循环农业、圩田再造等江南水乡生态新景观，共同建设江南水乡古镇生态文化保护试验区，共同打造国内外知名的江南水乡和大运河文化带，呈现面向未来的生产生活场景。

（四）共建杭州湾经济区，打造浙沪合作的共同战略空间，引领和推进全域转型升级

一是提升杭州湾经济区在国家战略中的地位和功能。国际一流湾区都具有开放的经济结构、高效的资源配置能力、强大的集聚外溢功能和发达的国际交往网络，成为带动全球经济发展的重要增长极和引领技术变革的领头羊。因此，建议推动杭州湾经济区与“一带一路”、自由贸易港等国家战略在更高层次上融合发展，强化杭州湾经济区在国家战略中的地位和功能，加快杭州湾经济区有机融合浙江“五大国际枢纽”、上海“五大国际中心”和上海自贸试验区、浙江自贸试验区、浙江海洋经济发展示范区、舟山群岛新区等国家级平台，发挥上海与浙江两个积极性，成为全球领先的创业创新蓝海区、新经济引领区和新港航物流枢纽

区。二是共建区域特别合作平台。浙沪之间探索共建合作平台，可以从单向接轨上海转变为双向全方位合作，从制造业为主转变为制造业服务业并重，从招商合作转变为全方位合作。支持宁波前湾打造沪浙产业合作发展区，中新嘉善现代产业合作园打造“智能传感谷”，上海漕河泾新兴技术开发区海宁分区打造泛半导体产业园和科技绿洲，嘉定工业区温州园打造上海科技产业转移重要承载区，主动承接上海城市功能和资源、技术外溢，创造与上海共同合作的重要机遇，双方共同主导平台的开发建设。平台属地政府让渡一定的开发建设权，聚力打造一个与上海共赢、带动性强的重大平台，以提升环杭州湾经济区竞争地位。

（五）完善支持长三角一体化发展的推介机制、政策工具、制度体系，共筑长三角区域共有品牌

一是建立长三角智库联盟。发动更多智库单位、专家学者深化研究、积极建言，推动许多共性和特有的问题深化研究，打造成国内外区域一体化研究的高端学术交流、联合研究、咨政建言、引导舆论的核心平台，成为国内外高端智库联合体。定期举办长三角发展论坛，每年围绕一个或若干个区域一体化发展主题，邀请国内外相关领域知名专家，就长三角一体化发展开展研讨。二是共同推动区域立法。长三角一体化发展，与世界级城市群建设、上海全球城市建设、杭州世界名城建设等休戚与共，需要有国家层面的专门法规作为支撑和保障。建议由全国人大或国务院制定、发布和监测实施长三角区域合作条例，结合四省市相关政府或机构的权责让渡与优化，保障建设的合法性、严肃性和持续化。三是共同设立区域合作基金。整合现有相关区域发展基金、产业培育基金、基础设施建设基金，同时吸引国家开发银行、进出口发展银行等政策性银行参与，发挥股权基金、私募基金丰富优势，创新设立长三角区域合作基金及其相关子基金，重点投融资于跨区域重大基础设施建设、产业平台打造和产业集群培育发展。同时共同引进全国优秀的基金管理团队，推动人才、金融、产业三者有机融合。四是共同成立区域性合作开发银行。为支持高质量、可持续发展的基础设施建设，建议各方共同发起成立长三角区域合作开发银行，支持重点地区、重点领域的建设，增加公共产品供给，推动“美丽长三角”建设。

（六）力推全方位开放联通、全要素自由流动，共建不被行政关系和垄断力量扭曲的区域共同市场

一是统筹招商引才的政策。一直以来，长三角区域内各城市招商引才政策竞争激烈，各自以超常规的优惠政策吸引项目和人才，特别是在土地价格标准、税收优惠方面存在一定的恶性竞争，造成企业投资布局的非理性决策，不利于市场要素的合理配置。对此建议，更高层级的管理机构应协调长三角区域各地区招商引才的竞争规则，实行相对统一的土地、税收、产业引导基金等政策，营造公平、开放的投资环境，使区域内各市场主体可以进行充分的、有效的、公平的市场选择，避免陷入区域发展的“马太效应”。二是统筹互认标准体系。重点开展城市管理、计量技术、企业登记等领域的区域统一标准，协同构建交通运输、环境共治等标准体系，特别加快建立公交运营等领域统一标准。加大依法行政、案件评查、裁量基准制定等法治研究力度，协同开展法治监督、法治服务、法治研究和立法起草，特别是亟须研究制定市场监管领域统一的行政执法免罚规定。共同开展统一行政处罚裁量基准探索和检验检测资质认定规范化研究。三是完善公共信用体系。探索建立区域统一的信用信息归集目录清单，推动信用长三角平台与三省一市平台及本省市其他行业平台无缝对接、互联互通，推动三省一市信用信息按需共享、动态更新和广泛应用。特别是在生态环境、旅游、食品药品、产品质量领域探索建立行业信用监管机制，建立这些重点领域严重失信“黑名单”互认机制，依法打造“一处失信，处处受限”的惩戒格局。

三、浙江推进长三角一体化发展的典型案例

（一）温州（嘉定）科技创新园“飞”出新动力

1. 案例概况

温州（嘉定）科技创新园（简称科创园）是浙江省温州市与上海市嘉定区合作，在嘉定设立的“科创飞地”。2018 年 11 月，上海市嘉定区与温州市召

开推进更高质量发展战略合作交流会，联合发布十大举措，共同设立“科技创新（研发）园”。重点聚焦数字经济、智能装备、生命健康、新能源智能网联汽车、新材料五大重点产业领域，吸引温商企业研发机构入驻，推进创新创业成果在园区孵化。

2. 经验启示

聚焦项目，政府市场联动发力。科创园坚持以市场需求为导向，充分激活了温州企业的研发动力，坚持产学研市场化合作，搭建起与长三角地区高等院校、研究院所对接平台，收集发布科技成果信息，推动科技成果转化市场化运作。加强与上海资本机构联动，通过与泰越资本、维度资本等投融资机构的联动，遴选一批优秀的产业孵化项目。温州、嘉定的党政主要领导始终高度重视“科创飞地”合作，确定了主要领导定期沟通机制，建立常态沟通机制。

协同引导，共享园区支持政策。根据《温州（嘉定）科技创新园入驻机构管理细则（试行）》，入驻企业研发机构和产业孵化机构均可享受租金和物业费减免优惠政策；温州（嘉定）科技创新园项目还可享受温州市《关于加快推进工业经济高质量发展的若干政策意见》等产业政策。虽然地处上海，但入驻温州（嘉定）科技创新园的高层次人才，可同等享受《温州市柔性引才实施办法（试行）》《关于高水平建设人才生态最优市的40条意见》等温州市相应人才政策。

优势互补，精准对接供需资源。园区广泛对接上海资源，为入驻企业和机构提供精准服务，已与上海大学、上海应用技术大学、上海汽检中心等高能级科创平台建立合作关系，努力为入驻企业搭建人才、技术、咨询等桥梁。积极对接投融资机构，已引入温州银行、泰越资本、维度资本等投融资机构，与部分园区入驻机构进行相关对接，以便针对入驻企业的需要寻求合适资本或基金。

（二）一体化示范区“最后一公里”公交常态化运行

1. 案例概况

2019年1月，沪苏浙皖三省一市交通运输厅（委）共同签署《长三角交通更高质量一体化发展座谈会备忘录》，把开展毗邻地区公交客运衔接线路试点工作作为年度重点合作事项。11 月，一体化示范区五条区域公交线（上海东方绿舟站—汾湖汽车客运站、黎里旅游集散中心—东方绿舟站、西塘古镇—上海东方绿舟站、第五人民医院—上海大观园、黎里旅游集散中心—西塘古镇停车场）首发开行，营运车辆均为新能源车辆，统一了外观标识，可以直接停靠青浦、吴江、嘉善三地的公交站台。线路开通以来，极大地方便了三地的居民出行。

2. 经验启示

满足居民出行需求，因地制宜规划公交线路。一体化示范区跨省公交线路的开通按照“成熟一条，发展一条，规范一条，逐成体系”的总体原则，因地制宜、因城施策，有序推进。线路沿途风光秀美，江南水乡、古镇风景宜人。公交线路运营以属地化为主，全域推广使用符合营运要求的新能源公交车辆。

推动部门跨界合作，统一设施及运行标准。2019 年三省一市交通主管部门联合发布《关于促进长三角一体化毗邻地区客运更高质量发展的指导意见》，依托共商共建工作协调机制，在长三角毗邻地区公交客运衔接线路试点工作小组推动下，研究制定适应长三角各毗邻地区的公交客运衔接模式，并形成统一、明确的运营标准和执法监管体系。

加强各方财政支持，强化公交运行财力保障。跨省毗邻公交属于公益事业，需要政府部门提供必要的资金保障。各地补贴政策还有待完善，公交票价制定仍未完全统一，上海、苏州和嘉兴三地普通交通卡也未能实现互刷通行。目前，5 条线路的财政补贴均由线路运营公司属地政府，按照当地公交补贴政策给予相应补贴。三地还应加快建立成本分担、利益共享机制，保障毗邻公交常态化可持续运营。

（三）湖州社会治理模式创新

1. 案例概况

2019 年，湖州市月平安指数 8 次全省第一，群众安全感满意率为 98.09%，荣获“2019 社会治理创新典范城市”称号，成功举办“中国治理的世界意义”国际论坛。吴兴区织里镇成为改革开放 40 周年全国唯一镇级典型被宣传报道，湖州市“织里样本”在全国范围内推广。安吉县余村形成了“三治融合”基层治理的“余村经验”，并在“枫桥经验”纪念大会上作了充分展示。

2. 经验启示

打破壁垒，加速治理体系改革。成立由市委书记、市长挂帅的加快数字湖州建设打造现代智慧城市领导小组，出台了《加快数字湖州建设打造现代智慧城市三年行动计划 (2019 ～ 2021 年)》。加强顶层设计，构建信息“链条”，实现数据共享。长兴县在全国率先建成 CIG 信息资源整合共享平台创新基层社会治理新应用场景，实现重点人员、重点单位、重点网格三色实时分析、动态管理，构建风险事件上报、研判、流转处置工作流程，进一步提高了社会治理的预见性、精准性和高效性。

全面优化，实现治理模式创新。率先实现市、县、镇、村四级公共法律服务实体平台全覆盖。安吉县余村建设五级微信塔群，南浔区菱湖镇创新设立“一村一法律顾问”制度，强化村（社区）法律顾问职能，每年对各村村规民约开展全覆盖式检查，为村民提供法律服务。优化网格管理，全市 2530 个网格共配备专兼职网格员 6694 名，“一长两员”配备率、城市社区和社情复杂村专职网格员配备率达 100%。

赋能提升，凝聚社会治理合力。借助社会矛盾纠纷排查见底机制，提升风险防范能力。建立健全“党建引领、包干负责、等级管理、闭环运行、督考问效”为一体的社会矛盾纠纷排查见底机制，把政治安全风险、社会稳定风险、公共安全风险、网络安全风险、疫情防控风险纳入整体排查范围，做到“底数清、情况明、零风险、无盲区”。同时，湖州充分利用数字赋能手段对旧有治理模式进行系统改革，以“城市大脑”为代表的数字化基础设施不仅能够智控全城、提升社会治理水平，还能充分发挥群众在社会治理共建共享共治中的主体作用。

（四）生态文明体制改革新安江模式

1. 案例概况

千岛湖入库水量有近 70% 来源于新安江，新安江水质优劣很大程度上决定了千岛湖的水质好坏。在财政部、原环境保护部等两部门推动下，浙、皖两省分别于 2012 年、2016 年签订生态保护补偿协议，建立起跨省流域横向生态保护补偿机制。这是全国首个跨省流域水环境补偿试点。2018 年，浙皖两省第三次签订补偿协议，逐步建立常态化补偿机制。第三轮试点在货币化补偿的基础上，还探索多元化的补偿方式，推进上下游地区在园区、产业、人才、文化、旅游、论坛等方面加强合作，进一步提高上游地区水环境治理和水生态保护的积极性。

2. 经验启示

中央统筹协调，皖浙亿元对赌水质。根据财政部、原环境保护部出台的《新安江流域水环境补偿试点实施方案》《关于加快建立流域上下游横向生态保护补偿机制的指导意见》，浙皖两省建立联席会议制度，上下游联合开展水质监测，每年由生态环境部发布上年水质考核权威结果。第一轮试点中央财政每年拿出 3 亿元，浙皖两省每年各出 1 亿元，中央资金均拨付给安徽，用于新安江治理，当年度水质达到考核标准，浙江支付给安徽 1 亿元，否则安徽支付浙江 1 亿元。首轮的三年试点期间（2012 ～ 2014 年），新安江水质稳中趋好，皖浙两省断面全面达标。第二轮试点中央资金总额保持不变，浙皖两省的补偿资金提高至每省每年出资 2 亿元，新增加的 1 亿元补偿资金与水质的进一步提高挂钩，并主要用于上游的污水和垃圾处理，特别是农村污水和垃圾治理。经过两轮生态补偿的实施，新安江流域实现了环境效益、经济效益、社会效益多赢。第三轮试点浙皖两省的补偿资金每省每年出资 2 亿元不变，并继续争取中央资金支持，同时增加了探索多元化的补偿方式以及上下游之间加强相互监督、联防联治等内容。

推动绿色发展，实现上下游合作共赢。安徽省把新安江综合治理作为生态强省建设的“一号工程”，对黄山市的考核指标调整至侧重于生态保护，引导地方党委政府科学发展；浙江省以环境功能区划和“三线一单”为基础，将淳安县 87% 的国土面积划定为饮用水源保护区和生态保护红线区，禁止一切开发活动，对淳安县其他区域确定了严格的管控措施和负面清单。黄山市深入推进“生态 + 精致农业”“生态 + 新型工业”“生态 + 全域旅游”发展模式；淳安县以践行“保护优先、绿色发展”为目标，发挥生态优势，以旅游业为主导，走出一条绿色发展之路。2018 年黄山市被批准加入杭州都市圈合作发展协调会，是杭州都市圈西进南拓的战略支点城市。“新安江模式”充分表明，要坚持用最严格制度、最严密法治保护生态环境，把完善生态文明制度作为根本保障，以健全制度规范行为，以严管重罚倒逼落实，才能真正实现生态文明建设的长治长效。

落实资金保障，夯实跨区域补偿机制实施的基础。新安江流域生态补偿机制试点展现出强大的生命力，试点经验在全国多个流域推广。这说明保持新安江水资源的良好局面，一定要树立资源有价、使用付费的观念，而且要实行好水好价，这是后发展地区、也是重要生态功能区人民的权利。要秉承生态共建、发展共享的原则，建立生态补偿的长效机制，同时还要注意强化两省在产业培育、生态旅游发展、人才培训交流等方面的合作，变“输血式”生态补偿为“造血式”生态补偿，让上游地区人民稳定分享改革发展的红利。

（五）甬舟一体化成为都市圈一体化发展的新样板

1. 案例概况

甬舟一体化发展的设想，发轫于宁波舟山港一体化。在港口一体化发展的带动下，宁波与舟山的经济交往、文化交流，迈入快速发展的新阶段。2016 年，甬舟一体化的探索正式被纳入国家战略。2019 年浙江省政府工作报告中正式提出宁波舟山一体化，同年 8 月，两市签署《高水平高质量推进甬舟一体化发展合作框架协议》，并围绕产业、教育、科技等签订 14 个专项合作协议。这标志着宁波与舟山这两个“兄弟城市”，开启了一体化高质量发展的新征程。

2. 经验启示

以基础设施建设为突破口，实现高水平互联互通。聚焦宁波舟山港一体化 2.0，实现核心港区船舶交通组织协同。2020 年 1 月，杭州海关、宁波海关正式签署推动甬舟一体化发展合作备忘录，建立 4 项日常磋商机制。舟山江海联运服务中心加快建设，保税燃油、混配矿、大宗交易平台铁矿石挂单等业务大幅上升。提高城际联通便捷度，甬舟铁路完成可研批复和初步设计，甬舟高速复线线位方案论证通过专家评审，六横公路大桥已基本完成工程可行性报告调整和分段初步设计。舟山 LNG 送出管道基本建成，舟山 500 千伏联网北通道（镇海）两回海缆线路及南通道（北仑）两回架空线路先后投运。宁波—舟山大陆引水三期工程施工许可审批和政策处理工作进展顺利。

促进产业分工协作，优化两地产业发展布局。围绕“数字经济”一号工程，以建设宁波国家自主创新示范区、科技成果转移转化试验区等为契机，聚焦绿色石化、港航物流、海洋经济等产业，加快构建分工协作、优势互补的产业链条和创新体系。推进两市石化产业合作，打造具有世界竞争力的石化产业基地。着力推动甬江科创大走廊向舟山延伸，谋划建设中科院宁波材料所（舟山）技术转移中心。合力打响港航物流服务品牌。围绕打造宁波舟山港航物流中心，共同推进现代港航服务业产业集聚群发展，重点发展船舶租赁交易、船舶交易、航运咨询信息等港航服务业。

高品质共建公共服务，实现两地服务体系同城化。强化两市在教育、医疗、文化、休闲等社会民生领域的共建共享，以及医保、公交、消费方面的同城化，既能提高城市社会化水平，也能提高群众对甬舟一体化的获得感与认同感。努力推进公交服务同城化，公交 IC 卡实现两地互联互通，舟山市民在宁波乘车可享受优惠。两市机关、事业单位的养老保险政策、业务、经办流程等已基本实现统一的信息化管理，医保住院和门诊异地结算定点医院进一步扩展。

推进两地优势互补，从港口合作迈向全面深度融合。宁波和舟山都具有丰富的岸线资源，宁波港和舟山港都是世界级的深水良港，推进港口发展的一体化有利于拉长长板，实现强强联手，避免恶性竞争。舟山港口的优势在于煤炭、原油的储运和中转，宁波港口的优势在于大宗商品和集装箱共同发展。通过港口的联合，舟山港的大宗散货储运和中转快速增长，宁波港的集装箱运输增长连续多年排名第一，甬舟港成为世界第一大港，不但提高了两地的综合竞争力，为长三角区域港口的整合积累了经验，同时也提升了中国港口的国际形象。

（六）“一网通办”的浙江改革实践

1. 案例概况

浙江在 2016 年 12 月首次公开提出“最多跑一次”改革。2019 年 1 月 1 日，全国“放管服”改革领域首部综合性地方法规——《浙江省保障“最多跑一次”改革规定》正式实施。“最多跑一次”要求加快实现“跑一次是底线、一次不用跑是常态、跑多次是例外”。目前，“最多跑一次”已写入中共中央全会报告 1 次，列为中央全面深化改革领导小组审议议题两次，连续 2 年写入国务院政府工作报告，相关经验做法在全国推广。最新的第三方评估显示，浙江省“最多跑一次”实现率达 92.9%，人民群众满意率达 97.1%。

2. 经验启示

以数字技术作为关键保障。浙江省数据资源管理中心与浙江省编办等职能部门通力合作，选取市民、企业办件量最多的前 100 个事项集中攻关，明确提出“让数据跑代替老百姓跑”的口号。各部门以事项标准化为切入点，统一主项名称、子项名称、适用依据、申请材料、办事流程、业务经办流程、办理时限和表单内容等，并将办事材料分门别类整理为数据目录，区分出可以由其他部门提供共享的数据、本部门产生的数据，以及必须由办事者提交的数据等。在此基础上，浙江省同步推进了各省级单位的数据仓建设，并基于个人、法人的数据库建设，谋划了省市两级资源共享的大数据中心。通过政府内部的数据共享和部门间的系统对接，最大限度地简化市民、企业的办事流程，降低办事成本。

以提升服务作为根本目的。紧抓一窗通办、就近能办、告知承诺、智能秒办、无感智办、一证通办、区域通办七批事项，提质线下服务。全面排摸“网上可办”事项，逐项整改优化，加快建设企业码，完善企业综合服务、金融综合服务等平台，把“网路”变成政务服务的“主路”，“数据孤岛”被打破，“数据跑路”真正代替了“群众跑腿”。移动端“浙里办”可办理查社保、查公积金、交通违法处理和缴罚款、缴学费、补换驾照、出入境办证等，并打通了支付宝入口，在支付宝上可以进行新生儿重名查询、教育考试和诊疗挂号等事务办理。

以打破行政壁垒作为重要突破。长三角“一网通办”不是单个省市的改革任务，而是三省一市协同联动、共同推动的行政审批制度改革，需要深入推进跨区域合作。在《长三角地区政务服务“一网通办”试点工作方案》发布之后，各地纷纷开始通力协作，开展破壁行动。比如，在长三角生态绿色一体化发展示范区内，浙江嘉善、上海青浦、苏州吴江均已设立“长三角一体化”服务专窗，落实专人负责，并建立了三地联络小组，为实现跨区通办搭建了有效平台。同时，三地在准入一体化的基础上，通过跨区通办模式，探索为区域内企业提供绿色通道服务，实现企业常态化开办一日办结。

* 执笔人：周世锋　苏斯彬

---

* 周世锋，浙江省发展规划研究院副总规划师。
苏斯彬，浙江省发展规划研究院副研究员。

第三节　安徽省深化长三角一体化合作调研报告

民盟安徽省委

摘　要：长三角城市群是我国经济密度最大的城市群之一，要促进长三角地区区域经济协调发展，要求在区域内实现产品和要素自由流动；基础设施、信息共享；经济政策相互呼应深度融合。但由于现实中客观的行政区划不同，各行政区域之间还存在各种障碍，最显著的表现为要素流动不够自由和充分，中心城市对各种要素的虹吸效应特别明显以及产业布局不协调，各城市间出现同质化发展和显著的内部竞争。围绕存在的问题，我们提出了加强功能分工，协同发展提升发展质量；促进要素自由流动，优化城市群空间结构；加快公共服务便利共享，提升城市群营商环境竞争力；强化生态环境共保联治，努力建设绿色美丽长三角的建议。

城市群是城市化发展到一定高度的必然结果，具有经济发展水平高、生产技术水平先进、交通运输体系完备、地理位置优越以及各项资源较为丰富等特点，使城市群能够在更大的范围内优化要素配置，成为推动区域板块间融合优化发展的重要支撑，党的十九大报告中明确提出了以城市群为主体的区域一体化高效发展的战略机制。长江三角洲城市群位于我国东部沿海地区，包括上海、江苏、浙江、安徽，区域面积35.44万平方公里，占国土面积的3.69%，区域经济总量达21万亿元，人口2.2亿，人均GDP接近1.4万美元，是中国经济最发达、城镇集聚程度最高的城市化地区，被公认为世界第六大城市群，在提升我国综合实力和国际竞争力中发挥关键性作用，是带动全国经济又好又快发展的重要引擎。

一、长三角城市群发展沿革

长三角经济圈和长三角合作的雏形是1982～1988年国务院成立的上海经济区，提出“以上海为中心建立长三角经济圈”，仅包括上海、南京、苏州、杭州、宁波五市。1992年苏、浙毗邻城市加入，发起成立经协办主任联席会。1997年沪苏浙两省一市的15个城市组成长江三角洲城市经济协调会。2008年长三角地区扩充为上海、江苏和浙江全部区域。2010年5月，国务院正式批准实施的《长江三角洲地区区域规划》将长三角的范围确定为苏江浙沪，明确了长江三角洲地区发展的战略定位，即亚太地区重要的国际门户、全球重要的现代服务业和先进制造业中心、具有较强国际竞争力的世界级城市群。2014年，《国务院关于依托黄金水道推动长江经济带发展的指导意见》，促进长江三角洲一体化发展，提到沿江五个城市群的发展规划和战略定位，其中首次明确了安徽作为长江三角洲城市群的一部分，参与长三角一体化发展。2016年5月11日，国务院常务会议通过《长江三角洲城市群发展规划》，提出培育更高水平的经济增长极，到2030年，全面建成具有全球影响力的世界级城市群。规划中提出，发挥上海中心城市作用，推进南京都市圈、杭州都市圈、合肥都市圈、苏锡常都市圈、宁波都市圈等都市圈在扩大开放方面同城化发展。2018年11月18日，《中共中央国务院关于建立更加有效的区域协调发展新机制的意见》明确要求以上海为中心引领长三角城市群发展，带动长江经济带发展。2019年1月，时任上海市市长应勇在作《政府工作报告》时指出，要全力实施长江三角洲区域一体化发展国家战略，合力推进长三角一体化发展示范区建设。积极推动并认真落实长三角一体化发展规划纲要，发挥龙头带动作用。2019年12月，中共中央、国务院印发了《长江三角洲区域一体化发展规划纲要》，明确提出将长三角区域一体化上升为国家战略。

二、长三角城市群合作与运作情况

目前，长三角地区逐步建立了“三级运作、统分结合”的工作机制，制定了《长三角区域合作三级运作机制工作规则》，三级运作机制由决策层、协调层和执行层组成。

决策层是“三省一市主要领导座谈会”，是最高层级的审议决策机制，由三省一市的主要领导参加，主要职责是审议和决策长三角一体化中长期发展规划、工作计划、实施方案等重大事项。

协调层是“长三角地区合作与发展联席会议”是三省一市联合协调机制，由三省一市常务副省长（市长），省（市）政府分管秘书长，发展改革委员会主任、分管副主任、长三角办、联席办成员、各专题合作组负责人参加，主要职责是落实主要领导座谈会重大决策部署，协调推进区域重大合作事项等。

执行层包括长三角区域合作办公室、联席会议办公室和专题合作组，具体推动长三角区域合作工作。

2018 年 1 月，沪苏浙皖三省一市联合组建长三角区域合作办公室，在上海实行联合集中办公，工作人员由三省一市联席办统一选派，联席办设在三省一市发展改革委员会，承担联席会议办公室职责，负责综合联络、协调推进等具体工作，相关业务主管部门牵头成立相应重点专题合作组，共有交通、能源、信息、科技、产业、环保、信用、商务、金融、人社、食品安全以及城市合作 12 个专题合作组，是长三角地区各领域合作的牵头单位和具体事项的实施主体，根据实际情况实行轮值。

三、安徽省融入长三角城市群基本情况

（一）安徽省融入长三角的必要性

长期以来，长三角地区走的是一条“资源 + 投资”驱动的经济道路，经

过多年高速发展人口和政策红利正在耗尽，面临着生态恶化、土地紧张、资源枯竭、劳动力成本增加等诸多问题，长三角要下一盘大棋，就需要更广阔的棋盘来投子布局，产业转型、升级和转移不能分散孤立进行，必须有利于产业集聚和呼应的形成。在这样的情况下，融入长三角已经不仅是安徽的需求，也是传统长三角地区的需求。安徽和江苏、浙江、上海在地理上共同组成一个杧果形区域，与苏浙两省接壤线长达2000公里，特别是皖江地区有长江黄金水道相连，人力资源充裕、受教育程度较高，成本相对较低，土地充足、各类资源丰富，产业基础以及市场规模较好。安徽省东连沪苏浙，西接赣鄂，能源、土地和劳动力等资源都比较丰富，作为长三角的新成员，具有承东启西、连接南北、辐射全国的重大意义。

（二）安徽省参与长三角合作的主要成果

1. 推进基础设施互联互通

（1）铁路、机场和高速，合肥南站和新桥机场等重要运输枢纽投入使用，宁安城际、杭黄铁路、宿淮铁路相继运营，商合杭铁路取得阶段性进展，徐明高速、泗许高速、宿扬高速等跨省高速全线贯通。

（2）港口，芜湖港与上港集团携手打造安徽至上海洋山港重要喂给港，马鞍山和浙江舟山港同航全国首艘江海直达船，2018年长三角地区主要领导座谈会上明确提出“优化完善长三角高等级航道网”作为重点研究事项，安徽省交通厅牵头开展研究，相关工作正在有序推进。

（3）能源，当好长三角能源供给大通道，强化“皖煤东运”“皖电东送”“西气东输”，提升区域互济互保能力。1000KV淮南—浙北—上海特高压交流输变电工程成功投运，形成长三角输电环网，提高“皖电东送”可靠性和输送能力，苏皖推进天然气管线互联互通，建设完成江苏金湖至安徽天长、冀宁联络线皖苏界至宿州天然气管道线项目。

2. 产业分工合作持续深化

（1）推动合作共建产业园区，多层次跨省（市）共建产业园区获得长足发展，苏滁现代产业园已经产生示范带动作用，《苏皖（郎溪、广德、溧阳）合作示范区发展规划》已经由国家发改委正式批复同意。上海市嘉定区、江苏省无锡市、浙江省杭州市、安徽省合肥市人民政府及中电海康集团有限公司共同签约，加强沪苏浙皖分工合作，按照中试设备互补贡献、产业布局错位衔接、市场应用统一完整的原则，攻坚跨区域超级中试中心，实现四个千亿的产业集群，打造全球物联网高地。

（2）相互投资、质提量增。联合利华、华谊等一批知名企业集团，将其生产基地甚至总部迁移到安徽，安徽省内一大批省属企业和民营企业也纷纷借助长三角开放平台谋发展。

（3）集合长三角各方资源和力量，以“政府指导、市场主体、政策支持、各方参与”为原则，搭建长三角产业基金服务平台。

3. 资源要素合作共享拓宽

（1）科技资源共享，积极推进长三角协同创新网络建设，开展长三角大型科学仪器、科技文献 5 个科技资源共享平台建设，三省一市科技部门拟集成长三角创新资源，共同筹建长三角国家技术创新中心，打造支撑长三角科技创新共同体建设的引领性平台。G60 科创走廊的建设，打造长三角更高质量一体化发展的重要引擎。

（2）数字资源共享，三省一市经信部门共同签约，共同打造数字经济发展高地，推进数字经济重大创新平台建设，超前部署“新基建”，深化工业互联网一体化示范区建设，推动数据开放共享和场景应用，开展车联网集成创新与合作，搭建具有国际影响力的合作交流平台。

（3）能源资源共享，建立长三角能源企业合作机制，探索开展大宗资源联合采购，设立长三角能源母基金。

（4）深化区域人力资源协作，推动成立长三角公共创业服务联盟，联合开展高校毕业生就业洽谈会，鼓励和支持大型人力资源服务机构在安徽的产业园区设立分支机构。

4. 环境保护合作不断加强

安徽将坚持生态优先、绿色发展的理念，打造水清岸绿产业优的美丽长江(安徽)经济带，安徽省立足当好长三角生态绿色后花园，把山水林田湖作为一个生命共同体，全力打好污染防治攻坚战，加强生态环境联防联控，构建长三角地区生态安全屏障。连续实施三轮新安江生态补偿机制，新安江成为全国水质最好的河流之一，带动浙江千岛湖水质实现与上游来水同步改善。结合生态补偿机制的建立，试点区域积极构筑绿色产业体系，倒逼产业转型，实现绿色生态与绿色发展的和谐统一。浙江省人民政府和安徽省人民政府共同签约，加快推进杭黄世界级自然生态和文化旅游廊道建设，推进黄山市全面融入杭州都市圈，加强杭黄全域旅游合作。

5. 城市合作、公共服务一体化全面推进

着力加强合肥长三角副中心城市建设，南京都市圈与合肥都市圈的互融发展进一步深入，滁州、马鞍山、宣城等市分别与南京签署了一体化合作协议，黄山市加入杭州都市圈。长三角异地就医门诊直接结算试点正式开通运行，滁州和马鞍山市为首批试点城市。三省一市共同加强卫生应急领域深度合作，建立公共卫生安全信息互联互通机制，开展跨区域远程诊治合作，开展公共卫生科技联合攻关，开展学科人才队伍联合建设，完善平战结合的医疗救治资源配置机制。开展长三角国际贸易“单一窗口”合作共建，推进数据安全和共享合作，推动政务、行业、企业等功能性平台与“单一窗口”平台对接，优化长三角跨境贸易营商环境。推动建立互认互通的档案专题数据标准体系，开通民生档案跨区域查档服务。

四、长三角城市群发展中的问题

近年来，长三角城市群建设虽然取得了积极的成效，但是由于人口、产业等空间要素向中心城市集聚、区域空间极化现象逐步凸显，城市体系不合理，空间布局与功能分工不完善，经济增长与环境资源承载条件不适应等矛盾依然存在，区域发展的不平衡将严重影响整个城市群经济高质量发展进程。

城市群的快速发展要依靠人口、经济、科技、金融等多种要素共同作用的支撑。长江经济带城市群之间要素分配和集聚能力的差异与长江经济带社会经济发展区域差异相一致，呈现出由东向西逐渐衰减的趋势，从城际层面上说，要素集聚能力的差异表现出很明显的两极分化现象，长江经济带城市群内科技创新、对外开放、金融要素等集聚格局呈现出明显的差异分化和集聚分布指向特征。

（一）要素流动不充分，中心城市虹吸效应明显

一是人口，人口流动能够改变地区劳动力结构，优化资源配置，重塑经济增长格局。但目前三省一市间多层次、常态化的全方位对接措施不健全，各省市之间推动人力资源合作的服务机构“单兵作战”现象较为普遍，人才资源流动壁垒依然存在，三省一市在人才政策、人才服务和市场建设方面存在较大差异，对人才评价标准不统一、职业资格和技术等级尚未实现互认，互通互联的人才信息网络尚未建立，信息共享不顺畅，制约了区域间人力资源的流动。

二是金融，金融的发展是产业结构升级的支撑和保障，长三角城市群的城市之间的金融资金没有达到充分的流动。从金融网络结构来看，呈现以上海为中心，一超多强的特征，中小城市金融连通度与中城市相比较弱，呈现出东强西弱的不平衡格局，且有向东向强聚集的趋势。

三是土地，由于经济发展程度不同，长三角地区土地利用类型的分布也具有较大的空间差异，地均产生的效益也不同，2020 年上海市地均 GDP 为 61429 万元 / 平方公里，江苏省地均 GDP 为 10012 万元 / 平方公里，浙江省地均 GDP 为 6335 万元 / 平方公里，而同为长三角一员的安徽省地均 GDP 为 2769 万元 / 平方公里，对土地利用开发明显不足。

（二）产业布局不协调，同质化和内部竞争显著

长三角城市群发展一脉相承，地理位置上呈现高度集聚和相互依存的特点，产业同构和经济同质问题成为制约长三角城市群发展的巨大瓶颈，各城

市在产业功能、城市职能上没有明显的差异，也没有明确的分工，上海和江苏产业结构系数为0.82，上海与浙江相似系数为0.76，江苏和浙江的相似度高达0.97，产业结构高度雷同，同质竞争呈现突出态势，产业结构优化升级的任务迫在眉睫。

五、推动长三角城市群健康发展的建议

城市都是由孤立分散发展形成城市体系，然后产生城市群并发生空间结构的一系列演化过程，本身就是经济活动的空间分布由分散到集聚再到分散的过程，后一种分散是一种更高专业化分工，更紧密紧急地联系在更大空间范围的体现，因此，城市群的健康发展需要有多个中心共同发力。多中心的城市群结构可以通过分散经济活动降低集聚不经济的情况，比单中心结构更能维持区域空间结构的稳定性，构建长三角城市群功能多中心格局势在必行。

（一）城市群建设要加强功能分工，协同发展提升发展质量

立足城市群的异质性，基于城市特征和发展方向，挖掘区域发展潜力，避免低水平产业的重复建设，警惕省市或部门之间各自为政，落实城市群统筹规划方案，进一步加强跨城市群产业网络体系联动与互融。

（1）充分利用地区间的互补性，引导核心城市一些没有优势的产业向外围地区和非城市群地区转移，促进高技术产业链向中小城市延伸，提高中小城市承接产业转移的能力。

（2）以大都市为核心，以中小城市为经济网络节点，发展产业集群，优化产业分工，完善上下游产业链条，促进大中小城市以及小城镇形成分工协作和功能互补的有机整体。

（3）发挥行业组织在城市群产业发展中的作用，突破行政区障碍，形成跨地区行业联盟，共同制定行业发展规划、市场规则、推进市场秩序建立，鼓励建立民间跨地区组织，自下而上推进政府间合作。

（4）加大创新力度，用创新链整合、牵引产业链，通过不断创新推动生产力要素组合，促进产业链、创新链、产品链和资金链的组合出击。

（二）促进长三角城市群内部要素自由流动，进一步优化城市群空间结构

长三角一体化要实现高质量发展必须坚持开放合作与互利共赢理念，发挥各地资源要素比较优势，探索利益共享和平台共建机制，重点深化产业体系分工协作，推动基础设施互联互通，促进公共服务共建共享，加强生态环境综合治理，构建网络化、开放式、一体化的城市群发展新格局。

（1）实现基础设施互联互通，推进长三角轨道交通一体化建设，增强区域内省际公路联动协通效率，充分发挥港口群联动能力和提升港口协作效能，部署新一代信息设施网络，进一步促进城市群内部人才、资金、劳动力、知识、网络数据等关键性生产要素的自由流动，提高城市间的要素流动性，提升区域内资源优化配置效率。

（2）长三角地区城市群各城市应深化户籍制度改革，实现人口自由流动，提高资源配置效率，发挥人口集聚优势，促进人力资本进行科技创新，并根据本地资源禀赋，调整和优化产业结构，为流动人口创造更多的就业机会，吸引人才流入，形成正向循环过程。增加对教育、卫生健康和就业培训等方面的投入，创造良好的环境吸引人口流入，有效提高人力资本存量和质量，形成人口素质红利，从而推动区域经济增长，充分发挥中心城市的集聚和辐射带动功能，建立长三角人力资本共享机制，为促进中小城市发展提供劳动力保障。

（三）加快公共服务便利共享，提升长三角城市群营商环境竞争力

（1）全面推进区域基本公共卫生服务协调发展，以标准化促进基本公共服务均等化、普惠化、便利化，创新跨区域服务机制，增强政府办事效率，提升公共服务便利化水平，优化营商服务环境，强化文化政策普惠共享，实现社会文化资源的有效利用，全方位增强长三角区域的文化生命力、凝聚力和创造力。

（2）构建长三角一体化社会保障体系，积极推动户籍制度改革、就业制度创新、教育制度和医疗制度的完善，降低人口流动的制度成本，放宽劳动力流动的限制，让不同的城市在社会保障和公共服务上相互衔接，打破行政壁垒，加强市场一体化程度，营造良性竞争的市场环境，创造更多便于空间溢出的通道。

（3）明确城市群发展目标，深入推进供给侧结构性改革，加快转变经济发展方式，实施创新驱动战略，提升城市群综合实力，强化中国经济新的增长极，以此满足城镇化发展进程中所需的人力、物力和财力等要素，最终实现城镇化效率与经济发展的全方位互动。

（4）中小城市要完善金融集聚的配套设施，降低金融业准入门槛、提供税收优惠政策，吸引大城市金融资源外溢，接收中心城市金融要素空间辐射，形成多层次、网格化区域金融格局，优化金融资源空间配置效率。

（四）强化生态环境共保联治，努力建设绿色美丽长三角

推进城镇化绿色生态转型，降低城市群环境污染。将生态文明理念全面融入城市群城镇化进程，突出生态本地特色，推广绿色能源，提倡绿色建筑，完善绿色交通，建设绿色城镇，降低因人口规模与经济活动的过度集聚而导致的环境污染。建立健全城市群生态文明建设联动机制，加强环境污染联防联治，推进生态一体化建设，形成人与自然和谐发展新格局。

坚持生态环境保护优先，突出生态环境保护和生态系统修复在共保联治中的重要地位，提升自然环境空间共同保护效力，推进生态协同治理建设的精准实施，统一工业废弃物排放标准，建立联防联控联治长效生态保障机制，增强无害化处理能力以及提高综合利用水平，推动跨界水体环境治理，研究跨流域生态补偿，探索建立污染赔偿机制，推进长三角城市群夯实绿色发展生态基底。

*执笔人：张　悦

---

* 张悦，民盟安徽省委参政议政部一级主任科员。

第十一章
以 G60 科创走廊为载体建设长三角科技创新共同体专题

第一节　加快推动长三角 G60 科创走廊高质量发展的建议

民盟上海市委

摘　要： 本篇调研报告以长三角 G60 科创走廊为调研对象，围绕《长江三角洲区域一体化发展规划纲要》，针对推动产业集群发展空间布局一体化；科技创新、制度创新、资源配置一体化；创新攻关推动高质量发展一体化；科创要素按市场配置要求自由流动一体化；区域制度供给一体化等设想，建议加大对 G60 科创走廊的支持力度，增强先行先试示范作用；聚焦科技创新重点领域和重要任务，尤其在“卡脖子”工程关键技术攻关方面给予重点支持；完善科创企业金融服务，打造长三角产融结合新高地。

党的十九大提出建设现代化经济体系，并作出六个方面的重大部署。其中区域协调创新发展，是当今世界发展的一大趋势[①]，也是习近平新时代中国特色社会主义思想的战略要求。这一国家战略2周年之际，松江紧紧抓住深化供给侧结构性改革、“一带一路”建设、长三角一体化和科创中心国家战略等重大机遇，提出建设G60科创走廊。

三年来，贯穿长三角三省一市的长三角G60科创走廊，依托G60高速和沪苏湖高铁，发挥上海龙头带动作用，以松江为枢纽，从1.0版上海松江G60科创走廊、2.0版沪嘉杭G60科创走廊，现已发展为覆盖松江、嘉兴、杭州、金华、苏州、湖州、宣城、芜湖、合肥九城市的“一廊一核九城”3.0版总体空间布局。2017年，G60科创走廊被国务院认定为全国供给侧结构性改革的典型案例受到表彰，并被上海市委、市政府增列为全球影响力科创中心的重要承载区。2018年6月1日，G60科创走廊列入在长三角地区主要领导座谈会期间发布的《长三角地区一体化发展三年行动计划》。2019年5月纳入《长江三角洲区域一体化发展规划纲要》。

在G60科创走廊的引领带动下，九城市经济驶上了高质量发展的快车道。以作为长三角G60科创走廊建设策源地的松江为例，依托G60科创走廊，充分发挥策源地的作用，带动区域转型升级，三年来，总税收连续跨上400亿元、500亿元台阶，地方财政收入突破200亿元；产业结构不断优化，制造业占总税收的比重从“十三五”初的35.86%，上升到2018年的46.27%。2018年，实现工业固定资产投资133.8亿元，创历史新高，居全市第二，连续两年突破百亿元。同时，人工智能、生物医药、集成电路、智慧安防、新能源、新材料六大战略性新兴产业实现工业总产值693亿元，其中生物医药、人工智能产业工业产值都实现两位数增长。

把握长三角一体化国家战略历史机遇，大刀阔斧开辟出面向长三角的G60科创走廊，推动长三角G60科创走廊高质量发展，是推动长三角更高

① 人民网. 习近平新时代中国特色社会主义思想. 2015.12.21[2021.7.28]. http://theory.people.com.cn/n1/2015/1221/c40531-27953308.html。

质量一体化发展的重大战略举措[①]，是打造长三角世界级城市群的重大战略支撑。

一、长三角 G60 科创走廊建设的总体情况

长三角 G60 科创走廊覆盖面积 7.62 平方公里，区域常住人口约 4900 万人，GDP 总量约 5.74 万亿元，分别占长三角三省一市总量的 21.2%、22.3% 和 24.9%，拥有张江高科技园区、苏州工业园区、杭州国家自主创新示范区、合肥综合性国家科学中心、上海临港松江科技城等 42 个全国乃至世界知名的科技产业园区。

长三角 G60 科创走廊秉持新发展理念，以长三角"一极三区一高地"为目标，着眼"一个高地、三个生态""高端制造业主阵地，坚持科技创新、制度创新双轮驱动，向科创要动力、向规划要品质、向存量要空间、向质量要效益，改革辟路、创新求实，全力打造科创驱动"中国制造"迈向"中国创造"的示范走廊，具有以下发展特点。

（一）坚持科创驱动，产业集群集聚发展呈现良好态势

以创新链、产业链为纽带，聚焦人工智能、集成电路、生物医药等先进制造业产业集群，相继设立国家工业互联网基地、乌镇国家互联网创新发展试验区、G60 脑智科创基地、合肥国家综合性科学中心、宛陵科创城等一批国家级平台；上海超硅、海尔智谷、恒大国能新能源汽车、正泰清华启迪智电港、中科院安全可控信息技术产业化基地、合肥晶合集成电路、爱康科技异质结等百亿级重大项目集聚落地；全球先进集成电路 300mm、450mm 晶体生长系统、ALD 光伏工作母机、"魂芯二号 A"、量子通讯、苏大维格 Microlab 直写系统、中电科首架国产全复合材料高性能双发飞机、连续玄武岩纤维技术等重大科

① 中国日报. 习近平总书记对长三角一体化发展的重要指示精神[EB/OL]. 2018.6.1[2021.7.28]. http://cn.chinadaily.com.cn/2018-06/01/content_36317043.htm.

创成果持续涌现。2018 年，九城市研究与实验发展经费达 1598 亿元，发明专利授权 38202 项、拥有授权专利 25 万项，高新技术企业 15816 家，科创驱动 G60 科创走廊迈进高质量发展区域集群新阶段。

（二）打破行政区划壁垒，科创要素按市场配置要求自由流动呈现良好态势

跨区域协同创新，着力构建科技成果转移转化新机制。九城市之间聚焦“五个一体化”“十个做实”，推进落实 20 个重点领域 43 项重点任务，举办 G60 科创走廊九城市联席会议、智造中国峰会、人才峰会、要素对接大会、两院院士走进 G60 科创走廊等重大活动，依托 G60 科创云平台（与阿里、电信、360 合作）、G60 脑智科创基地、国家级商用密码（上海）检测中心、之江实验室、纳米技术研究院、中科院先进技术研究院、国家知识产权试点城市等，聚合九城市 547 个院士专家工作站、771 个博士后工作站、176 所高校等产学研力量，促进科创要素高效对接，1796 台（套）大型科学仪器创新券互认互通，2018 年 6 月至今九城市交互投资 2280 亿元，同比增长 6.4%。

（三）精准对接科创板，产融结合高质量发展呈现良好态势

与上交所共建资本市场服务 G60 科创走廊基地，设立上证 G60 综合指数和战略新兴产业成分指数，培育首批拟上科创板企业 200 余家，科创板已受理九城市企业上市申请数占比近 20%，首家企业已成功科创板上市。央行已牵头调研，制定适合 G60 科创走廊的政策，推动多层次资本市场服务 G60 科创走廊实体经济做实、做强、做优。

（四）产城融合协同发展呈现良好态势

规划建设“松江枢纽”9 台 23 线等重大基础设施，加快沪苏湖高铁开工建设，打造 2 小时同城效应，促进生产、生活、生态深度融合，建设松江九科

绿洲临港松江科技城、苏州工业园区、合肥滨湖科学城、杭州大江东产业集聚区等产城深度融合示范园区。

（五）构建开放型经济，共建共享G60科创走廊呈现良好态势

推出 G60 九城市“协同扩大开放 30 条”，3 条中欧班列服务“一带一路”建设，常态化组团参加中国国际进口博览会，推进浦东自由贸易试验区改革成果辐射，构建协同开放新格局。首届进博会联合组团意向采购金额超 379 亿元。

（六）率先跨省“一网通办”，优化营商环境呈现良好态势

率先推进九城市 30 个事项“一网通办”，发出全国第一张跨省异地办理的工商登记执照，推送服务 9 万余次，实施 G60 科创走廊产业集群发展“零距离”综合审批制度改革，被国务院办公厅确定为长三角政务服务一体化试点区域。2018 年接受世界银行测评，为中国营商环境全球排名提升 32 位作出了努力。2019 年 3 月，世界银行团队再次来到 G60 科创走廊考察项目综合竣工验收等环节，对改革力度大、响应改革政策快、项目落地情况好表示认可。

此外，还出台长三角 G60 科创走廊“人才 18 条”，着眼产业集群发展的新趋势，打造众人青睐的人才发展生态。G60 科创走廊九城市共集聚人才约 1050 万，国家级人才超千人，省级以上人才 2500 余人。

二、当前长三角 G60 科创走廊向一体化更高质量发展的总体设想

《长江三角洲区域一体化发展规划纲要》（以下简称《规划纲要》）为 G60 科创走廊持续有序推进建设、更好服从服务国家战略指明了前进方向、提供了

根本遵循。G60 科创走廊将紧扣“一体化”和“高质量”两个关键词，主动承接自贸区新片区、长三角生态绿色一体化发展示范区、虹桥商务区的示范效应，深入把握《规划纲要》明确的长三角 G60 科创走廊战略定位，成为长三角更高质量一体化发展新引擎。

（一）聚焦规划对接，推动产业集群发展空间布局一体化，推进高质量产业规划实施

编制《长三角 G60 科创走廊总体发展规划 3.0 升级版》，对标世界最高标准和最好水平，聚焦集成电路、人工智能、生物医药、新能源等重点产业领域，优化九城市一体化发展举措和产业高质量发展路径，梳理各地重点产业发展规划，坚持市场化、法治化导向，科技创新和制度创新双轮驱动，形成科创驱动产业集群高质量一体化发展的空间布局，防止产业规划同质同构竞争，致力推动重大先进制造业产业项目在区域内协同布局，形成各方参与、编制科学、共商联动的发展蓝图，深入推进规划充分对接。构建高质量一体化发展指标体系。发布《长三角 G60 科创走廊高质量一体化发展指标体系》，科学评价 G60 科创走廊高质量一体化发展态势，为政府决策提供数据支撑，引导深化供给侧结构性改革。加快基础设施互联互通。推进沪苏湖铁路开工建设，加快商合杭高铁等项目建设。高起点推进松江枢纽规划建设，放大上海西南综合交通中心功能，提升对外服务辐射能力。增强跨区域公路运输服务能级，率先取消 G60 高速省界收费站，放大 2 小时同城效应。加强 5G 网络协同布局，合力打造 5G+ 智能制造创新发展示范区。推进国家工业互联网新型产业化示范基地建设，构建全要素、全价值链、全产业链的工业互联网生态体系。

（二）聚焦战略协同，推动科技创新、制度创新、资源配置一体化，深化落实“协同扩大开放”30条

依托中欧班列等服务“一带一路”建设，围绕外资准入、对外贸易、金融服务、产业升级、科技创新、营商环境等领域，以更大力度推动长三角 G60

科创走廊协同扩大开放，将一体化进程引向纵深。推进自贸区改革成果向长三角 G60 科创走廊辐射，常态化组团参加中国国际进口博览会，建立九城市综保区等海关特殊监管区域合作交流机制，进一步形成集聚效应。增强科技创新策源能力。发挥上海张江、安徽合肥综合性国家科学中心的重要平台作用，加强与长三角高端科研创新平台的全面合作。推进上海低碳技术创新功能型平台、G60 脑智科创基地、5G 科创产业基地和上海分析技术产业研究院等创新平台建设，促进技术研发与转化。聚合九城市产学研力量，合力争取国家重大科研任务落户长三角地区，以更大力度服务“卡脖子”领域联合攻关。建设全要素科技成果对接转化平台。以“服务产业链、服务企业”为核心，整合九城市产业发展、园区合作、技术研发等要素需求，集聚云计算、大数据、人工智能等服务内容，深化“长三角 G60 科创云”功能建设，促进资本融通、技术畅通、人才流通，推动要素资源自由流动、合理布局、高效配置。

（三）聚焦专题合作，协同创新攻关推动高质量发展一体化，推进产业联盟高质量发展

聚焦人工智能、集成电路、生物医药等七大先进制造业产业集群，持续推动产业联盟和产业合作示范园区建设。着眼关键技术研发、设施设备共享、政策资源互通、产业标准规范，整合产业链上下游资源，加强企业与科研院所、金融资本对接，促进产业内部联动和产业链深度融合，合力打造世界级先进制造业产业集群。共建产业协同创新中心。以“政府引导、市场主导、民营参与、共建共享”为原则，建设长三角 G60 科创走廊产业协同创新中心，共同打造集总部研发、产融结合、招商引资、宣介孵化等于一体的产业合作新平台，打造长三角高端制造业主阵地。建设产融结合新高地。率先实践上海金融开放创新政策，推动上海国际金融中心建设。精准对接科创板，实体化运营上交所资本市场服务 G60 基地。完善上证 G60 综合指数编制，加快推出上证 G60 战略新兴产业成分指数，在 G60 科创母基金等的基础上，探索建立特色

产业基金，推进多层次资本市场服务科技型、创新型、成长型企业发展，全面提升金融服务实体经济能级。

（四）聚焦市场统一，推动科创要素按市场配置要求自由流动一体化，打造国际一流营商环境

深化推进 G60 科创走廊政务服务“一网通办”试点，参与制定相关标准规范，着眼服务流程再造、标准互信互认、数据汇聚共享，率先实践一批营商环境改革举措，创新政务服务移动端“无感漫游”应用，实现制度创新更大突破。加强人才政策系统集成，建立人才柔性流动机制和一体化便利化人才服务机制，形成“人才一张网”的良好局面。促进要素市场一体化。提升土地资源配置效能，深化集体经营性建设用地入市改革试点、建设用地二级市场国家改革试点、存量用地二级市场试点和推广，探索建立存量工业用地多主体供给、多渠道保障的体制，探索跨省补充耕地国家统筹机制，优先保障重大基础设施、产业项目落地。完善跨区域产权交易市场，推动公共资源交易平台互联互享。

（五）聚焦机制完善，推动区域制度供给一体化，完善实体化运作协调机制

加强与国家有关部委、沪苏浙皖三省一市有关部门、长三角区域合作办公室等汇报对接，积极争取相关指导和支持。在长三办的统筹协调下，常态化召开长三角 G60 科创走廊联席会议，不断完善区域协调发展机制。更好发挥 G60 联席办统筹协调职能，加强九城市工作力量，做实做强做深各项重点工作。厚植多维支撑体系。加强院士工作站、专家咨询委员会、人大代表和政协委员、科研院所专业人才等智库建设，充分发挥院士、专家在高端项目研发、重大技术攻关、政府决策参谋等方面的积极作用。强化跨省市合作联动。加强长三角高质量一体化发展在产业、财税、人才等区域协同政策方面的系统集成，提升精准制度创新和有效制度供给能力。推动设立长三角一体化发展投资

专项资金及各类基金，探索跨区域一体化发展的成本共担、利益共享的投融资机制。

三、推动长三角 G60 科创走廊更高质量发展的相关建议

推动 G60 科创走廊更高起点与更高质量发展，中共中央政治局委员、上海市委书记李强指出，共同努力把长三角建设成为全国贯彻新发展理念的引领示范区，成为全球资源配置的亚太门户，成为具有全球竞争力的世界级城市群。为此，特提出如下建议。

（一）加大支持力度，赋予长三角G60科创走廊贯彻新发展理念推动区域协同创新的先行先试示范走廊

G60 科创走廊应在推动高质量发展、实施创新驱动发展战略、全面深化改革和全面扩大开放等四个方面先行先试作示范。一是在推动高质量一体化发展上先行先试作示范。聚焦集成电路、人工智能、生物医药、新能源等七大产业，打造若干具有世界级影响力和竞争力的产业集群，有力地推动和引领长三角先进制造业为支撑的实体经济高质量一体化发展，为加速构建长三角现代经济体系发挥战略支撑作用。二是在实施创新驱动发展战略上先行先试作示范。把创新作为九城市发展主导战略，发挥区域科创资源密集优势，结合区域产业基础和资源禀赋，促进区域创新要素在 G60 科创走廊上高度集聚并自由流动与高效配置，发挥企业创新主体作用，健全科技创新体系，成为全国创新版图中重要一极。三是在全面深化改革上先行先试作示范。多推动创造型、引领型改革，更加注重改革系统性、整体性、协调性，当好全面深化改革系统集成的开路先锋。四是在全面扩大开放上先行先试作示范。坚持在更高水平上扩大开放，以更宽广的视野、更高的目标要求、更有力的举措推动全面开放，用好进博会溢出效应和辐射效应，建设引领长三角、服务全国、面向世界的全球先进

科创走廊。

建议从国家层面加强顶层设计和统筹协调，赋予长三角G60科创走廊贯彻新发展理念推动区域协同创新先行先试示范走廊，在健全协同创新体制机制、不断完善政策体系、优化创新创业环境方面给予政策支持。通过各部门统筹协调，打破行政区划的制约，促进优质的项目资源、技术资源、人才资源等各类创新要素，按市场规律在长三角G60科创走廊自由流动。

（二）聚焦科技创新重点领域和重要任务，尤其在推动长三角G60科创走廊“卡脖子”工程关键技术攻关方面给予重点支持

建议由科技部牵头，着力引入两院科技创新资源，由中国科学院院士、中国工程院院士等高端人才领衔，组建G60科创走廊“卡脖子”工程关键技术攻关领导小组，联合相关院校和企业，系统部署和推进建设。充分发挥中国科学院和中国工程院的技术、人才、团队优势，聚焦七大战略新兴前沿领域，合力攻克“卡脖子”难题，不断提升长三角G60科创走廊自主创新能力和核心竞争力，推动长三角G60科创走廊更高起点与更高质量发展。

（三）完善科创企业金融服务，打造长三角产融结合新高地

2019年6月13日，时任中国人民银行行长易纲在第11届陆家嘴论坛上表示，将坚决落实党中央、国务院决策部署，全力支持上海完成好新时期党中央赋予的三项重大任务，“支持以上海科创中心建设带动‘G60科创走廊’发展，支持上海金融开放创新政策适用于‘G60科创走廊’，完善科创企业金融服务。”

建议支持长三角一体化发展的金融政策在G60科创走廊先行先试，聚焦先进制造业为支撑的实体经济，打造长三角产融结合新高地，增强科技创新和制度创新对产业升级的促进作用。结合《长江三角洲区域一体化发展规划纲要》对G60科创走廊的战略定位，建议支持长三角地区跨区域金融合作平

台建立、金融基础设施互联互通、联合信用惩戒平台建立、金融业务“同城化”、科技金融产品创新等系列金融政策措施，率先在长三角 G60 科创走廊先行先试，积累可复制、可推广经验。长三角 G60 科创走廊金融支持实体经济先行先试。科创板注册制给予长三角 G60 科创走廊实体制造企业一定的绿色通道。

*执笔人：张正平

* 张正平，民盟盟员，上海市松江区建管委执法监督科科长。

第二节　浙江省关于筑强 G60 科创大走廊，共建长三角全球科创中心的研究报告

民盟浙江省委

摘　要：G60 科创走廊，包括南侧的浙江段，是我国“一带一路”、长江经济带、长三角一体化三大国家行动计划的空间交汇地带，是我国科技与产业最为集中区域，对我国科技强国发展起着关键决定性作用。研究分析了全球科创要素空间集聚规律、长三角高质量发展的科技诉求和浙江四大建设发展行动计划等发展背景。运用定性比较的方式，分析了 G60 科创走廊浙江段的发展基础与优势，以及存在的问题与不足。从优化空间布局、集聚科创资源、协同高新产业、合理打造创新生产四个方面，提出 G60 科创大走廊浙江段的举措和建议。

G60 科创走廊包括上海、浙江、江苏、安徽三省一市多个城市，是“一带一路”、长江经济带、长三角一体化三大国家战略的重要交汇地带，也是中国经济最具活力、城镇化水平最高的区域之一。G60 科创走廊（浙江段）是 G60 科创走廊的有机组成部分，更是浙江省主动对接上海推进长三角高质量一体化的重要区域、浙江省大湾区大花园大通道大都市区建设的核心区域，以及实施创新驱动战略、破除体制机制障碍的示范区域。

一、浙沪科创协同发展的背景

（一）全球创新要素在空间上正加速集聚

随着新一轮信息技术革命的兴起和经济全球化的深入发展，创新要素越来

越明显地突破组织、地域和国家界限，在全球自由流动。高度的流动性使创新要素聚集效应越发显著。从世界范围来看，越来越多的创新资源要素向优势地区和城市集中，加快了世界竞争格局的重构，一些地区和城市也因其强大的创新要素吸纳能力崛起为具有广泛影响力的科创中心，例如硅谷以不到美国 1% 的土地创造了全美 12% 的专利产出，集聚了全美超过 40% 和全世界 14% 的风险投资，成为全世界创新的策源地。当前全球科技创新正进入空前密集活跃的时期，世界各地对于创新要素的竞争更加激烈，创新要素的集聚整合能力已经成为一个地区在新一轮科技革命和全球化浪潮中取得先机、占据主动的关键因素。

（二）长三角高质量一体化更需科创推动

长三角地区是我国经济最具活力、开放程度最高、创新能力最强的区域之一，随着长三角一体化上升为国家战略，长三角地区将进入更高层次、更高质量的发展新阶段，需要在更大范围内深化区域合作，打破行政体制壁垒，促进高端要素流动。从国际经验来看，以高速公路为连接轴建设创新走廊，是多个城市跨区域合作的一种重要模式，如硅谷 101 公路、英国 M4 高科技走廊均以廊道的形式串起各类创新资源，形成全球知名的科技创新中心。加快建设 G60 科创走廊，有利于融合长三角各城市群的创新和产业优势，加速创新要素互联互通，打造区域协同创新共同体，更好地以创新引领长三角地区一体化发展，为全国高质量发展作出更大贡献。

（三）浙江省“四大”建设加速推进

浙江省大湾区大花园大通道大都市区建设是浙江省第十四次党代会作出的重大战略部署，是对全省空间格局的总体考虑，是统筹生产、生活、生态空间的顶层设计，也是现代化浙江建设的主战场和大平台。G60 科创走廊（浙江段）正好贯穿浙江省大湾区大花园大通道大都市区建设的核心区域，在全省“四大”建设中扮演举足轻重的引领和示范角色，需充分发挥出科技创新对“四大”建设的支撑带动作用，通过建设科创走廊推动大湾区大花园大通道大都市区成为高端要素、高端产业、高端人才集聚的高地，强化其对科技、知识、人才等创新要素的配置能力。

二、G60 浙江段科创发展基础与存在问题

（一）科创发展基础

大走廊经济基础扎实。G60 科创走廊（浙江段）沿线是浙江省内乃至长三角地区经济最有活力、发展水平最高的区域之一。2020 年科创走廊范围内拥有常住人口 2978.8 万人，地区生产总值达 4403 亿美元（约合人民币 29718.27 亿元），占全省 57.41%；人均生产总值 1.47 万美元（约合人民币 9.9 万元），（见表 11-1），比全省平均水平高出 7.6%；三次产业结构为 3.4：42.2：54.4。走廊范围内 2020 年财政总收入达 5581.19 亿元、固定资产投资 16961.9 亿元，分别占全省的 54.18%、54.49%。走廊范围内拥有规上工业企业数量 22899 家，境内外上市公司 425 家，世界 500 强企业 3 家，经济基础扎实，发展态势良好。

表11-1　2020年G60科创走廊（浙江段）与国内外主要科创走廊对比

地区	距离（千米）	人口规模（万人）	GDP 总量（亿美元）	人均 GDP（万美元 / 人）
美国硅谷（核心区）	48	392	3799	9.69
美国波士顿地区	90	447	3562	7.97
日本横滨—筑波创新带	110	1700	12000	7.06
广深科创走廊	180	3366	7012	2.08
G60 科创走廊（浙江段）	约 450	2978.8	4403	1.47

大走廊新兴动能强劲。G60 科创走廊（浙江段）高新技术产业加速崛起，创新发展动能日益强劲，形成了以数字经济、生命健康、高端装备制造、新能源新材料为主导、具备一定竞争力的高新技术产业集群，拥有包括阿里巴巴、海康威视、吉利汽车在内的一批世界知名科创企业，以及蚂蚁金服、阿里云、曹操专车等估值超过 10 亿美元的科技独角兽企业 26 家，估值超过 1 亿美元的

准独角兽企业 105 家。2020 年走廊范围内集聚了 15 个省级高新技术特色小镇，高新技术企业数量达 5502 家，高新技术产业增加值 4157.84 亿元，正在加快形成长三角南翼最重要的高新技术产业集聚带（见表 11–2）。

表11-2　2020年G60科创走廊（浙江段）省级高新技术特色小镇名单

地区	小镇	类别
杭州	滨江互联网小镇	建设类
杭州	云栖小镇	建设类
杭州	杭州东部医药港小镇	建设类
杭州	滨江物联网小镇	建设类
湖州	德清地理信息小镇	建设类
嘉兴	秀洲光伏小镇	建设类
杭州	萧山信息港小镇	培育类
杭州	梦想小镇	培育类
杭州	临安云制造小镇	培育类
湖州	长兴新能源小镇	培育类
嘉兴	海宁阳光科技小镇	培育类
嘉兴	嘉善归谷智造小镇	培育类
绍兴	诸暨环保小镇	培育类
绍兴	新昌万丰航空小镇	培育类
金华	金华新能源汽车小镇	培育类

大走廊创新要素集聚。G60 科创走廊（浙江段）是全省科技、人才和各类创新资源的密集区，在高等院校方面，走廊范围内拥有浙江大学、西湖大学等 79 家高等院校，其中浙江大学是“世界一流大学”建设高校，综合实力稳居世界前 200 名，学科实力强劲，部分学科已经具有国际影响力，材料科学、化学、农业科学、工程等学科 ESI（基本科学指标数据库）排名进入世界前 50 名；在科研院所方面，科创走廊拥有国家海洋局第二海洋研究所、浙江清华长三角研究院、中乌航空航天研究院等 172 家科研机构，建有 448 家院士工作站，以及之江实验室、阿里达摩院等新型创新载体；在科创平台方面，走廊范围内布局了超重力离心模拟与实验装置国家重大科技基础设施，拥有现代光学仪器、硅材料科学等 13 个国家重点实验室，浙江省绿色化学合成技术、先进纺织材料与制备技术等 10 个省部共建重点实验室，以及国家列车智能化工程

技术研究中心等 12 个国家工程技术研究中心。在科创成果方面，2020 年科创走廊范围内授权发明专利数量 17926 件，占全省 64.28%，显著高于省内其他地区。近三年来，科创走廊共获得包括国家技术发明一等奖在内的国家级科技奖项 27 项，省市级科技奖项 493 项，是省内乃至长三角最重要的创新高地之一（见表 11–3）。

表11-3　　2020年G60科创走廊（浙江段）范围内国家重点实验室

序号	名称	依托单位
1	硅材料科学国家重点实验室	浙江大学
2	化学工程联合国家重点实验室	浙江大学
3	计算机辅助设计与图形学国家重点实验室	浙江大学
4	流体传动及机电系统国家重点实验室	浙江大学
5	工业控制技术国家重点实验室	浙江大学
6	现代光学仪器国家重点实验室	浙江大学
7	植物生理学与生物化学国家重点实验室	浙江大学、中国农业大学
8	水稻生物学国家重点实验室	浙江大学、中国水稻研究所
9	卫星海洋学与海洋环境动力过程国家重点实验室	国家海洋局第二海洋研究所
10	能源清洁利用国家重点实验室	浙江大学
11	传染病诊治国家重点实验室	浙江大学医学院附属第一医院
12	风力发电技术国家重点实验室	浙江运达风电股份有限公司
13	含氟温室气体替代及控制处理国家重点实验室	浙江省化工研究院有限公司

大走廊创新环境良好。走廊范围内创新创业环境不断优化，创新创业活力加快释放。在科创服务方面，科创走廊拥有银江孵化器等 51 家国家级科技企业孵化器，78 家国家级众创空间，以及数百家省、市级孵化器和众创空间，在孵团队数量过万。拥有浙江海外高层次人才创新园等国家海外高层次人才创新创业基地。政策配套方面，颁布了《浙江省人民政府关于全面加快科技创新推动高质量发展的若干意见》等政策法规鼓励创新创业，推出了“浙江省 151 人才工程”“钱江人才计划”“钱江学者”等引才计划，从开展核心技术攻坚、加强人才队伍建设、强化区域协同创新、深化科技体制改革等方面提出一系列政策举措，加快形成全面科技创新的政策“组合拳”。

（二）联动建设问题

尽管 G60 科创走廊（浙江段）区域在全省已处于领先水平，但对标美国硅谷、波士顿等国内外主要科创廊道，仍存在着明显短板，主要有以下方面：一是科技创新投入不足，从研究与试验发展经费支出（R&D）指标来看，G60 科创走廊（浙江段）2020 年 R&D 投入强度为 2.66%，低于广深科创走廊（3.2%），走廊范围内研发投入最高的杭州，2020 年研发投入占比为 3.15%，仍显著落后于北京（5.64%）、深圳（4.13%）、上海（4.00%）等地区（见图 11–1）。二是高能级科技创新平台不够，走廊范围内仅有浙江大学一所“世界一流”建设高校，全国 39 项国家大科学装置只有 1 项，远远落后于上海、南京、合肥等长三角其他地区。三是科技企业创新能力不强，研发能力相对薄弱，缺少具有全国或国际影响力的科技企业，高新技术产业的数量和产值规模远少于广东、江苏等地区。四是区域协同创新体制机制不活，走廊范围内仍存在着明显的行政壁垒，创新要素的流动集聚不畅，相互间同质化竞争严重，协同创新作用没有充分发挥（见图 11–2）。

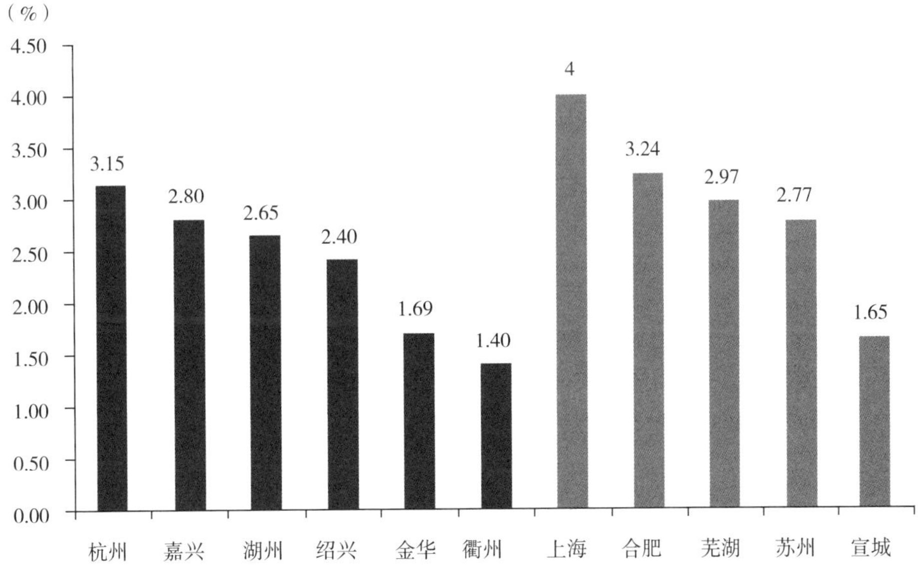

图 11-1　G60 科创走廊内各主体 R&D 占 GDP 比重指标对比（2020 年）

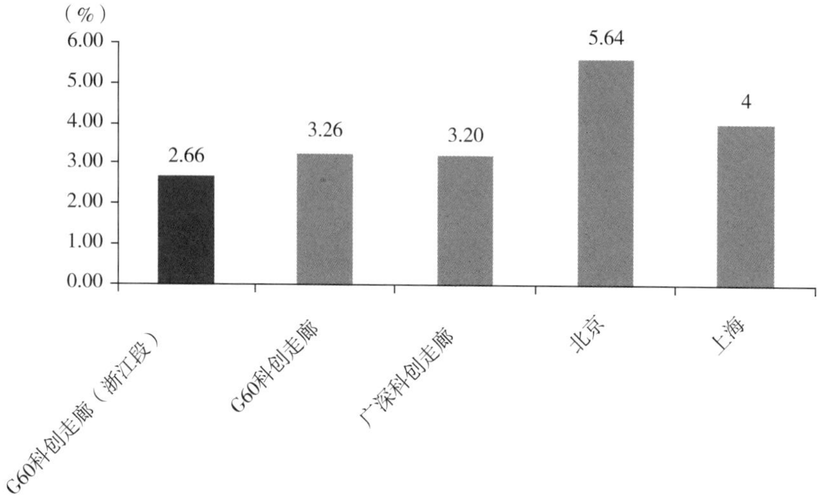

图 11-2　G60 科创走廊（浙江段）与其他地区 R&D 占 GDP 比重指标对比（2020 年）

三、G60 浙江段科创发展举措与路径

（一）有机优化空间格局

按照“协作联动、错位发展、产城融合、功能集聚”的理念，构建“一廊六平台、主副双支点”的 G60 科创走廊（浙江段）空间结构。

突出一廊有机协同，推动要素自由流动。以 G60 高速和沪苏湖高铁为纽带，串联起沿线湖州、嘉兴、杭州、绍兴、金华和衢州六市以及主要功能板块和重要平台的科创走廊，成为创新联合、产业联动、空间联结和设施联通的区域协同创新带。推动沿线城市在创新平台、要素之间开放共享和协作共赢，促进“创新链 + 产业链 + 资本链 + 人才链 + 服务链”五链融合。健全梯次联动的区域创新布局，形成要素集聚、开放共享、功能复合、生态宜居的科技创新走廊。

强化主核创新驱动，带动能级整体提升。以杭州市作为 G60 科创走廊（浙江段）的核心城市，突出其创新引擎和枢纽的地位，打造成为创新驱动核心。提升优势产业规模和能级、升级创新生态环境和配套服务水平，推动科技创新资源培育和集聚，发挥高端引领和辐射带动作用，以点带面，从线到面，逐步带动走廊科创能级整体提升，打造形成具有国际影响力的科创走廊创新驱动核心。

推动副核对接联动，促进区域合作升级。以嘉兴市为 G60 科创走廊（浙江段）副中心，与上海、杭州等中心城市对接联动，打造成为跨省市创新联动的桥头堡和体制机制改革的先行区。推进与湖州市的一体化建设，有效提升浙北科创能级，强化与上海、苏州、杭州等中心城市的多渠道对接联动，积极探索协同创新体制机制改革，促进基地、平台、人才、项目一体化发展，成为 G60 科创走廊创新资源流动转移的链接区、中心城市创新资源溢出的承接区和产业化的配套区，打造区域创新体系副核心和全面对接上海的门户。

加强六大平台集聚，打造高能创新载体。培育杭州城西科创大走廊、嘉兴 G60 科创走廊、金华金义科创廊道、绍兴科创大走廊、湖州南太湖科创走廊（南太湖新区）、衢州绿色科创走廊（衢州绿色产业集聚区）六大高能级战略平台。推动各类要素资源集聚、开放、共享，成为高新技术产业集聚、区域科技创新协同和一体化高质量发展的核心平台。

（二）有效集聚科创资源

按照“创新链 + 产业链 + 资本链 + 人才链 + 服务链”五链融合发展要求，以全球视角和超前眼光谋划布局世界顶尖研究机构，加快培育自主创新平台，集聚高端创新人才，促进跨区域机构合作，协同打造超一流科创资源集聚板块。

集聚打造国际前端的创新群落。对标全球主要科学中心和创新高地，谋划部署浙江 G60 国家科学中心，重点聚焦数字科创与生命健康领域的基础理论研究、核心关键技术创新，形成科创前端引领。建设国家重大科技基础设施——超重力离心模拟与试验装置，筹建重大工程工业控制系统信息安全大型实验装置等大科学装置及试验基础设施。共建科技园、科创飞地、技术合作平台等，打造若干科技创新技术联盟，推进科创资源深度互动、全面融通。聚焦世界前沿性、变革性、交叉性基础研究和技术研发，重点在数字经济、生命科学、新能源、新材料等专业领域建设一批科研基地，共同突破一批重大科学难题和科技瓶颈。

优化提升高能级科技创新平台。整合、优化、提升大走廊沿线重大科学设施、科研中心、研发转化等平台，加大合作共建，打造更高定位、更高质量、更高水平、更高效率的科创平台。杭州市以城西科创大走廊为基础，聚力打造浙大科创群、未来城科创群、青山湖科创群。以滨江高新区为基础，聚力打造滨江科创群。以钱塘新区为基础，聚力打造钱塘科创群。嘉兴市以嘉兴 G60 科创走廊为基础，聚力打造嘉兴科创群、临沪科创群和临杭科创群。湖州市以南太湖科创走廊和德清科创板块为基础，聚力打造湖州科创群、德清科创群。绍兴市以绍兴科创大走廊为基础，聚力打造镜湖科创群、绍兴科创群。金华市以金义科创廊道为基础，聚力打造金华科创群、义乌科创群。

引进培育世界一流的科创主体。面向未来科技、产业和社会重大需求，鼓励浙江大学聚焦生命科学、信息科学、物质科学的交叉融合，建设具有引领作用的跨学科、大协同的创新基地。支持西湖大学加快建设高水平研究型大学，努力打造具有全球影响力的生命科学等研究中心。鼓励企业主导或参与产业化重大科研攻关项目，支持创新型领军企业打造顶级科研机构，积极运筹国际化科研资源。加大国际性、科技型企业的区域性研发中心、技术研究院等机构的引进和培育力度，完善配套政策。

加快集聚高层次高技能创新人才。与海外人才机构的对接合作，面向全球开展全方位的高层次人才招引工作。对接国千、省千、海外工程师引进计划等，主动开拓海外高科技孵化器、联络站、工作站等引才平台。建立重大项目的人才发掘机制，编制行业性的紧缺人才引育计划，主动以科研项目引人才、聚人才，推动人才引进方式从个体向团队转变。打通区域间、体制间的人才充分共享和柔性流动通道，试行高端人才跨区公共服务及社会保障全项流通共享机制。

（三）协同发展高新产业

以数字经济、生命健康、高端装备制造、新能源智能网联汽车、新材料五大产业为核心，强化区域协同创新，构建开放创新体系，打造具有国际竞争力的高新技术产业集群，促进产业迈向全球价值链中高端。

强化数字科技引领。围绕数字产业化和产业数字化，重点发展大数据、互联网、物联网、人工智能和新一代集成电路，加强基础研究，完善重大科研基础设施，建设一批成果转移转化平台，创新产学研合作模式，打造以杭州为引领的全球数字科技创新高地。在人工智能、物联网、云计算、大数据、集成电路等领域实施一批重大科技专项。搭建大数据创新应用示范平台和人工智能场景实验基地，在工业互联网、城市大脑、数字农业、智慧健康、金融科技、数字政府、数字文化等领域实施一批数字技术创新应用示范试点。

优化生命健康产业创新链条。强化生物技术等基础理论与科学研究。以创新药物研发和精准医疗为标志的结构生物学、靶向药物、免疫与基因治疗等领域，加强在生物大分子结构学、脑科学、免疫与基因治疗、精准医疗等方向的基础研究。聚焦脑机接口、结构生物学、质谱分析、新突发传染病防治、细胞生长因子药物等领域，实施一批科技专项，争取与国家有关部委联合组织新药创新、传染病防治等国家科技重大专项。推动产业前沿核心技术的研发和应用。

推动高端装备产业创新集聚。强化核心技术零部件、关键基础材料、先进基础工艺等基础应用研究。聚焦核心基础零部件、关键基础材料、先进基础工艺等方面，实施一批科技专项。聚焦工业 4.0，筹建重大工程工业控制系统信息安全大型试验装置等重大科技基础设施，以龙头企业为主体，联合浙江大学、浙江工业大学、清华大学长三角研究院等重点院校、科研院所、制造业企业建设长三角制造业创新中心，解决一批“卡脖子”问题。推动核心关键技术创新应用。

提升新能源智能网联汽车产业能级。专注洁能、智动，打造“研发、制造、后市场”的完整产业链。重点发展纯电动新能源汽车整车，动力电池、驱动电机、电控系统、充（换）电装备、核心基础材料及其他关键部件研发及制造，形成从关键零部件到整车的产业创新体系，优化区域产业协作分工，打造全国新能源智能网联汽车产业创新基地。

（四）合力打造创新生态

探索区域创新资源开放共享。推进创新券“互认互通”。建设统一的信息互联和征信平台，通过“互联网＋科技服务＋科技创新券”的模式，推动各地科研机构、大型科学仪器等科技资源的跨区域共享，通过实时的信息对接和过程管理，杜绝欺诈、套用财政补贴的隐患。推动科技市场信息的对接联通。推进建立G60科技大市场，推进大走廊市县签署技术市场合作协议，动态发布技术合作供求信息，实现信息共享。

加强区域科技政策联动。对标上海全面创新改革试验区建设，建立地方政府财政科技投入联动管理机制、提高科研单位经费使用自主权，构建激发创新动力的收益分配新制度，完善科技成果转移转化促进机制，引入科技成果市场定价机制，建立科技成果转化勤勉尽职制度，建立以创新为导向的市管国有企业考核评价机制，完善国有技术类无形资产可协议转让制度，争取天使投资税制。

完善区域科技创新服务体系。围绕从技术研发到商业运用整个创新链条，进一步优化完善科技服务体系，推进科技体制改革，健全完备的科技成果孵化平台体系，构建体制完备、配套齐全的开放创新生态体系，加快区域内科技成果转化孵化。研究制定统一的科技成果分类评价标准和操作规范，建立专家库，制定科技成果评价机构管理办法等，确保科技成果评价工作规范和有序，实现区域内成果的互认。

打造区域内国际风投创投中心。借助国内外资本，全方位打造科技金融全产业链，建立多层次的投融资体系。围绕加快发展科技金融、健全中小企业信用担保体系、规范发展科技金融中介服务三个方面，以钱塘江金融港湾核心区为重点，加快集聚天使投资、创业投资或风险投资等股权投资机构，科技银行、金融租赁、供应链金融等间接融资（债券融资类）金融机构，以及科技贷款担保机构、再担保机构、科技保险机构、科技企业资产评估机构、信用评级机构、会计师事务所、科技金融信息咨询服务平台、企业信用平台等科技金融中介机构。向上争取开展 QFLP（外商股权投资企业试点）试点资格，允许境外机构投资者资格审核后，将境外资金投资到境内 PE 和 VC 市场。

加强知识产权区域合作。完善长三角地区知识产权合作机制，推进知识产权保护体系、综合执法体系等体制机制的对接，建立知识产权侵权行为查处的联动机制和知识产权联合执法机制，协同建立九城市国际专利快速审查、确权和维权机制，推进知识产权诚信体系建设，争取设立杭州知识产权法院。积极参与国际化知识产权交易中心建设，加大对高质量专利和涉外专利的支持力度，促进涉外高价值知识产权转移转化。

*执笔人：张旭亮　徐燕峰

---

* 张旭亮，甘肃张掖人，浙江大学区域协调发展研究中心所长、研究员、博导，民盟浙江省委会经济专委会主任，玉泉智库理事。

徐燕峰，浙江舟山人，浙江省政协常委、副秘书长，民盟浙江省委会专职副主委。

第三节　江苏省关于发展长三角科技创新走廊的调研报告

民盟江苏省委

摘　要：长三角是我国经济社会与科技创新发展最具活力和实力的区域之一，以其2.2%土地面积和11%左右的人口，创造了中国20%左右的国内生产总值。面对世界经济深度调整、国内经济向高质量发展迈进的新形势新要求，习近平总书记提出支持长江三角洲区域一体化发展并上升为国家战略[①]。科技是强盛之基，创新是进步之魂。长三角一体化发展，离不开科技创新一体化的强力支撑。长三角地区需紧扣“一体化”和“高质量”，凝聚共识，统筹科创资源，加快要素集聚，提升创新能力，优化产业结构，打造高能级区域发展共同体。

推进长三角一体化高质量发展是党中央部署的国家重大发展战略，长三角科技创新协同发展是一体化发展的重要内容和方面，通过科技和区域两个维度的双管齐下，促进创新资源要素逐步突破市域、省域界限自由流动，优化配置，提升廊区整体科技创新能力，打造世界级水平的区域创新共同体。2020年科技部先后出台了《关于推进国家技术创新中心建设的总体方案》《长三角科技创新共同体建设发展规划》，要求布局建设综合性国家技术创新中心，聚焦长三角地区科技创新，打造重大科技基础设施集群，为长三角地区协同发展提供强有力支撑。

① 新华网. 首届中国国际进口博览会开幕式主旨演讲. 2019.1.19[2021.7.28]. http://www.xinhuanet.com/politics/leaders/2019-01/19/c_1124012504.htm。

一、长三角科技创新协同发展现状

1. 多地探索区域合作模式，协同创新体系初步形成

长三角区域多地探索协同创新发展模式，其中以沪嘉杭 G60 科技创新走廊最为典型。该走廊是一条以松江为起点沿着 G60 高速公路串起嘉兴、杭州、苏州、湖州、金华、宣城、芜湖和合肥的近 200 公里长的科技创新走廊，2019 年被纳入《长江三角洲区域一体化发展规划纲要》，上升为长三角一体化发展国家战略的重要组成部分。在九城市的通力协作、鼎力支持下，G60 科创共同体聚焦规划对接、战略协同、专题合作、市场统一、机制完善，不仅区域产学研合作得到深化强化，园区共建推动科技创新载体建设也成效卓著，同时科技创新服务体系化和网络化建设得到有序推进，政府间的合作与协调机制增强。

除了 G60 科创共同体外，多地探索行政区边界邻近区域共建创新发展区：南通以“接轨大上海、建设北大门”为主旨，全面对接上海，研究制定并印发《南通对接服务上海科技创新资源行动方案》，并已付诸具体行动；上海嘉定、江苏苏州昆山、太仓相邻的 3 个行政区，共同推进“嘉昆太创新区”建设发展，在嘉定汽车产业、昆山集成电路产业、太仓德资企业园实现良性互动；浙江省将嘉兴确定为对接上海的重要示范区，浙江嘉兴与上海张江、金山共同签署《深化合作加快推进张江长三角科技城建设框架协议》，并支持张江平湖科技园、浙江临沪产业合作园区等平台的建设与发展。这些毗邻地区的融合发展，正在形成新的增长极。

2. 多项举措先试先行，协同创新机制逐步完善

长三角区域采取多项举措，搭建协同创新平台，完善协同创新体制机制。共建长三角科技资源共享服务平台，引导长三角地区各类优质科技资源加盟，构建跨区域的科技资源共享服务体系，截至 2020 年 9 月底，长三角三省一市 30 万元以上的大型科学仪器设施共有 35546 台（套），5000 万元以上的大科学装置和设施 19 个，总价值超过 431 亿元。共建长三角一体化技术市场，三

省一市联合签署了《长三角地区关于共同推进技术转移体系建设合作协议》，初步建立了长三角技术市场四方联席会议机制，共同促进长三角区域内技术转移。2020 年 10 月，科技部牵头、三省一市科技部门组建了长三角国家技术创新中心，跨区域布局科技创新项目。2019 年 12 月，上海、南京、无锡、杭州、宁波、合肥六市签署协议，作为首批长三角食品安全信息追溯试点城市，共同推进追溯试点，整合各区域、各环节、各行业、各监管部门的食品安全信息追溯数据，构建区域内统一的食品安全信息库；2020 年 10 月，上海浦东、江苏省南京市、浙江省宁波市、江苏省苏州市、江苏省无锡市、安徽省黄山市 5 个市市场监管局，聚焦长三角区域高技术产业特色和检验检测认证行业特点，共同开展“长三角高技术服务业质量提升示范试点”建设，为长三角一体化高质量发展再添飞翼。区域科技创新发展资源网络初步搭建形成，科技创新资源呈现出以上海为中心、以合肥—南京—无锡 / 苏州—上海—杭州—宁波为轴线的集聚特征。

二、长三角科技创新协同发展存在的瓶颈

长三角科技创新协同发展进程中还存在一些深层次问题，科技创新一体化在长三角一体化建设中分量不足，与交通、医疗一体化相比推进成效不够明显；受限于行政壁垒和既有利益格局，科技创新客观上还存在条块分割、资源分散、重复建设等问题。

1. 科创共同体未受到充分重视，具体工作推进落实缓慢

为了推进长三角一体化建设，三省一市在省级层面开展多次对话交流，制订了三年行动计划等，但在市级层面、各个部门之间，并没有采取相应的措施进行落实，协同创新意识淡薄，各自为政的比较多。各地依托交通、行政区划等设立了各种科创共同体、科创带、科创平台，制定了发展规划、签署了合作协议，但是后续实质性进展相对缓慢，深度的合作与交流有待加强；G60 科创

共同体牵头地区层次影响力不够、走廊覆盖城市偏少、引领和辐射作用不强；三省一市个别部门间合作在探索中有所加强，但是科技创新的核心部门之间合作仍然滞后。

2. 科创资源布局有待新突破，要素流动共享没有完全实现

创新资源尤其是重大科技创新基础设施布局不均匀不协调现象依然存在，高校、高端人才主要集聚在上海、南京等中心城市，其余城市优质资源相对较少，城市吸引力相对较弱。上海作为长三角城市群的核心城市，科教资源丰富，金融、咨询、信息、会展等为高科技服务的现代服务业发达，但对周边城市的辐射带动作用还没有充分发挥。三省一市的人才、技术、成果、资本等要素流动渠道不够通畅，行政层面的割裂依然存在，相关数据库没有实现完全开放共享。已有的资源共享平台作用发挥有限，产业信息沟通机制不够完善，难以实现产研技术对接的畅通性。

3. 中小企业创新困难重重，总体创新能力有待进一步提升

受绩效考核的影响，科技扶持资金多采取事后奖补的形式，侧重后期奖励，对象更多是大企业，导致急需资金的中小企业、初创型企业难以及时、有效地获得相应扶持，中小企业创新困难重重。服务于中小企业的长三角大型科学仪器协作共用网，发放配套的科技券，虽然大部分城市都已实施科技创新券，但通用通兑一直没有实现。高校、院所与企业之间科创合作有限，许多科研成果与企业需要难以对接，难以实现成果转化。跨区域企业和产业协同创新比较分散，创新合力没有形成，长三角企业整体创新能力不强，缺乏具有全球影响力及行业领先的科技创新企业。

4. 科创对产业驱动力不足，同质化竞争现象依然存在

各地对先进技术的需求基本相同，科技创新及技术引进上存在不合理竞争。不同城市发展相同的工业行业，导致了资源特别是土地资源的无效率或低效率利用，许多产业在多地小规模同时发展，没有形成规模经济。各城市开发

区总量较多，但是经济总量、集约化水平存在较大差距，总体产业层次不高、产业集聚度不够、企业关联度较低。不少科技载体缺乏有效的盈利模式，入驻项目科技含量低，载体存在服务同质化现象，服务能力水平有待提高。

5. 科创体制机制不够协同，统一有序的大市场还未形成

对地方政府的GDP考核机制，以财税权、投融资权和科技企业管辖权为核心的行政性分权，直接导致区域经济运行具有相当浓的行政色彩。各地发展理念、定位不同，经济总量不一，对人才、企业、科创的扶持政策不同，人才落户、居住、就医、子女入学等标准不统一，缺乏互认互通机制。政务平台未实现互联互通，准入标准互认、业务系统互联、数据资源共享等存在诸多限制。

三、聚焦科技协同创新，打造高能级区域发展共同体

科技是强盛之基，创新是进步之魂。发展长三角科技创新共同体既是长三角一体化的动力支撑，也必将成为实现长三角一体化的重要先行手段和最佳路径。长三角科技协同创新，离不开政府的扶持，更多依靠市场的力量，积极调动企业、高校、金融机构等创新主体的积极性，大力推动创新资源集聚、流动和协同创新，打造高能级区域创新共同体。

（一）增强共建共赢意识，统筹科创共同体资源布局

1. 高站位凝聚共识统筹规划

进一步提升长三角科创共同体的战略发展地位，将其作为创新驱动发展战略的重要内容，在对廊区的创新资源进行全局性、战略性布局的同时，加强对长三角地区的发展指导、政策倾斜。三省一市要打消思想顾虑，强化共建共赢意识，将长三角科创共同体建设作为各区域发展的首位战略，按照利益共享、风险共担的原则，以更加开放的姿态、更加包容的理念全方位开展创新合作。

借助第三方专业机构对三省一市的产业结构进行全面深入摸底调研，分析三省一市资源布局，就科创共同体的空间布局、功能定位、发展路径、体制机制创新、交通配套建设等进行分析研究。统筹产业链布局，编制长三角产业地图，标识产业特色、发展基础和发展方向，整体设计长三角产业方向、产业布局、产业结构；编制长三角科技资源地图，促进科技创新资源相互融合、互为资源、互为市场、互为服务。探索科创共同体科技创新立法，聚焦科技创新的重点领域和关键环节，持续强化创新政策供给，不断加大在经费使用管理、项目绩效评价、成果转移转化、科研权益分配等领域的改革突破，筑牢科技创新法治保障。

2. 全方位完善组织架构

健全科创共同体的组织架构，建立由科技部牵头、三省一市参与组成长三角科创共同体联席会议制度，制订行动计划，对政策协同、平台共享、产业分工等作出明确规定。充分发挥长三角一体化协调工作办公室作用，加强省级层面协调机制，综合运用省市各项政策，促进建立各平台资源共享联动，尤其是加强对现有的 G60 科创共同体建设的大力支持，推动 G60 层级提升、对象扩容。市级层面作为科创共同体建设的主体和具体落实层面，成立专门的推进领导小组，制定具体行动方案，协调区域内部门间、区域之间联合行动，切实激活廊区各类创新主体的创新创业活力。

3. 宽口径布局创新资源

中央有侧重地将重大项目在长三角布局，引导相关资源集聚，既要相对集中，又要重视战略布局。长三角地区要明确上海的核心地位，利用其综合性总部经济优势，发挥区域创新的辐射与示范作用，尤其是国际经济、金融、贸易、航运中心的作用。浙江市场活跃，杭州在大数据、云计算方面具有优势；江苏制造业基础扎实，南京、苏州、无锡在物联网、生命科学、军民融合上具有优势；安徽劳动力要素成本相对较低，合肥在量子通信和超导材料等基础科学具有一定优势。三省依托区域特色产业群建设各具特色的科技创新中心和先进制造业基地，力求错位发展、优势互补，实现长三角地区同频共跑。

（二）打造高能级平台，加速科创共同体要素集聚

1. 科创重大专项联合共建

长三角区域集聚了众多国家自主创新示范区，国家级重要研发平台、实验室、检验检测机构，拥有"双一流"A 类高校 8 所、其他高校 422 所，中科院研究机构 19 个。要充分发挥这些平台作用，面向区域产业发展需求，以产业共性技术研究开发与示范应用为重点，共建产业共性技术研发载体，加强关键技术卡脖子领域联合攻关，突破阻碍长三角产业发展的共性技术瓶颈制约，为优化长三角产业结构和提升产业竞争力提供技术支撑。协同开展重大专项联合攻关，尤其关注基础科学研究，在物联网、人工智能、大数据、半导体、生命科学等领域，努力实现前瞻性基础研究、引领性原创成果重大突破。携手打造数字长三角，对标国际最高标准和最好水平，加快推进 5G 等新一代信息基础设施建设，建成比肩全球主要城市群的新一代信息基础设施，合理建设长三角工业互联网。

2. 科创数据平台联合共享

打破行政壁垒，逐步推进三省一市科技资源数据统合，共建统一的经济社会大数据共享平台，统一数据发布和分析。数据涉及科研、税收、社保、金融、融资等多个领域，助力征管项目、科技企业信誉、发票管理、涉税风险、关联交易等电子数据系统集成和开放共享。建立科创型企业信息数据库，完善企业资料，筛选培育"独角兽""行业龙头""隐形冠军"等科创企业，因地制宜提供企业发展薄弱环节的服务与资金支持。

3. 科创产业联盟联合互动

借鉴 G60 科创共同体经验，以产业联盟的形式串联长三角各区域相近、

相似产业，形成集聚效应，提升整体产业水平。逐步统一行业标准，整合龙头企业、优质企业的创新要素、生产要素，打造重点自主品牌，形成重点产业、品牌企业的集聚融合。注重发挥各城市的产业优势，统筹产业链的融合与配套，协同推进跨区域合作，减少重复布局和无序竞争，实现错位竞争协同发展，打造产业发展的联合舰队。

（三）聚焦创新主体，提升长三角总体创新能力

1. 降低创新主体科创成本

引导企业参与更多国家和省科技计划项目，探索定向委托、技术悬赏、揭榜挂帅等政府支持与市场竞争相结合方式，支持企业、高校、研究机构开展技术创新。推进“长三角区域大型科学仪器协作共用网”全覆盖，打通三省一市的大仪网平台，鼓励更多高校和科研机构对外开放大型仪器设备，提高仪器设备使用效率；做好平台宣传工作，提高平台的影响力，确保需求方能够获取资源共享信息。加强省际、城际科技、财政等部门沟通协调，对接各区域大型科学仪器设施共享服务平台（大仪网）相关制度、实施方案、资金政策等，破除体制机制障碍，实现通兑通用。改革财政资金扶持方式，对企业的资金支持由竞争性逐步向普惠性转变，通过科技创新券的形式，将财政资金更多向中小企业倾斜。积极探索科技创新券的使用和兑现，简化兑现程序和条件，缩短兑现周期，切实降低企业研发成本、提高科创要素配置效率。

2. 完善服务创新主体平台

围绕重大科研基础设施，建立各种科技创新服务平台，包括研发服务平台、资源共享平台及成果转化平台。完善平台的服务功能、标准制定、制度法规，打造一体化、高效共享的区域科技公共服务平台网络体系。定期开展“卡脖子”技术梳理，建立关键核心技术动态清单，发布产业技术需求库并及时调整任务布局。积极探索推进长三角统一的首(台)套重大装备认定。构建长三角科技中介联盟，积极建设区域一体化科技中介服务机构，切实提高科技中介

服务质量，为长三角科技合作与协同创新提供融资、产权交易、评估和保险等多层次、宽领域、全方位的服务。联合制定和实施区域知识产权保护和开发战略，共建知识产权保护协作网络，扩大知识产权保护联盟城市范围，加强跨地区行政执法，降低企业维权成本。

3. 构建全链条金融服务体系

加大金融对科技创新创业的支持力度，营造科技、金融、产业一体化的生态环境，构建覆盖科技创新全链条的金融支撑体系，为企业从“研发孵化—中试加速—产业化—上市”全过程提供高效的金融服务。建立健全以风险补偿为特色、以“首投、首贷、首保”为重点的投融资体系，鼓励创业投资机构加大对种子期、初创期科技型企业的投资力度，形成协同融合的科技金融生态。紧扣实体产业，结合企业核心技术，推广知识产权证券化试点、股权众筹融资试点等，促进科技成果与科技金融资源有效对接。发挥信用长三角平台作用，鼓励更多信用贷款，引导金融机构给予高科技企业、高科技项目更多的中长期贷款，以支持产业大规模的融资需求。发挥风险投资的市场导向作用，建立长三角创新风险投资银行，设立长三角一体化基金，按照“股权分摊、责任平摊、市场运营、优化配置”的原则，由各省入股设置并委派专业人士管理。建立风险容忍和尽职免责机制，确立不以营利为目的的管理理念，对基金的考核上允许有一定额度的亏损。

（四）服务产业转型，优化科创共同体产业结构

1. 推进产学研合作深度一体化

打造企业、学校、研究院所协同发展的创新生态体系，引导产学研等社会各类创新资源形成合力。充分依托中国科学技术大学、复旦大学、浙江大学、南京大学、阿里巴巴等名校、名企的基础上，建立协同创新中心，服务产业结构升级，解决产业升级过程中核心关键技术问题，拉升产研合作纵深程度。建立高校与企业科研对接数据库，引导高校为企业提供全产业链、全周期的嵌入

式服务。加强“所地合作”，深化科技人才流动、绩效管理等方面改革创新，充分释放政策和制度红利，最大限度地激发科研人员的积极性、创造性，加快科技成果转化落地。

2. 整合园区建设科创双向飞地

统筹长三角科创区域园区发展规划，突出各个园区的产业特色和发展需求，对园区进行整合重组。以省级以上开发区为主体，整合区位相临、产业相近的园区，对小而散的各类园区加以清理、整合、撤销。被整合的园区的地区生产总值、财政收入等经济统计数据，按属地原则进行分配。建立园区发展联盟，利用互联网建立虚拟园区，加大推广宣传力度，发挥长三角园区整体优势和联合作战能力。创新合作共赢模式，充分发挥上海科创资源，利用上海高端人才和科研机构集聚的优势，鼓励上海到各区域设立“产业飞地”的同时，鼓励各地在上海建立创新中心，本地高科技企业入驻设立研发中心，建设“科创飞地”，形成“前台在上海、后台在各地”的协同创新模式。

3. 构建科创全方位人才支撑队伍

发挥长三角人才一体化发展城市联盟作用，推进人才领域更高水平协作开放，营造良好创新创业氛围，促进人才资源特别是高层次人才资源在区域间有效流动和优化配置。进一步整合区域高等教育、海内外科创人才、科创资源，充分发挥长三角研究型大学联盟、长三角高校技术转移联盟的作用，打造具有国际影响力和竞争力的区域高等教育品牌。重视高端智库建设，建立由院士专家、享受国务院特殊津贴专家、领军拔尖等高层次专家型人才组成的科创共同体专家咨询委员会，加强院士工作站、专家咨询委员会、人大代表和政协委员、科研院所专业人才等各类智库建设，充分发挥院士、专家在高端项目研发、重大技术攻关、政府决策参谋等方面的积极作用。探索构建虚拟人口，依托现代通信技术，建设一支为长三角贡献力量的人才队伍。

（五）协同体制机制，完善科创共同体政策环境

1. 中央加大政策扶持力度

对于长三角建设给予政策扶持与税收优惠，在高校建设、项目审批等领域开通快速通道，财税方面参照中关村国家自主创新示范区税收试点政策、前海深港现代服务业合作区单行税收优惠政策等给予更多优惠和减免。鼓励长三角地区探索重大项目跨省市协作共建、科技产业跨省市迁移，由国家层面建立廊区产业共建项目的专项转移支付政策，对于一定规模企业的跨省市迁移在一定期限内给予迁出地财力分享政策。基于考核导向，设计有利于长三角区域协同发展的利益分配机制，实现科技资源、资金、人才等多种要素在区域内的自然流动。

2. 廊区力促政策一体化建设

推广 G60 科创共同体经验，长三角科技走廊区域城市联合签订战略合作协议，建立常态化要素对接机制、市场统一机制、政策协同机制。对标世界知名创新走廊的政策环境，加强长三角区域政策规划以及标准的同步性，选择重点政策实现突破，逐步修正和废除各地与一体化发展有冲突的地区性政策和法规，加快经济政策一体化建设。建立科技人才互通共享机制，打破行政区域限制，消除跨区域人才的医疗、社保、养老等流动障碍，注重沿线学校、医院等基础配套设施的规划建设，解决好人才购房、子女入学和就医问题。

* 执笔人：任　君

---

* 任君，民盟无锡市委调研处处长。

第四节　安徽省关于发展长三角科技创新走廊的调研报告

民盟安徽省委

摘　要：随着长三角高质量一体化上升为国家战略，G60 科创走廊预计将成为长三角高质量一体化的核心部件。G60 科创走廊将安徽省宣城、芜湖、合肥三城市纳入其中。三地主动对接、全面融入，积极参与 G60 科创走廊建设，取得了初步成效，但也存在一些困难和问题：一是统筹工作机制不健全，政策资金保障不到位；二是地区间创新资源差异较大，发展不平衡现象突出；三是科技成果转化不够，产业发展水平较低。针对这些问题，民盟安徽省委深入三市调研，并征求盟内专家学者意见，从完善顶层设计、开展精准对接、破解人才难题、做好产业布局、完善基础设施、强化公共服务等几个方面提出了具体的建议。

2016 年初，上海市松江区发起并率先启动 G60 上海松江科创走廊建设，受到了国务院供给侧结构性改革专项督查组的充分肯定，随后拉开了长三角科创走廊的升级序幕。随后两年 G60 科创走廊两升级，经历了从 1.0 版到 2.0 版再到如今 3.0 版的“三级跳”，从松江区内的发展战略升级成推动长三角一体化发展的前沿阵地，从城市战略上升为长三角区域战略，囊括了长三角松江、嘉兴、杭州、金华、苏州、湖州、宣城、芜湖、合肥九城市。截至 2020 年底，长三角科创走廊已形成总区域面积约 7.62 万平方公里，常住人口约 4900 万人，GDP 总量超过 6 万亿元的“一廊一核多城”的总体布局，成为长三角更高质量一体化发展的重要引擎。

近年来，安徽省与上海、浙江、江苏科技部门聚焦国家战略和长三角经济社会发展，以构建长三角区域科技创新共同体为主线，以合力打造重大创新载体为重点，以技术转移体系建设为突破口，创新资源开放共享机制，持续深入推进联合技术攻关，推动长三角科技创新协同发展，一体化程度不断加深，要素流通逐渐加强，取得了初步成效。长三角科创走廊安徽段参与城市合肥、芜湖、宣城三地均采取主动对接、全面融入的方针，实施一系列政策，积极参与 G60 科创走廊建设。现就 G60 科创走廊安徽段建设情况报告如下：

一、推进长三角科技创新走廊宣芜合段建设现状及取得的成绩

（一）全面参与G60科创走廊的管理规划

安徽省通过参与建立区域创新体系联席会议制度，与上海、浙江、江苏共同谋划长三角区域协同创新规划，围绕合力建设重大科技基础设施集群、协同构建长三角创新创业生态建设实践区、共建长三角技术转移体系、聚焦共同关注领域开展攻关、推动科技创新资源开放共享等方面，制定了《长三角区域协同创新网络建设三年行动计划（2018 ～ 2020 年）》，签订了《长三角地区加快构建区域创新共同体战略合作协议》。合肥市明确以沪苏湖、商合杭高铁建设为契机，全力打造高铁 2 小时交通圈的 G60 科创走廊 3.0 版，市委、市政府主要负责人出席 G60 科创走廊第一次联席会议、G60 科创走廊九城市扩大开放政策发布会，并签署了 G60 科创走廊框架合作协议，发布了松江宣言，确立了把 G60 科创走廊打造成为长三角更高质量一体化发展的重要引擎的发展目标。芜湖市在全市范围内选调熟悉产业、经济、科技的年轻同志派驻松江区办公室，市发改委主任张东任常务副主任，通过 G60 科创走廊联席会议办公室的实体化运转，九城市共派干部、共商合作、共守制度、共谋成效的工作机制

已经确立。宣城则率先提出“争当长三角一体化高质量发展安徽排头兵”，积极对接长三角产业发展新动向。

（二）加强区域间创新交流与合作

其一，合力建设重大科技创新平台和载体，探索开展科研联合攻关项目。加强合肥、张江等综合性国家科学中心建设，建立上海闵行、浙江、苏南、宁波等国家成果转移转化示范区协同联动机制，支持安徽芜湖申办国家科技成果转移转化示范区。围绕节能环保、公共安全、民生保障、新能源汽车、电子信息、先进制造等领域，相关企业联合长三角地区高校院所组织了一批重大科技成果转化项目，带动社会资金投入，解决区域内关键性技术难题。重点支持四地检验检疫部门“生物医药产业跨区域安全防控体系示范应用”、四地食药监科研部门“区域食品安全快速与高通量检测技术”等 9 项联合攻关任务，联合申报科技部“长三角 PM2.5 和臭氧协同防控策略与技术集成示范”项目并获得正式立项。合肥市先后支持中科大设立上海研究院量子中心，建设应用示范量子通信“京沪干线”；支持中科院合肥物质院依托稳态强磁场实验装置，与上海交通大学、南京大学、浙江大学等长三角高校、科研院所在超导材料、医药化学等方面开展前沿科学研究合作；支持中科院合肥物质研究院在常州市设立“先进制造技术研究所”，开展机器人与智能装备研发；支持上海丰树集团与巢湖市共建丰树巢湖市现代综合产业园，支持国轩高科在上海建设全球总部基地暨上海电气国轩研发基地。宣城市则重点支持安徽中鼎密封件股份有限公司“低渗透低压变橡胶密封材料改性技术”和安徽皖南电机股份有限公司“低速大转矩智能节能永磁驱动电机关键核心技术”攻关。2020 年底，科技部公布《长三角科技创新共同体建设发展规划》，从协同提升自主创新能力、构建开放融合的创新生态环境、聚力打造高质量发展先行区、共同推进开放创新、联合开展重大科技攻关等方面提出具体措施意见。

其二，加强区域技术转移机构合作，组织开展重大品牌交流活动。探索技术市场一体化路径，2018 年 4 月，上海国际技术交易市场、江苏省技术产权交易市场、浙江科技大市场、安徽科技研究开发中心签署《长三角技术市场资

源共享 互融互通合作协议》，力争在科技成果信息汇交、技术转移机构互认、技术交易信息共享等方面取得突破；同年12月，以四个技术市场为核心，11家长三角地区技术市场运营机构共同发起成立了长三角区域技术市场联盟并发布《长三角区域技术市场联盟倡议书》，加速打造全球技术交易中心。推进跨区域成果转化，如上海均瑶（集团）、淮北产业投资基金公司、交大知识产权公司、安徽相邦复合材料公司对上海交通大学王浩伟教授“陶铝新材料”技术，共同以货币、知识产权投资4亿元人民币，在安徽省淮北成立公司，全面推动陶铝新材料产业化。参与打造区域性国际创新合作品牌，推进技术成果在长三角地区的转移转化和示范应用。三省一市科技主管部门共同组织2018首届长三角国际创新挑战赛，征集长三角企业需求1013项，联动全球资源解决企业创新难题，以赛事为纽带增强合作。2019年6月，首届长三角G60科创走廊科技成果拍卖会在上海松江举行，对持续有序推进长三角G60科创走廊建设、进一步推动科创走廊九城市产学研高效对接、科技成果的有效转移转化起到促进作用。合肥、芜湖、宣城积极组织企业、科研机构参与此次拍卖活动，其中来自合肥的“水性聚氨酯智能化研究联合开发”“高速机器视觉成像技术”均获得确认成交。安徽工业大学宣城技术研究院和安徽益佳通电池有限公司两家单位到现场参加拍卖，会上成交2项科技成果，成交金额380万元。

其三，建设长三角科技资源共享服务平台。当前，长三角科技资源共享服务平台已建立，整合大型科学仪器设施35546台（套），大科学装置22个，服务机构2428家，科研基地2671个。推进长三角科普资源协同共享，沪苏浙皖八家科普场馆发起成立“长三角科普场馆联盟”，主办“走进蔚蓝，探索深海——海洋知识科普展”及系列配套科普教育活动，为长三角广大群众献上科普盛宴。合肥市推进科技成果共享，开展长三角技术转移体系建设，打造最具活力的科技成果转移转化示范区；推进仪器设备共享，与长三角科技资源共享服务平台对接合作；推进专家资源共享，开展科技项目异地评审；推进金融资源共享，积极组织高新技术企业申报上海科创板，引进上海信隆行信息科技股份有限公司来肥设立分公司，搭建合肥科技中小企业金融服务平台，并与杭州银行合肥支行开展合作，组织开展科技创新贷、科技小额贷等科技金融产品；推进科技中介服务资源共享，促进科技成果因地制宜地转化。

其四，开展园区共建，打造跨区域产业技术创新联盟。为实现全面对接上海自贸区政策功能和模式创新，实现综合保税区转型，合肥市肥东县与上海市共建合肥上海产业园；浙大（合肥）科创中心落户合肥新站高新区智慧产业园；庐阳区依托晟唐科技孵化器开启“飞地”模式，承接上海张江高科医药产业园项目转移转化。目前，合肥市正在积极谋划和推进与上海复旦大学在合肥建设复旦大学科技创业园。合肥市鼓励区域内行业龙头企业联合高校、院所建立产业技术创新战略联盟。合肥集成电路产业技术创新战略联盟参与建设集成电路产业跨区域平台“长三角 ICC 联盟”。合肥市众创空间创新战略联盟积极与上海众创空间联盟、杭州市众创空间联盟开展合作交流，推动上海苏河汇众创空间落户合肥。生物育种产业技术创新战略联盟在合肥组建国家水稻商业化分子育种技术创新联盟，荃银高科、中科院合肥物质研究院、省农科院水稻所与中国科学院上海植物生理生态研究所等单位参与组建。芜湖市积极打造 G60 科创走廊机器人产业联盟品牌，推进机器人产业集群一体化布局。联盟成立以来积极开展机器人产业相关筹划及协同工作，深入推进产需对接会和产品展示会，比如 2019 年芜湖科博会机器人展有近百家参展企业，超 400 件展品参展。芜湖市承办第十五届机械工程全国博士生学术论坛、组织行业论坛，通过论文报告、学术交流等方式，搭建全方位交流平台，从产业政策、市场等多个维度，共谋机器人产业发展之路。宣城市积极推荐风形耐磨等 6 家企业加入 G60 科创走廊新材料产业联盟，并组织风形耐磨等 10 家企业参加于 2019 年 4 月在浙江省金华市横店镇召开的 G60 新材料产业联盟第一次成员大会。2019 年 4 月 19 日，由宣城市发起并成立了 G60 科创走廊新能源产业联盟，市开发区的安徽益佳通电池有限公司作为发起单位担任理事长单位。产业联盟已成为区域内新能源产业合作交流重要平台。

（三）政府管理服务不断改善，全方位优化营商环境

G60 科创走廊成立之初便坚持科技创新与技术创新“双创驱动”，已成立

全国首个实体化运作的地市级城市一体化发展的协调机制，联合选派工作人员进驻办公，建立起常态化的要素对接机制、市场统一机制、政策协同机制等。在这样的背景下，九城市纷纷出台政策，通过“简政放权”“互联网 +”等手段，促使政府管理服务不断改善，全方位优化营商环境。在总结浙苏两省所推行的“最多跑一次”“不见面审批”等改革经验的基础上，九城市通过资源共享、数据互通、服务协同，率先实现营业执照和工业产品生产许可证办理“单点登录、一网通办”。通过建设网上统一入口、推进服务事项标准化、建立综合服务通窗、打造企业服务云、深化信息互联共享、规范中介服务、完善协同监督等七个方面的改革举措，形成“零距离”的行政审批模式，打破行政壁垒，促使要素资源以市场配置的手段自由流动。目前，安徽省正积极推进事中事后监督平台建设应用，落实登记信息“双告知”、涉企信息“双公示”“双随机、一公开”监管以及信用联合惩戒机制。合肥市已实现九城市“一网通办”基层行政服务窗口全覆盖，芜湖、宣城两市“一网通办”业务已完成第一阶段建设工作。三地现已着手试点科技创新券互认互通，对提高 G60 科创走廊九城市创新资源和科技资金利用率、促进科技型中小微企业创新发展起到积极作用。

二、推进长三角科技创新走廊建设存在的困难和问题

安徽省及合肥、芜湖、宣城在积极参与 G60 科创走廊以及区域协同创新方面虽取得了一定成效，但是对标服务长三角一体化的国家战略要求、国内外市场主体的需求、G60 科创走廊九城市的诉求，尚有一定的差距，存在不少问题和短板，在政策支持、制度保障、推进协调等方面还有不少亟待破解的瓶颈问题。

（一）统筹工作机制不健全，政策资金保障不到位

目前，虽然 G60 科创走廊成立了九城市一体化发展的协调机制，但这种

机制不具有强制性，宣芜合段仍是各自为政，缺乏“政策贯通、分工合作、利益兼顾”的统筹区域创新协同发展的工作机制，难以突破行政壁垒的限制和既有的利益格局，无法在 G60 科创走廊建设中形成合力、争取利益最大化。宣芜合段市级政务服务平台尚未实现互联互通，准入标准互认、业务系统互联、数据资源共享等方面存在诸多限制，从源头上制约了 G60 科创走廊政务服务一体化的步伐。宣芜合三地经济基础不平衡，差距明显，区域间创新平台协同发展还未建立相应的经费保障制度。在打造实体化科技合作平台过程中，仅靠三地自身的财政投入难以实现。尤其是目前缺乏相应的财税支持政策体系，难以形成财税跨区域转移支付和统筹平衡，一定程度上制约了一体化发展进程。

（二）地区间创新资源差异较大，发展不平衡现象突出

长三角科创走廊的各区域存在较大的经济基础和创新环境的差异，导致各地创新能力和创新资源差异也较大。宣芜合段在经济实力、科研投入、科研设施和科研产出上差距较大。2019 年统计数据表明，合肥、芜湖、宣城研发经费占 GDP 的比重分别为 3.10%、3.08%、1.89%，分别为 298.3 亿元、115.6 亿元、29.6 亿元。在国家级重点实验室个数、科技产业从业人数、省级以上科技企业孵化器等方面，合肥都远远超过芜湖和宣城。同时，三城市间缺乏区域联动，科技资源共享服务平台建设还远远没有完成，科技大市场、科技专家库等创新资源还未建立。较大的创新资源差异不利于区域内各创新主体协同发展，尤其是在市场机制中往往会导致马太效应，使各要素资源更多地往发达城市集聚。另外，在高层次人才引进方面各地竞争也较为激烈。在一些重点产业缺乏领军人才、核心人才。

（三）科技成果转化不够，产业发展水平较低

科技成果转化对接通道还不够畅通，缺乏业务成熟、服务专业的科技中介服务机构。高校和科研院所的科技成果，大多存在熟化度、工程化水平不高等问题，特别是针对企业创新“痛点”，主动搜集企业技术需求、订单化开

展研发活动还有待加强。而目前科技成果育成和前期孵化环节还较薄弱，企业、开发园区等考虑转化风险和转化周期等，不敢冒险吸纳成果进行转化。在产业发展方面存在新兴产业产值较低、产值增速放缓、产业结构有待进一步优化等问题。如合肥市2020年战略新兴产业产值同比增长16.4%，低于全省平均水平1.6个百分点。高端装备制造产业、新能源产业、新材料产业、新能源汽车、节能环保五个产业处于第二阵营，虽然具有一定的产业基础，但仍存在短板、受困发展不足。生物产业尚处于发展初期，产值规模尚不及电子信息产业的1/20。芜湖市近年引进的企业70%以上来自苏浙，这些中小企业大多是为苏浙企业做配套，科技含量低，技改投入少，竞争力不强，急需转型升级，否则很快会出现“候鸟式迁徙”。在产业发展引进方面更多的是依赖上海、苏州、杭州的溢出效应，缺乏自主创新能力。宣城市现有科技创新政策支持力度小、落实难度大，科技创新投入在G60九城市中也是最少的，市财政对科技部门预算偏低（市本级科技三项经费每年仅200万元，远低于省内兄弟市水平），科技创新保障乏力。

三、进一步推进长三角科技创新走廊宣芜合段建设的建议

推进长三角科技创新走廊宣芜合段建设，深化改革是关键。当前，急需在省级层面通过区域一体化制度创新和政策突破，加强各类改革措施的系统集成。根据调研要求，结合G60科创走廊宣芜合段发展现状，特从规划管理、政策资金保障、产业布局、公共服务四个方面，提出相关的政策建议。

（一）规划管理方面

①建议在省级层面规划G60科创走廊宣芜合段建设政策，明确建立新的平台经济、共享经济和合作机制，构建以共享互通机制为核心的制度体系，三

地协同发展，实现资金共同投入、项目共同开发、技术共同攻关、利益共同分享，使生产要素首先在 G60 科创走廊安徽段充分自由流动、优化配置。

②建议以合肥、芜湖、宣城为重要节点城市，确定三城市科创平台在 G60 科创走廊合作中的位置及未来合作方向，充分发挥各自的比较优势，避免出现同质竞争。合肥是全省高校、科研院所的科技资源集中聚集地，是安徽省科技创新的核心与大脑，建议侧重创新与研发功能。宣城和芜湖是面向沪苏浙地区的科学技术成果产业化的基地与通道，建议侧重于科技成果的转化，推动传统产业转型升级。

（二）政策资金保障方面

①建议加大政策倾斜。省级各项扶持政策向 G60 科创走廊宣芜合段倾斜，加大创新平台支持力度，提高各级认定补助标准，加大创新服务项目的政府采购，扩大各类创新券、服务包的应用。同时，可以由省政府与宣城、芜湖、合肥三地政府按照一定比例出资成立科创合作专项资金池，统一管理、使用，解决资金难题。

②建议合肥、芜湖、宣城三城市对辖区内的科创平台运营现状进行摸底，推荐一批重点科创平台，由省政府将其列入重点扶持名单，打造成品牌项目，在政策、资金、人才、用地等方面给予支持和帮助，集中资金重点打造吸睛亮点，以点带面，扩大 G60 科创走廊宣芜合段的影响力。出台人工智能、集成电路、高端装备、新材料、新能源汽车、新能源、生物医药等战略性新兴产业专项税收优惠和财政奖励政策，支持打造若干全球领先的先进制造业产业集群。同时，充分调动省内高校、科研院所积极参与实体化科创合作平台建设，形成从科研开发、成果转化到产业化一条龙的产学研战略联盟和区域创新集群。

③建议加大人才引留政策。省级层面可对等对接沪苏浙地区，瞄准中高端人才，统一出台创新性的吸引和利用人才政策，统一行业规范和服务标准，发展人力资源服务行业新产品新模式；建立三地互认互通的人才培养评价体系、

互联互通的人才信息发布机制、一站式人才服务受理机制，为优秀人才的自由流通和创新发展提供便捷的服务和保障。

（三）产业布局方面

①建议加大与长三角发达城市的合作，建设“飞地平台”。由于人才及科技资源的限制，合肥、芜湖、宣城在建设实体化科创合作平台过程中极易出现投入成本高、产出比低的情况，建议省政府在人力、财力上支持三市在走廊沿线的上海、杭州、苏州等地建设“飞地平台”。“飞地平台”实行“政府建设管理、市场化运营”的模式，以研发、引智功能为主，重点引进智能制造、新材料、新能源、大健康产业等领域企业入驻。创新“飞地”管理机制，学习上海、港澳模式，强化政策保障，由省、市财政资金按比例对“飞地平台”运营费用进行补助，“飞地平台”在享受当地优惠政策的基础上，同时实行省、市优惠政策，入驻企业全面享受驻地和省、市科技创新扶持政策与税收优惠政策，形成面向长三角、更便捷的人员和要素自由流动渠道。

②建议大力发展影视文化、休闲娱乐、医疗健康、数字经济、文化创意、新能源汽车、节能环保、服务业等绿色低碳产业，改善生态环境，着力打造环巢湖风景区、国际旅游度假区、特色小镇、高端休闲康养社区；不断汇聚高端人才来皖创新创业，打造江淮硅谷，实现绿水青山就是金山银山的绿色可持续发展。

（四）公共服务方面

①建议支持G60科创走廊宣芜合段深化“一网通办”试点工作，聚焦企业服务，依托三市已有的互联网政务服务平台，率先实现国家政务服务平台支撑功能在试点区域落地，发挥宣芜合段在G60科创走廊以及长三角政务服务一体化中的先行先试作用。

②建议完善基础设施建设。加紧完善宣芜合段高铁网络以及各地市内部交通网络，提升各地市对外交通辐射能力和出行效率，形成服务于科创走廊以及长三角一体化的立体交通布局。同时要加大投入，在三地布局优质医疗、文

体、科教等公共服务设施，以高质量的基础设施和现代化的人居环境来吸引创新创业人员。

③建议支持 G60 科创走廊宣芜合段率先推动交通物流、教育医疗、社会保险、养老服务等公共服务领域的共建共享。逐步取消省内高速公路收费站，降低物流成本，强化多层次、多元化和便利化的服务供给，推动人才、技术、资源等创新要素在三地自由流动，促进一体化发展。

执笔人：任　君

第十二章
提升长三角城市群协调发展及资源优化配置研究

民盟上海市委

摘　要：近年来，随着我国经济进入转型升级新阶段，中心城市发挥的作用日益凸显，城市群已成为区域经济发展的重要地域单元。本文通过深入分析总结长三角城市群的资源配置与区域发展面临的瓶颈问题，从优化城市群行政区划与多边协同机制、提升土地资源优化配置能力、促进长三角城市群区域协调发展等方面，提出针对长三角城市群协调发展及资源优化配置的优化方法和改进策略。

一、课题背景

党的十九届四中全会提出“提高中心城市和城市群综合承载和资源优化配置能力”，这是针对我国城镇化发展现状，从城市空间布局的角度，提出的符合我国国情的城市发展战略，意味着未来中心城市引领的城市群将发挥更重要的作用。事实上，这已经不是中央首次在“中心城市和城市群”层面进行发力了。近年来，随着我国经济进入转型升级新阶段，中心城市的作用日益凸显。自2018年以来，中央多次强调发挥中心城市、城市群的带动引领作用；2019

年 8 月 26 日召开的中央财经委员会第五次会议研究了推动形成优势互补高质量发展的区域经济布局问题，并指出当前我国经济发展的空间结构正在发生深刻变化，中心城市和城市群正在成为承载发展要素的主要空间形式。“要按照客观经济规律调整完善区域政策体系，增强中心城市和城市群等经济发展优势区域的经济和人口承载能力。”在发展中营造平衡实现区域间互助共济，需深化区域合作机制，使市场在资源配置中起决定性作用。同时，从供给侧审视国家长期增长动力，推进技术创新发展、促发科技周期、实现创新驱动是重要的生产要素逻辑。长三角中心城市及核心城市群的未来发展更要与发展科技周期相结合，不能仅简单依赖发展三、四线城市推动城镇化进程，要以自身较强的教育、科研、技术、产业等禀赋优势，促进产学研一体化，在培育创新动能、实现创新改革、促进创新要素流通和配置等方面形成突破，实现引领高质量发展、提升资源配置的效率等政策目标。

本课题紧扣中央财经委员会第五次会议及十九届四中全会精神，切实考虑如何扎实推进与科学实施“提高中心城市和城市群综合承载和资源优化配置能力”这一城镇化过程中的特定建设任务。从构建高效率治理体系，促进西部中心城市和城市群发展进一步分析论证、研究破题。从行政区划层面入手，从政府治理及资源优化配置层面，考虑土地资源利用与人口、产业以及综合交通体系相结合，打造城市群一体化出行，为实现多方式资源动静态一体化优化配置及协同调度提供有效策略建议与创新路径；在理论与实践方面均对长三角城市群新型城镇化内涵式发展、中心城市和城市群资源协同优化机制建构具有指导意义。

二、长三角城市群资源配置与区域发展存在的瓶颈问题

（一）行政区划对经济社会发展产生空间约束

作为中国最大的城市群，长三角当前与其他世界级城市群的整体发展仍存在一定差距，国际竞争力有待提高。长三角高质量一体化上升为国家战略以

来，其落地难点在于如何维持现有省级行政区格局不变，实现规划、土地、投资管理、财税分享、要素流动、公共服务等政府治理的一体化。作为跨越三个省级行政区的连片区域，长三角一体化发展示范区更为直接地面临跨界规划、建设、管理和发展等多边合作障碍。尤其是三省一市的行政区划对整个城市群经济社会发展仍存在空间约束，阻碍上海在长三角一体化中发挥龙头作用以及长三角城市群整体资源配置能力提升。随着长三角高质量一体化上升为国家战略，如何有序平稳推进上海以及苏浙皖的行政区划工作更好开展，避免行政区划对城市群经济社会发展的空间约束、避免行政区划影响中心城市上海在长三角一体化中发挥龙头作用以及长三角城市群整体资源配置能力提升，同时科学发挥行政区在空间整合中的政策工具效应，是一个亟待展开的重要决策咨询议题。

（二）中心城市的土地资源配置能力存在缺陷

土地供应政策是决定土地利用效率最为关键的环节，主要包括土地供应方式、年期和价格。土地调控政策的功能在于解决市场失灵，提高土地资源配置效率，实现区域经济健康、平稳、持续增长的目标；而不同地区发展阶段和资源禀赋的差异，是制定区域差别化调控政策的缘由。根据经济发展水平和资源禀赋的区域差异，形成区域差异化的土地资源配置格局，是提高土地资源利用效率的客观要求。党的十八大以后，国家提出确保建设用地总量和强度“双控”的战略，国家“十三五”规划和《国土规划纲要(2016～2030年)》对节约集约用地的顶层设计、评价与实施措施进行递进部署，在操作层面界定其内涵：一是节省建设用地、少占耕地；二是提高土地投入产出强度；三是改善用地结构布局、挖掘存量潜力；从单一追求物理强度到追求综合效益演进。理论研究则从控增逼存上升为土地数量与质量、生态与形态统筹，演进至自然景观、社会关系、历史文脉均衡维护。2019年8月，中央财经委员会第五次会议提出“改革土地管理制度，增强土地管理灵活性，使优势地区有更大发展空间”。2019年12月，《求是》杂志《推动形成优势互补高质量发展的区域经济布局》一文进一步提出“建设用地资源向中心城市和重点城市群倾斜”[①]。长三角城市群以上海、杭州、南京和合肥为代表的中心城市，土地资源配置能力对于推进高质量城市群发展至关重要。现行“基本农田”和“城市建设用地总规模”严格双控的政策体系对中心城市的土地资源优化配置具有一定的阻碍作用。尤其是中心城市土地资源优先配置以市场效率为优先，可能会在一定程度上导致城市群内其他城市发展机会的损失，难以保证区域发展的公平性。针对中心城市土地资源利用质量，局部区域也存在因土地资源供应总量相对宽松而出现土地资源低效利用问题。

（三）长三角大中小城市协调规划实施落地存在困难

我国空间规划体系正处于转型变革的关键时期，城市群区域一体化也正处于加速建设时期。2019 年 3 月，自然资源部组织编制了《资源环境承载能力和国土空间开发适宜性评价技术指南（征求意见稿）》，中央要求到 2020 年基本建立国土空间规划体系。2019 年 10 月，党的十九届四中全会通过的《中共中央关于坚持和完善中国特色社会主义制度、推进国家治理体系和治理能力现代化若干重大问题的决定》中再次提出“实行最严格的生态环境保护制度，加快建立健全国土空间规划和用途统筹协调管控制度”，同时提出“健全国家基本公共服务制度体系，尽力而为，量力而行，注重加强普惠性、基础性、兜底性民生建设，保障群众基本生活”。2019 年 12 月，国务院印发的《长江三角洲区域一体化发展规划纲要》中提出“推动形成区域协调发展新格局，强化生态环境共保联治，加快公共服务便利共享”。长三角区域一体化已上升为国家战略，如何在区域规划中促进不同等级城市协调发展是区域一体化的关键工作。长三角各城市在空间生态环境评价与国土空间规划中使用的标准、技术路线、评价指标和分级可能存在差异，城市间协调涉及跨行政区协商和沟通。在实施层面，不同城市间的协调发展主要以产业和经济为着力点，现有机制以宏观指导内容居多，需要较长时间落地。尤其是已有长三角区域协调仍将土地规

---

① 求是网. 推动形成优势互补高质量发展的区域经济布局. 2019.12[2021.7.28]. http://www.qstheory.cn/dukan/qs/2019-12/15/c_1125346157.htm。

划当作空间规划的主体对象，未厘清生态资源规划在区域一体化背景下空间规划中的重要作用，特别是在不同城市落实空间规划以及生态资源规划协同的做法仍浮于理论层面。从而造成在区域一体化发展的背景下，空间规划落实困难较大。当前，长三角大量空间规划体系落实的难点和痛点主要在于区域空间生态环境评价与国土空间规划使用的标准、技术路线、评价指标和分级不同。

（四）缺少针对城市群人口和产业承载能力的量化评估方法

城市化以及城市群发展对重点发展区域的承载能力带来了巨大的挑战。当城市和区域的发展超出其承载能力界限时，就会产生一系列负面效应，例如拥堵、污染、城市基础设施短缺，房价高涨，公共服务的降级、社会矛盾，以及极端化的社会财富分配等。而自然资源过度开发和利用，以及环境持续污染将大大增加城市经济活动和居民生活的经济和社会成本。因此，城市发展必须考虑生态环境和社会经济的承载力水平。到目前为止，许多承载能力的定义和评估集中在城市尺度。评估城市或区域承载能力能更好支持相应规划和管理、功能分配和组织，确保城市和区域的可持续发展。

尽管当前评估城市承载能力体系的研究较多，但城市承载力研究仍缺少强有力的理论基础和一套行之有效的估测方法。对于城市来说，城市承载力需要与旅游休闲、安保防灾、生态发展等方面的承载力分析综合起来，放在统一的框架下进行评估分析，这些都是在城市群尺度评估时需要考虑的问题。城市或城市群的承载能力和居民经济生活需求密切相关。因此评估城市群承载能力需对人口和产业分布以及未来发展趋势进行准确判断。这方面研究主要集中在城市和区域的人口就业空间分布、企业分布和选址模型等方向。早期国内外对人口就业空间的研究大多集中在城市就业人口空间分布变动等方面，但在郊区化进程加速之后，有关就业空间与其他空间关系的研究逐渐兴盛起来。

现有长三角城市群综合承载力相关研究倾向于聚焦单个城市或者对多个城市承载力水平进行比较，对城市群层面人口和产业的承载力评估涉及不多，未考虑城市间的相互作用和影响，尤其是中心城市与城市群内中小城市之间的影响。在计算承载力水平指标时，通常仅考虑常住人口或用简单人口统计计算相应指标，难以真正体现城市群公共服务和基础设施的承载能力；较少关注当前由于科技、治理政策以及生活习惯的变化，给城市群承载力方面所带来的提升。

（五）城市群交通体系建设及一体化管控面临的问题

首先，当前长三角城市群内部网络联系较为紧密，呈现出一定程度的一体化网络特征。以上海为核心，南京、杭州、合肥为副中心，已形成以高速铁路、城际铁路、高速公路和长江黄金水道为主通道的多层次综合交通网络。其进一步发展面临的瓶颈问题是提升城市间联系，促进城市群的协同发展，使客流、货流以及人才在城市间畅通流动。现有长三角城市群发展规划及区域一体化发展规划纲要重点关注城市群空间发展和总体布局结构，未涉及如何在城市群交通发展战略规划中合理制定或改善交通网络布局方案，如何评估其合理性、有效性等问题。尤其是未考虑土地利用和交通规划之间的相互影响，在城市群层面可能会涉及行政区划调整，以更大程度发挥要素资源的优化配置能力，这些都是传统城市群和都市圈交通中所缺少的内容。另外，长三角城市群还存在城际交通发展模式与城市群空间结构协调性不足，尤其是在运行组织层面存在跨省衔接难度大以及交通网络整体均衡性不足等问题，需要在规划层面以多层次城际交通引导区域要素流动，同时在空间层面提高城际交通与城市空间匹配度。

其次，随着长三角城市化进程加快，区域合作不断加大，交通基础设施投入需求大幅增加，财政投资、土地转让等已不足以支付巨额的交通基础设施建设费用。尤其是涉及城际出行的轨道交通，其全生命周期内存在项目审批时间较长、市场监管机制不完善、项目受益性不确定等一系列问题，可能导致交通基础设施重复建设和衔接不协调等。尤其是在建设、运营及维养等阶段，政府选择社会投资方竞争力难保证、合同能力有待提高、双方对投融资模式的全生命周期监管意识不足、交易模式单一等问题。融资策略全生命周期内的实施方案及可能产生的问题亟待解决。

再次，尽管交通大数据在长三角城市群多方式出行及智能管控中已得到广泛应用，但由于缺乏包含个体特征的具体量化数据获取渠道作为基础，且基于特定应用案例，因此无法科学、高效地理解城市群范围内居民、游客、通勤者等交通服务重点人群的出行方案。造成难以精确评价其管控效率和效果，也无法以此为基础制定具有长三角城市群特色、符合“城市群基因”并基于“出行者用户画像”的综合交通智能化管控策略。

最后，长三角绝大部分城市已建有针对自身管理的综合交通信息平台，整合了交警、公交、轨交（如有）等系统的大数据信息，部分甚至实现与所在城市其他相关平台的互联互通。但仍缺少跨城市（跨省域）的交通信息分析及评价功能，无法实现城市间相关交通信息的数据融合、深度分析和综合研判。特别是在城市群层面，未根据区域内各城市人口规模和出行强度，建立梯度分级的差异化管理方案，缺少智慧出行评估评价体系和相关技术标准，从而影响针对城市群出行的动态管理和后续服务。

三、提升长三角城市群协调发展及资源优化配置的对策建议

（一）优化城市群行政区划与多边协同机制

长三角在一体化治理上已建立“统分结合、三级运作”的多边合作机制，在具体形式上包括开展高层对话、共同举办论坛、推进毗邻党建、编制共同规划、出台会议纪要、签署行政协议、组成联合办公组织等。诸多合作方式中，作为具有一定法律效力的“行政协议”形式最为丰富和常用，主要包括“宣言、（实施）意见、措施、议定书、备忘录、倡议书、纲要、计划”等多样形式行政合作文件。例如，2018 年 6 月 1 日长三角地区主要领导座谈会审议通过的《长三角地区一体化发展三年行动计划》、2007 年 12 月苏浙沪三地工商局在上海签署的《苏浙沪工商行政管理联席会议备忘录》、2007 年苏浙沪三地发改委共同签署的《长三角现代服务业合作与发展协议》、2003 年签订的《长三角标准化服务合作宣言》等。从类型角度看，现有多边协议可从空间形态

（全域空间、毗邻空间、飞地空间、廊道空间等），协议方式（自上而下、自下而上、官方、半官方、市场、民间、社会性等），协议内容（党建、产业、交通、环保、科创、治安、教育、医疗、养老等）、协议效果（持续时间、协议下实际合作项目、合作项目的落实和推进情况等）等方面进行分类和特征分析。进入新时代以来，全球化进程出现重大转变、上海在对内和对外开放上，在承载国家战略上，在城市经济和社会发展职能上都面临新的变化。因此，在后续长三角行政区划的优化合作中，首先应该避免行政区划设置对城市群经济社会发展的空间约束，避免行政区划边界影响整体资源配置能力提升，同时发挥行政区在空间整合中的政策工具效应；在中心城市，尤其是上海的政区规划，要坚持历史与时代结合、整体与局部结合、分类与分步结合、市外与市内结合、改革与稳定结合、区划调整与跨界治理结合的重要原则和指导思路。其次，通过建立跨行政区的多边协议机制，如建立组织机构、签订行政协议、制订规划计划、公布宣言公告等方式来优化行政区划设置，实现中心城市与周边城市的错位布局、资源整合和一体化发展。对长三角一体化示范区以及省界毗邻地区的管理体制以及相关区划调整做综合性、多角度、多方案的系统性前瞻分析，从轻重缓急、利弊得失等方面进行政区框架系统模拟研究。最后，本着“法无禁止即可为”的原则，借鉴国内外“多边行政协议”相关案例基础上，建议在示范区应用多边协议机制。如通过三省一市地方人大的法律一体化合作，推动出台长三角一体化示范区多边协议的制度性文件，并在先行试点的基础上提出长三角整体多边协议机制的立法。在行政协议的适用范围上，只要不影响国家政治，普遍可积极鼓励。各级政府间可按照平等、互利、合法的原则进行跨行政区域的合作。

（二）提升以土地资源为代表的资源优化配置能力

建立区域生态补偿机制是国家加快建立生态文明制度，树立经济增长与生态保护同步的高质量发展模式的有力抓手，建设美丽中国的重大战略需求所在。区域生态补偿机制核心在于生态价值的量化，通过揭示区域自然资源资产家底，不仅有利于实现国家自然资源管理体制创新，更是从根本上扭转唯 GDP 论英雄的政府绩效评价。2018 年，国务院和自然资源部先后发文，首次突破省域界限，开展跨省域补充耕地国家统筹，允许部分地区带土地空间规模进行交易。建议可以长三角城市群中心城市上海为案例，围绕如何提高中心城市土地资源优化配置能力，构建一个基于国家土地管理政策现实条件、系统的、区域的中心城市土地资源优化配置能力提升的政策研究框架。厘清“基本农田”和“城市建设用地总规模”严格双控对上海土地资源优化配置的阻碍效应，提出上海市土地资源优化配置的“双控”联运优化机制、中心城市与其他城市的区域生态补偿机制和中心城建设用地全生命周期管理机制，从而进一步提升中心城市土地资源优化配置能力，促进中心城市土地高质量利用和城市群区域协调发展。主要包括以下内容：

一是建议以上海、南京、杭州和合肥为代表的中心城市，坚持以市场效率为优先的土地资源配置机制，同时需避免或抵消该政策可能导致城市群其他城市发展机会的损失，保持区域发展的公平性。二是构建中心城市建设用地高质量利用保障政策框架，以上海市土地全生命周期管理等创新实践经验为蓝本，提出中心城市与长三角城市群其他城市发展共享的全区域生态补偿。三是建立长三角空间发展与生态补偿统一平台，在提高中心城市土地资源配置能力的同时，兼顾其他区域，促进中心城市土地高质量利用和城市群区域协调发展。

（三）促进长三角城市群区域协调发展

长三角作为国家重点发展区域，从区域协调模式和机制来看，以下方面的特征较为突出：一是架构清晰，长三角区域合作的领域，从内容较为一致、浮于表层向多元多维、嵌入深层转变；二是特征鲜明，相对于比较刚性的制度化行政性体制，建立行政联盟、大都市行政区，长三角城市区域合作选择了区域内各地方政府通过倡导方式成立的松散性协调协商组织，合作主要通过具有行政契约性质的行政协议来推动；三是成效明显，近年来，政府层面致力于加强合作共赢，协作的领域不断拓展，逐步由经济向社会、生态领域延伸，产生了较为明显的综合效益。但仍需通过加强顶层设计、突出横向合作、促进协同行动、强化契约意识、倡导合作共治等进行深化。区域协调发展离不开有效的体制机制，建立高效务实的区域协调分工机制、完善产业发展的共建与补偿机制、建立重点区域和重点开发平台的共促发展机制、建立与其他经济体协同发展新机制，能够促进各区域明确定位，加强落实的实际性。建议长三角城市群大中小城市和小城镇区域协调规划和发展机制包括以下：

一是建立一套以保护生态资源为导向的规划体系，引入符合长三角城市群发展的、能提高不同城市积极性的协调机制。基于生态资源配置的思路和社会服务供给的水平，推断区域协调规划的现行阶段，梳理区域协调规划的难点和痛点，总结生态资源或社会服务与区域协调二者之间的相互作用关系，为政策框架的调整提供反馈。明确社会服务供给规划的时机和建设标准，完善社会服务的驱动机制、预警机制和信息共享机制；剖析社会服务的区域均等化的痛点和难点，定量分析长三角社会服务供给的最优规模和位置分布，以及阶段性目标和建设节奏，从而构建舒适便捷的人居环境和职住空间。梳理适应性生态资源配置应遵循的空间发展基本规律，以及适应性规划的标准；制定生态资源的规划要点、行动准则、评估体系；建立空间层级，制定分区分类发展导则，构筑长三角区域生态安全格局。在规划中协调多元关系，激发区域人员交流与流动，促进城市群的协调发展。

二是制定区域协调长远发展的战略框架和管控架构，明确不同发展水平的城市在区域协调过程中承担的责任与义务，优化利益补偿机制，促进区域协调发展更加公平高效。通过分析长三角城市群治理的特点，制定区域协调长远发展的战略框架和管控架构，建立各级政府间以及政府与民众间的沟通机制，制定相应的契约约束和处罚条件，聚焦适合长三角区域协调发展的生态资源和社会服务的规划引导策略。从而实现区域规划在提供社会服务时具有预见性，实现服务共享。

三是提出适应长三角城市群长远发展的空间规划与区域协调的策略，在空间规划中应当如何协调“天”“地”和“人”的多元关系，激发区域人员交流与流动。明确不同发展水平的城市在区域协调过程中承担的责任与义务，梳理长三角城市群的利益格局，优化利益补偿机制，分析各城市在区域空间规划中的协同策略和城市间差异性的规划行动，充分发挥各类城市的积极性，促进区域协调发展更加公平高效。

（四）针对城市群人口和产业承载能力的评估及提升途径

在当前国家城市群建设思路的引领下，城市群规划和建设亟须在较高精度层面预判人口和企业分布动态变化的量化框架模型，以及综合城市承载能力评估体系来支撑相应决策。课题组从长三角城市群的角度出发，基于不同发展场景下城市群人口和企业分布的前景，探讨公共服务与基础设施承载能力的评估方法，从而支撑城市群可持续规划、政策制定和发展策略，为城市间的协同实施方案提供依据。同时，借鉴国内外城市群承载能力提升的实践案例，结合长三角城市群发展的现状，构建城市群基础设施与公共服务在近、中、长期应该实施的对策，为提升长三角城市群的承载能力提供政策支持和行动方案。根据文献以及案例分析，讨论总结提升城市群综合承载力的途径和措施建议如下：

一是梳理长三角城市群各城市间人口（企业）的迁徙状况以及外部进出城市群的人口（企业）流动情况，归纳区域发展过程中人口和产业分布的动态变化规律。在传统单个城市单要素承载力评估的基础上，引入各城市间的相互作用和影响，尤其是中心城市与一般城市之间的影响，建立城市群综合承载能力动态评估。二是考虑不同类型人口及经济活动对城市公共服务和基础设施的需求，评估面对不同情景下（城市化、郊区化、高铁网络带来的 TOD 发展等）的城市群承载力水平。三是引入能在较高精度层面，预判人口和企业分布动态变化的量化模型框架，以及城市群承载能力评估来支撑相应决策。在给定人口和经济活动水平下，通过优化配置，合理高效利用以及资源互补来获得城市群承载力提升。四是加快户籍管理制度改革和农业转移人口市民化进程，提高对外来人口的公共服务水平。结合国家新型城镇建设“全面推动城市精准化落户”的导向性政策，尽快落实长期在城市就业和定居的外来人口落户问题。同时，结合科技、治理政策以及生活习惯等方面的变化，实现城市群人口和产业承载能力的提升。

（五）长三角城市群交通体系建设及一体化管控的政策建议

目前，我国等级化城市管理体制还发挥着区域管理的重要功能，城市群应以交通布局为引导，通过市场带动人口和要素的资源再配置。在超大中心城市上海，要根据服务业为主导的产业发展趋势，发挥城际轨道交通的引领作用。在多中心城市的长三角城市群区域，要建设高速铁路网和城际轨道交通网，引导人口在不同规模的大中小城市和小城镇间合理分布，利用多层次、不同等级的交通网络体系，以交通引导带动城市的市场要素向乡村渗透。本文针对长三角城市群综合交通体系现状、规划及一体化管控问题进行调研，主要考虑以交通互联互通来带动人口和要素的资源流动再配置；目的在于以交通引导市场，逐步弱化行政功能，促进中心城市和城市群内部资源按照市场规律流动。主要研究结论和建议包括：

首先，完善城市群多模式综合交通网络协同规划，针对不同等级城市，实行差异化交通发展策略。从宏观层面认识城市群综合交通系统与城市社会经济系统、土地利用系统之间的协同发展规律。从中观层面解析城市群综合交通系统自适应演化及多交通方式间协调发展的内在规律，主要包括协同发展导向下的城市群多交通方式网络层级合理规模测算，以及考虑当前各类交通创新，如高速铁路、共享出行（专车）、智能网联汽车和自动驾驶技术等，对城市群综合交通网络复合化增长的影响。同时，引入面向多源交通大数据的智能感知、快速处理、高效融合分析技术，并将结果运用在综合交通智能服务、区域交通协同控制以及智慧决策等领域，实现城市群层面多模式综合交通信息共享与协同联动。

其次，建立市场驱动的城市群交通基础设施全生命周期投融资机制。突出多模式交通基础设施的互联互通功能，重点针对中心城市且影响力超出所在城市的区域型交通设施及枢纽，包括走廊级大规模、多功能、公私合营型、促进城市转型类设施。考虑运用全生命周期（包括规划、建设、运营、维养等阶段）的配套政策及投融资策略。创新地将各种融资渠道与战略性公私合营相结合，达到将传统开发项目中被忽略的市场驱动收益包括进来，包括土地收购和整合、项目实施策略、战略性融资策略和资金分配等。积极探索多方式结合的创新融资策略（如“TOT+信托”[①]“BT+产业基金”以及“PPP+ABS”等[②]），从公共机构和私营企业两方面来考虑其发展潜力、盈利潜力、杠杆结构和风险分担框架。

再次，打造城际多方式出行资源优化配置与一体化智能协同管控，是构建长三角城市群一体化全过程“广义出行链”，打造城际多方式出行资源优化配置及一体化智能管控。基于多重用户画像，提出面向个体出行的非均衡博弈下动态诱导服务策略。引入随机前沿面分析方法，对多因素不同量纲进行统一，进而确定城市群多方式出行资源优化配置效果及效率。建立突发事件及重大疫情期间的多方式网络负载转移及重新分配机制，搭建面向特殊或异常交通需求的网络级智能协同管控平台。

最后，构建城市群智慧出行服务综合管理系统及其评估体系。从城市群智慧出行与综合交通服务管理实施层面，建议依托城市已有信息平台，如上海市“一网统管”“智慧公安”以及“综合交通信息平台”，利用移动互联、云计算、大数据湖、区块链等技术手段，构建城市群多交通方式智慧出行服务综合管理系统。利用边缘计算技术，以“广泛式采集、分布预处理、集中性分析”为核心，构建覆盖出行全过程的服务新模式。根据城市群内各城市人口规模和出行强度，建立梯度分级的差异化管理方案，提出城市群智慧出行评估评价体系和相关实施导则，鼓励共享、定制、MaaS（出行即服务）出行等新兴交通出行模式落地试验发展，以满足多样化出行需求。

*执笔人：孙　健　谷晓坤　熊　竞　朱　祎　马文军

---

① OT + 信托：通过一个信托计划购买另一个或多个信托计划，允许小额投资者通过TOT投资信托产品。

② PPP + ABS：PPP项目资产证券化，更好盘活基础设施和公共服务领域的存量PPP项目资产、吸引更多社会资金参与提供公共服务、提升项目稳定运营能力。

* 孙健，民盟盟员，上海交通大学船舶海洋与建筑工程学院教授，中国城市治理研究院研究员。

谷晓坤，民盟盟员，上海交通大学中国城市治理研究院副研究员，中国自然资源学会国土空间规划专业委员会委员。

熊竞，上海交通大学中国城市治理研究院专职研究员，《决策参考》编辑部副主任。

朱祎，上海财经大学公共经济与管理学院长聘副教授、新加坡-MIT联合研究中心研究员。

马文军，上海交通大学设计学院智慧城市智能交通中心副教授、中国城市治理研究院研究员。

第十三章
促进山东半岛城市群健康发展的探讨

民盟山东省委

摘　要：山东半岛城市群的健康发展对我国经济高质量发展具有重要意义。本文结合山东半岛城市群当前发展现状，分析了山东半岛城市群所面临新旧动能转换、辐射能力不足、生态环境保护等问题，对其健康发展的对策进行了探讨，并提出了进行总体发展规划；提高核心城市综合实力，实现济青双中心协同发展；抓住新旧动能转换机遇优化产业结构；推动城乡协同发展，促进绿色经济发展；联手打造产业集群，促进产业协调布局；以人为本，优化城市空间结构布局等六方面的建议。

山东半岛城市群是我国北方地区重要的城市密集区之一，也是东部沿海地区重要城市群之一，辐射人口过亿。山东半岛城市群的健康发展能更好地推动黄河流域生态保护和高质量发展、推动环渤海地区合作与发展，增强京津冀、长三角地区的联系，优化我国东部沿海地区城市群发展布局，对我国经济高质量发展具有重要意义。

一、山东半岛城市群发展的现状

山东半岛城市群人口总量较大，形成了以济南、青岛为核心的大中小城市均衡分布的城市群。一方面，城市群总体经济基础较好、工农业基础扎实，资源禀赋良好，区位优势明显，城镇布局相对均衡，基础设施不断完善。另一方面，城市群中的核心城市竞争力不够强，城市间协作机制不够健全，产业结构不够优化，水资源相对紧缺，生态环境问题仍然存在。

山东省是东部沿海省份，是我国重要的工业和农业大省，地区生产总值较高，总体经济基础较好。山东半岛城市群工业门类齐全，农业基础扎实，人口占全国的7%左右，地区生产总值占全国的9%左右。城市群所处地区历史文化悠久，矿产资源丰富，生态资源独具特色。石油产量约占全国总产量的16%，黄金等多种矿产储量居全国前十，山、海、河、湖、湾、岛等地貌交相辉映。蓝色经济特色突出，2015年海洋生产总值约1.1万亿元，占全国接近1/5，海洋装备制造业、海洋生物产业等在全国居领先地位。

山东半岛城市群是黄河流域的主要出海门户、“一带一路”重要枢纽，北接京津冀、南临长三角、西与中原经济区相邻、东与日本韩国隔海相望，区位优势明显。城镇化发展良好、城镇布局相对均衡，基础设施不断完善。高速公路建设持续推进，高速铁路逐步成环，南水北调进展良好。当前，我国经济发展的空间结构正在发生深刻变化，中心城市和城市群正成为承载发展要素的主要空间形式。

对此，山东省委、省政府将半岛城市群的区域协调发展作为山东省八大发展战略之一，着力提高发展的整体性、协调性、耦合性、均衡性。提出构建“一群两心三圈”的区域发展格局：“一群”即打造具有全球影响力的山东半岛城市群；“两心”即支持济南、青岛建设成为国家中心城市；“三圈”即推进省会、胶东、鲁南三大经济圈区域一体化发展。截至2021年2月，“三圈”发展现状：省会经济圈生产总值27466亿元，第一产业1878.5亿元，第二产业11119.7亿元，第三产业14467.8亿元，“四新”经济增加值8602.6亿元；胶东经济圈生产总值 31113.4 亿元，第一产业 2006.8 亿元，第二产业 11868.5 亿元，第三产业 17238.1 亿元，“四新”经济增加值 9670.2 亿元；鲁南经济圈生产总值 14515.9 亿元，第一产业 1478.2 亿元，第二产业 5621.9 亿元，第三产业 7415.8 亿元，“四新”经济增加值 3775.6 亿元。

济南、青岛是山东半岛城市群的核心城市。截至 2020 年底，济南市地区生产总值 10140.9 亿元，青岛市地区生产总值 12400.6 亿元，对比苏浙沪的苏州市 20170.5 亿元、杭州市 16106 亿元、南京市 14817.95 亿元仍有不小差距。目前，济南、青岛的综合实力仍较弱，辐射带动能力不强。城市群的协调发展受行政区域划分的限制，统筹不够，甚至还时有竞争大于合作的情况。城市群内重化工业比重偏高，生产性服务业发育相对不足。水资源成为山东半岛城市群发展的重要瓶颈，人均占有量不足全国人均的 1/6。生态环境问题仍然存在，大气污染治理任重道远。

二、山东半岛城市群发展面临的问题

当前，中国特色社会主义进入新时代，经济发展步入新常态，已由高速增长阶段转向高质量发展阶段。山东半岛城市群发展同样面临从高速发展向高质量发展的转变。此外，山东半岛城市群与国内外发达城市群还存在差距。新时期，山东半岛城市群发展将会面临下列主要问题。

（一）我国经济发展步入新常态，对城市群发展提出了更高要求

我国经济发展由高速增长向高质量发展的转变。山东半岛城市群发展在借鉴国内其他城市群发展的经验时需要关注这种转变带来的影响。中美贸易争端持续，新冠肺炎疫情等因素都对经济发展带来明显影响。山东半岛城市群后续的健康发展已不能简单依赖经济的高速增长，必须在发展质量上下功夫，这对城市群的发展提出了更高要求。

（二）山东半岛城市群核心城市发展有待加强，辐射能力有待加强

济南、青岛是山东半岛城市群的两个核心城市。但是目前两个城市的人口、经济总量等各项指标仍不够高，综合实力还比较弱，辐射能力不够强。从京津冀、长三角、珠三角等城市群的发展来看，核心城市综合实力强对城市群的发展起到了很好的带动作用。核心城市济南、青岛的发展现状在很大程度上制约了山东半岛城市群的整体发展。

（三）产业结构需要优化调整，实现新旧动能转换

山东半岛城市群产业结构中重化工业比重偏高，生产性服务业发展相对不足，产业结构偏重于相对传统的行业。山东半岛城市群要实现经济高质量发展，必须要面对实现新旧动能转换，培育和发展新兴产业的问题。

（四）山东半岛城市群需要与区域乡村振兴协调发展

山东是农业大省，乡村振兴是国家发展战略，山东半岛城市群的发展必须面对区域内农村和农业经济发展的问题。在城市群发展过程中与乡村的振兴发展做好衔接，既能更好地助力城市群的发展，也能实现城乡协调发展，提高人民生活水平。

（五）山东半岛城市群发展需要解决好生态环境问题

山东半岛城市群所处区域生态环境问题仍然存在，尤其是大气污染治理方面任重而道远，城市群的发展如果处理不好将会加重生态环境问题。生态环境问题事关人民健康生活，也是经济转向高质量发展必须解决好的问题。

三、促进山东半岛城市群健康发展的对策探讨

根据山东半岛城市群的区位特点，结合经济发展向高质量转变的新时代特征，贯彻创新、协调、绿色、开放、共享的发展理念，本文提出若干促进山东半岛城市群健康发展的对策，进行探讨研究。

（一）全域统筹，协调发展，合理拓展新空间，进行总体发展规划并持续修订

山东半岛城市群发展必须打破行政区划壁垒，进行全域的统筹规划，协调发展。省级政府部门对城市群的健康发展进行总体筹划，发挥区位优势，融入京津冀、连接长三角，推动环渤海一体化，做好黄河流域发展和“一带一路”建设的支撑。总体规划应结合本地城市群特点，做好统筹协调，并根据发展持续滚动修订，做好城市群健康发展的总体指引。

根据资源禀赋、发展基础和环境容量，坚持以水定城、以水定人、以水定产的水资源均衡配置原则，依托重大交通基础设施建设，引导城市群新空间科学发展。积极推进青岛西海岸新区建设，支持济南新区申报国家级新区，科学引导潍坊滨海新区、文登南海新区、滨州滨北新区等新区建设，合理确定建设规模和时序，加快培育成为支撑城市群发展的新增长极。对新区道路、市政配套、给水排水等基础设施统一规划、分步实施，防止因过度超前建设而造成土地抛荒现象。在符合城市总体规划、不影响城市防洪和水环境等城市安全、城市景观、城市生态的前提下，适当提高容积率和建筑高度，提高土地利用效率。合理配置行政、商服、居住、体育、文化、教育等公共设施用地，发挥资源集聚和共享效应。强化产业与交通支撑，实行功能多元和产城融合发展，加快人口产业集聚，防止新城新区空心化。

（二）提高核心城市综合实力，实现济青双中心协调发展

济南作为黄河下游中心城市，青岛作为“一带一路”的重要枢纽。山东半岛城市群发展要充分结合黄河流域生态保护和高质量发展、“一带一路”等国

家发展战略，努力提升济南、青岛两座核心城市的综合实力，提高辐射带动能力，促进城市群发展。青岛是我国北方的重要港口，济南是我国北方重要的内陆交通枢纽，要充分发挥各自优势，陆港配合，协调发展。

培育壮大济南都市圈。以济南为发展核心，加快推进济南都市圈一体化和同城化，优先推进济淄泰莱一体化建设，将济南都市圈建设成为山东半岛港口群向中西部腹地延伸的枢纽区域，环渤海南翼具有国际竞争力的科教研发、高新产业基地和国家创新发展高地，黄河中下游地区高度一体化的城镇密集区。增强济南辐射带动能力。立足省会城市综合优势，着力优化城市空间布局，以增强综合承载能力和现代服务功能为重点，提升集聚辐射和带动区域发展能力为目标，加快建设全国重要的区域性经济中心、金融中心、物流中心、科技创新中心。

加快提升青岛国际化水平。深度融入全球城市网络，建设开放合作、陆海统筹、具有较强国际竞争力的都市圈，成为东北亚地区国际合作枢纽之一，中国海洋产业创新基地，全省发展核心引擎。突出发展蓝色经济，努力扩大双向开放，建设国家东部沿海重要的创新中心、东北亚国际航运物流中心、海洋产业先行区及国际海洋科研教育中心、国际滨海旅游度假胜地。实施“全域统筹、三城联动、轴带展开、生态间隔、组团发展”的城市空间发展战略，加快形成组团式、生态化的海湾型城市发展格局，拓展城市发展空间。

实施“海洋 +”行动计划，支持青岛蓝谷建设国家海洋经济发展示范区，创新发展海洋经济。高标准建设青岛新机场、董家口港区、青岛北站等重大交通设施，促进济青高铁、青连铁路等高铁、城际铁路建设，加快完善集疏运体系，推进不同运输方式的有效衔接和协调发展。实施更加积极主动的全方位开放战略，加强与“一带一路”沿线国家和地区合作，提升国际化水平，建设具有国际影响力的区域性经济中心城市。

（三）抓住新旧动能转换机遇，优化产业结构，提高发展质量

山东半岛城市群发展要充分利用山东新旧动能转换综合试验区的战略发展机遇，加快新旧动能转换，优化产业结构，降低重化工业比重。充分利用现代信息技术、大数据技术，促进城市健康发展。大力发展新兴产业，充分利用国

家超算济南中心、量子技术产业等技术和平台优势，推动新技术应用，发展新经济。加快海洋经济发展，建设现代海洋产业。

加快建设山东半岛国家自主创新示范区。围绕山东半岛国家自主创新示范区建设，支持发展战略性新兴产业，选择一批重大科技专项进行集中攻关，力争在人工智能、生命科学、空间海洋、量子技术、纳米科技等领域取得一批重大基础研究成果，在核心电子器件、系统软件、生物基因、新药创新等领域攻克一批核心关键技术，在智能制造、先进材料、信息安全、节能减排降碳等领域组织一批重大科技创新工程，建设信息技术跨产业联盟、“互联网 +”创新联盟、大数据产业创新联盟、智能制造联盟、软件产业联盟等一批技术产业联盟。对接国家“创新百强”工程，开展龙头企业创新转型试点。

加大新兴产业领军企业引导力度，以攻克关键技术、扩大产业规模、提高核心竞争力为主攻方向，集中力量发展新一代信息技术设备、高档数控机床和机器人、航空航天装备、海洋工程装备及高技术船舶、轨道交通装备、节能与新能源汽车、电力装备、现代农机装备、新材料、生物医药及高性能医疗器械等高端产业，形成“山东制造”向“山东创造”转变的骨干支撑。鼓励各区域发挥特色优势，加强技术攻关协同和产业配套协作，增强高端制造业的整体竞争力。充分利用省级新兴产业创业投资引导基金，带动社会资本支持新兴产业和高技术产业早中期、初创期企业发展。

（四）推动城乡协同发展，促进绿色经济发展

城市群的发展不能一味强调城镇化。山东半岛城市群区域内山、海、河、湖、湾、岛等地质地貌丰富，农业基础扎实。山东半岛城市群发展应该和域内乡村振兴发展统筹协调，一方面广大乡村可以为城市群发展提供支撑，另一方面城市群发展可以带动乡村振兴发展。有条件的产业可以充分利用农村劳动力资源，化整为零实现产业发展，在这一点上可以借鉴长三角地区的发展经验。乡村可以大力发展“绿水青山”经济，挖掘区内城市群居民的内部需求，改变单调的农家乐模式，实现城乡协同发展。

发挥山东半岛城市群县城数量多、基础好、潜力大的优势，把县城打造

成为农业转移人口就地就近城镇化的主要平台。积极承接大城市产业转移，提升县域经济发展水平。提升县城教育、医疗、养老、文化、体育等公共服务设施，完善污水垃圾处理、供热、燃气、电力、通信、广电等基础设施，提高县城综合承载能力。推动小城镇发展与疏解大城市中心城区功能相结合、与特色产业发展相结合、与服务“三农”相结合，形成新的经济增长点。加快特色小镇创建。充分发挥市场主体作用，创新建设理念，转变发展方式，积极探索小镇建设健康发展之路。

积极稳妥发展农村新型社区。坚持政府引导、规划先行、群众自愿、社会参与的原则，加快完善农村新型社区配套设施，引导城镇近郊地区、有产业依托的地区或其他有条件地区有序建设农村新型社区。因地制宜确定社区建设模式，促进城镇聚合型社区、村企共建型社区建设。强化产业支撑，依托自身优势和发展条件，宜工则工、宜商则商、宜游则游，推进农村新型社区和特色产业园区“两区共建”。

（五）联手打造产业集群，促进产业协调布局

在城市群市场发展的基础上，政府部门因势利导，在具备一定优势基础的产业上积极打造产业集群，促进产业进一步发展，做大做强。比如，在智慧能源产业方面就可以充分利用区内有多家相关行业领先企业、相关行业研究和教育机构等优势，联手打造智能能源产业集群，促进行业发展壮大。又如，山东海岸线长，面对渤海、黄海两大海域，可以引导区内海洋产业上下游联手打造产业集群，优化产业布局，实现海洋经济的高质量发展。

以产业园区为载体，引导区域产业协作分工和集聚发展，引导同类和相关产业就近布局，促进人口、产业、资源以及产业链内部的空间耦合，形成优势产业集群。支持企业间战略合作和跨行业、跨区域兼并重组，提高规模化、集约化经营水平，培育一批具有全球影响力的企业集团。鼓励大企业与中小企业通过专业分工、服务外包、订单生产等多种方式展开合作，形成一批协同创新、合作共赢的产业集群。支持建设产业集群展览展示平台、电子商务平台等公共营销渠道，推动线上电子商务与线下专业市场融合发展。

坚持产业发展与城镇扩容良性互动、一体推进。强化城市居住、就业、交通和服务等功能，倡导适度混合功能开发，打造宜人的生活空间，实现职住平衡发展。城镇中心区以城市经济、总部经济、服务经济为主，集中布局现代服务业、高新技术产业等；城镇周边重点发展都市农业、消费品制造业等；在远离城镇建成区和规划区、紧临交通干线的地区，布局建设原材料工业、装备制造等重工业园区和生产基地。因地制宜创新产城融合模式，探索综合发展的独立园区、企业化社区、城市综合体、职住平衡的新市镇等多元化发展模式。

推动欠发达地区基础设施和产业配套能力建设，强化产业承接能力。优先培育发展潜力较大的承接地，有针对性地进行招商引资，注重发展配套经济和特色经济。加强对产业转移的引导和调控，推动产业结构转型升级，防止污染和落后产能转入。探索以土地参与协作，建设京津冀、长三角甚至是发达国家和地区的“飞地”园区，鼓励以委托管理、投资合作等合作形式，与发达地区合作共建“园中园”“共管园”“托管园”等合作园区，鼓励组团式承接产业转移。探索省级直管、跨区共建的协调机制，建立科学合理的跨区域投资、产业转移对接、园区共建、科技成果落地等项目的收益分配体制。

（六）以人为本，优化城市空间结构布局

在传统城市发展规划上，空间结构布局方面往往更多地考虑产业发展，考虑不周时容易引起空间组团上的不合理，在人们交通出行等方面带来不便。山东半岛城市群的健康发展，需要借鉴这些经验教训，产业、生活合理交叉布局，实现人民生活工作各方面的优质发展。

引导人口有序流动。促进城市群外部人口向城市群合理集聚。打通山东半岛城市群与中西部地区和东北地区联系，发挥城市群牵引作用，增强对腹地人口集聚能力。加强与长三角和京津冀城市群人口互动，建立激励机制，厚植自然和人文优势，有效提升山东半岛城市群对高端人才吸引力。因地制宜，因势利导，加快构建有利于人口分类集聚的体制机制，引导城市群内高素质人才向大城市聚集，新生代农民工向县城以上城市集聚；推动城市年龄偏大、收入偏低人口向中小城市回流返乡创业。

实现人口流入地与流出地的良性互动。人口流入地应当加大对流出地的反哺力度，保持农业转移人口来源基本稳定；流入地与流出地要加强合作，有针对性加大教育和就业技能培训等投入。积极推进流入地与流出地社会保障关系异地衔接划转等方面的制度创新。

加快破除城市群内部行政区划藩篱，消除制约人口自由流动的制度障碍，以都市圈（区）为载体，鼓励和引导城市群人口由资源环境承载力较低地区向承载力较高地区流动，适当引导城市人口密度过高地区向周边功能组团疏解人口，有效应对“城市病”，促进城市群人口布局与资源环境承载力和生产力布局相适应。实施积极的人口迁入政策，放宽户口迁移限制，鼓励外来人口迁入和定居，将有稳定就业或住所的流动人口逐步实现本地化。外围地区要加强义务教育、职业教育和劳动技能培训，增强劳动力跨区域转移就业的能力，鼓励人口到重点开发区域就业或定居。

四、结语

“构建高效率治理体系，促进中心城市和城市群健康发展”，是我国新时代经济高质量发展阶段的重要课题。本文以山东半岛城市群为例，进行面临问题的分析，并提出总体规划、统筹协调，提高核心城市实力、双中心协调发展，进行产业结构优化、实现新旧动能转换，城乡协同发展、促进绿色经济，打造产业集群，优化城市空间结构布局等对策，探讨城市群健康发展的治理，以期对城市群发展起到一定的参考作用。

* 执笔人：严中华　周文俊

---

* 严中华，民盟盟员，山东省政协常委，民盟山东省委常委，积成电子股份有限公司副董事长、研究员，中国软件行业协会理事。

周文俊，民盟盟员，积成电子股份有限公司总经理助理兼研发中心经理、研究员，中国电工技术学会电力系统控制与保护专业委员会委员。

第十四章
成渝地区双城经济圈建设研究

民盟重庆市委

摘　要：课题报告立足于“中央有要求”“川渝有基础”“现实有差距”三个维度，分析了成渝地区双城经济圈建设的必要性和紧迫性。课题报告建议，改革推动、融合带动、创新驱动，促进成渝地区双城经济圈要素充分流动；高规格推动、常态化推进、全方位深化，构建“行政区＋经济圈”高质量一体化发展机制；协同推进绿色发展，携手“联防联治”，突出“统筹规划”，破除生态体制障碍，优化国土空间布局，强化成渝地区双城经济圈的空间治理。

2020年上半年，按照民盟中央的要求，重庆民盟成立了以市政协副主席、民盟市委会主委吴刚担任组长的课题组。本课题组努力克服新冠肺炎疫情的影响，通过实地走访、专题座谈、书面调研等方式，对成渝地区双城经济圈建设的若干重大问题进行了专题研究。

一、成渝地区双城经济圈建设的必要性和紧迫性

（一）中央有要求

2020 年 1 月 3 日，中央财经委员会第六次会议强调，要推动成渝地区双城经济圈建设，在西部形成高质量发展的重要增长极。

会议指出，推动成渝地区双城经济圈建设，有利于在西部形成高质量发展的重要增长极，打造内陆开放战略高地，对于推动高质量发展具有重要意义。要尊重客观规律，发挥比较优势，推进成渝地区统筹发展，促进产业、人口及各类生产要素合理流动和高效集聚，强化重庆和成都的中心城市带动作用，使成渝地区成为具有全国影响力的重要经济中心、科技创新中心、改革开放新高地、高品质生活宜居地，助推高质量发展。

会议强调，成渝地区双城经济圈建设是一项系统工程，要加强顶层设计和统筹协调，突出中心城市带动作用，强化要素市场化配置，牢固树立一体化发展理念，做到统一谋划、一体部署、相互协作、共同实施，唱好“双城记”。要加强交通基础设施建设，加快现代产业体系建设，增强协同创新发展能力，优化国土空间布局，加强生态环境保护，推进体制创新，强化公共服务共建共享。

（二）川渝有基础

①具有人文基础。成渝地区双城经济圈山水相连、地缘相亲、民俗相同、文化相融，其紧密联系可以上溯至 2000 多年前。公元前 318 年，巴、蜀统一于秦后，川渝两地被合称为“巴蜀”。公元 1001 年，北宋在四川设立省治后，巴、蜀开始同处一省，川渝两地人民共同创造了巴蜀文化，具有血浓于水的兄弟情谊，有助于降低竞争合作的交易成本，有助于土地、劳动力、资本、技术、数据等要素顺畅流通。

②具有地缘基础。成渝地区双城经济圈东接湘鄂，南通云贵，西达青藏，北连陕甘，处于东西接洽、南北贯通的中间地带，经济发展水平比周边区域略

高，辐射带动作用较强，在促进我国东中西部地区良性互动中具有承东启西的功能和战略枢纽的区位优势，有利于土地、劳动力、资本、技术、数据等要素流动。

③具有产业基础。成渝地区双城经济圈是西部地区开发历史最悠久、产业基础最好、科教实力最雄厚、经济实力最强、发展潜力最大的城市群，产业基础较好。

④具有合作基础。2004 年初，重庆党政代表团访问四川，签订了“1+6”协议，拉开了川渝合作的序幕。2007 年 4 月，共同签署《重庆市人民政府四川省人民政府关于推进川渝合作共建“成渝经济区”的协议》。2011 年，《成渝经济区区域规划》获批。2015 年，两地达成《关于加强两省市合作共筑成渝城市群工作备忘录》。2016 年 3 月，《成渝城市群发展规划》获批。2016 年 6 月，两地签署“1+10”系列合作协议。2018 年 6 月，两地签订《深化川渝合作　深入推动长江经济带发展行动计划（2018～2022 年）》。2019 年 7 月，两地签署了《深化川渝合作“2+16”系列工作方案（协议）》。2020 年 3 月，川渝两地党委政府通过视频连线的方式，召开了推动成渝地区双城经济圈建设第一次会议。

⑤具有一定的空间治理基础。一是川渝毗邻地区具有一体化发展的潜力。重庆 13 个区县与四川 6 个地级市及市辖县（区、市）毗邻，是两地合作的天然“桥头堡”。川渝正谋划打造一批合作平台，推动毗邻地区一体化发展。二是具有生态共建的基础。成渝地区是长江上游重要生态屏障和水源涵养地，对长江中下游地区生态安全承担着不可替代的作用。川渝拟协同推进长江、嘉陵江、乌江、岷江、涪江、沱江等生态廊道建设，谋划一批山水林田湖草系统修复工程项目。加强三峡库区水土保持综合治理，积极推进水土保持建管模式改革创新，推进三峡库区及上游生态清洁小流域建设。加强川渝森林城市群建设，在长江沿岸实施“两岸青山・千里林带”工程，推进城市宜居湿地生态修复。三是具有污染共治的基础。近年来，成渝地区在水资源保护、大气污染防治、环境应急处置、生态环境执法等方面加强合作，不断改善生态环境质量。

（三）现实有差距

①行政壁垒客观存在。成渝地区双城经济圈分属两个省级行政区，土地、劳动力、资本、技术、数据等要素存在一定的行政分割。在行政分割、条块管理模式的现实背景下，川渝之间更多采取联席会议等非制度化形式，基本依靠两省市的自觉行为，导致2020年以前自行签订的不少备忘录、框架协议都难以变为具体项目予以实施。

②产业趋同不容忽视。成渝地区双城经济圈内的不少城市在自然资源、发展基础、经济区位等方面具有相似性，都处于城市化、工业化进程的同一阶段，各城市在具体产业上进行激烈竞争，严重制约了土地、劳动力、资本、技术、数据等要素充分流动。

③空间成本相对较高。与沿海发达城市群相比，成渝地区双城经济圈是一个典型的内陆城市群，不靠海、不沿边，四周又被青藏高原、秦岭山脉、云贵高原等包围，自古就有“蜀道难，难于上青天”的说法，空间距离较大，空间成本较高。

④机制运行亟待顺畅。与京津冀、长三角等发达城市群相比，成渝地区双城经济圈在所有制结构、政府职能转变、商品和要素市场发育等方面都存在明显差距，市场化程度不高，影响市场配置功能，在劳动力、资金、技术和产权等要素市场的壁垒还没有完全消除。

⑤中央统筹亟待加强。自重庆直辖以来，成渝地区合作长期缺乏一个统一的、正规的中央协调机构，导致了川渝双方进行利益协调磋商的渠道不完备，强化了城市间的经济博弈行为，协同发展机制不健全，地方保护和市场分割现象严重。从宏观层面来看，成渝地区行政条块分割、共赢通道不畅。以前，川渝行政区划主导的区域发展政绩观，与经济运行内在机理相背离，导致川渝区域发展能量产生不必要的耗损。加之成渝地区还有地级市、区县等行政区，在行政隶属关系上表现出复杂性，在区域政策环境上存在不平衡性。比如，成渝地区曾经出现争抢项目、争设机构、争西部陆海新通道定位等问题。从中观层面来看，成渝地区协调机制缺乏、互联互通效率不高。多年来，由于川渝分

治，成渝地区存在项目重复建设、无序竞争、产业同构等现象，资源浪费问题比较突出。由于统一的区域市场建设滞后，各类生产要素流动不畅，人才、信息、技术等领域互联互通还不足，降低了成渝地区资源配置效率和效益。比如，川南片区一些城市的城市快轨规划没有与渝西片区毗邻城市进行对接；川渝相邻的23条省道中，有12条等级不匹配。从微观层面来看，成渝地区整体效益亟待提升、部分领域竞争大于合作。成渝地区的区位优势、资源优势、产业优势没有形成放大效应。部分领域着眼局部利益优化，区域资源要素配置不优，甚至出现过度竞争、低水平重复建设的情况。

二、对策建议

（一）促进成渝地区双城经济圈要素充分流动

1. 改革推动，促进“双城”要素整体协同流动

（1）抓统筹，促进“双城”要素联动牵引流动

中央对成都、重庆主城都市区两个中心城市进行差异化定位。推动两个中心城市明确自身定位，通过“双城”联动牵引，形成“两马拉一车”的合力。

中央强化政策引导，推动“双城”转型升级。中央应加强政策引导，精准支持成渝地区开展“联合创建国家数字经济创新发展试验区”“协同打造军民融合产业体系”“共建西部金融中心”等工作，推动成渝地区加快产业集群化、智能化、融合化转型。

中央既要分类指导，更要一体推动。中央应加强分类指导，突出成渝两地的特色，增强成渝地区双城经济圈的生命力。中央应强化一体推动，促进优势互补、形成整体合力，增强成渝地区双城经济圈的竞争力。

（2）搭平台，促进“双城”要素向心集聚流动

建议中央支持成渝“双城”共建平台、共享平台，注重一体发展、互利共赢。比如：支持成渝地区共建“西部科学城”，共同打造“一带一路”科技创

新合作区和国际技术转移中心，共同承办“一带一路”科技交流大会。

（3）强引擎，促进“双城”要素协同辐射流动

推动“双城”协同发力，发挥“双引擎”带动作用。加强“双城”与经济圈中小城市的联动，以点串线，以点带面，点面结合，辐射带动中小城市发展，整体提升价值链、延长产业链、稳定供应链。

2. 融合带动，促进“经济圈”要素一体化

（1）推动城与城融合，促进要素流动

推动错位发展，破除成渝“同质化竞争比较严重”的瓶颈。做大做强重庆、成都两个“极核”城市，促进“双城”紧密联系、互利共赢。构建大中小城市和小城镇协调发展格局，逐步改善成渝地区“两头大、中间小”的哑铃状结构，提升城与城的要素流动水平。

（2）推动城与乡融合，促进要素流动

从成渝地区的现状来看，城乡差距明显。以重庆为例，2019 年城乡居民人均收入比值为 2.51 : 1。为此，建议加大城乡统筹改革力度，促进城市的资本、技术、数据等要素向乡村流动，推进乡村振兴，构建城乡各美其美、美美与共的城乡统筹发展格局。

（3）推动三次产业融合，促进要素流动

建议国家相关部委制定成渝地区双城经济圈产业规划，提升产业链布局的配套性和均衡性，因地制宜引导中心城市、中小城市、乡村通过内部分工协作和配套衔接，实现经济圈的现代服务业、先进制造业、特色高效农业融合发展。

（4）推动公共服务融合，促进要素流动

目前，成渝地区在教育、医疗等基本公共服务领域存在不少梗阻，中心城市和中小城市公共服务不均衡问题较为突出。建议国家相关部委支持推进成渝地区公共服务一体化，打造统一的区域就业服务平台，出台统一的人才落户制度、评价机制、认定标准、激励机制等政策，不断提升对人口的吸引力，增强成渝地区的发展活力。

（5）推动基础设施融合，促进要素流动

鉴于成渝地区的基础设施融合度较低，建议国家相关部委在“十四五”规划、国家交通规划中加快推进成渝地区基础设施互联互通建设，以“双城”为核心，逐渐向腹地延伸，打造高密度、网络化的基础设施体系，促进人流、物流、资金流、信息流等各类要素高效集聚、快速流动。

（6）推动“三生”空间融合，促进要素流动

建议国家相关部委在编制成渝地区双城经济圈规划纲要时，合理布局城市功能，促进生产生活生态空间有机衔接、相伴共生，更大范围布局成渝地区双城经济圈的生产生活生态要素。

3. 创新驱动，强化要素流动保障

（1）强化要素流动的机制创新

探索有利于要素充分流动的财税协同机制，打造经济区和行政区适度分离的“试验田”。完善跨区域税收分享制度设计，探索土地管理制度一体化、人力资源市场一体化、技术市场一体化、金融服务一体化等，提高成渝地区资源配置的整体效应。

建立健全中央对成渝地区双城经济圈的考核机制。以考核为抓手，倒逼成渝地区一体化推进通道建设、枢纽打造、平台优化、市场拓展。

（2）强化要素流动的政策创新

中央建立协调机构，加强成渝地区的纵向协同和横向协同。指导成渝地区共建共享产业链、创新链和价值链，推动各类要素合理流动、高效流动。

国家层面构建推动成渝地区双城经济圈建设“1+N”规划体系。国家层面尽快印发实施成渝地区双城经济圈建设规划纲要，国家相关部委尽快编制成渝地区双城经济圈的综合交通发展规划、国土空间规划、西部科技创新中心建设规划、西部金融中心建设规划等重大专项规划。

（二）构建“行政区+经济圈”高质量一体化发展机制

成渝地区构建“行政区＋经济圈”高质量一体化发展机制，可以突破川

渝分治的局限，建立以双城为核心的一体化区域经济组织形式，让市场对资源配置起决定性作用，使产业、人口及各类生产要素合理流动和高效配置，推动效率变革、质量变革、动力变革，努力使成渝地区双城经济圈成为我国高质量发展的重要增长极。

1. 成渝地区构建“行政区 + 经济圈”高质量一体化发展机制的总体思路

（1）高规格推动

国家成立高规格的领导小组。建议由国务院成立“成渝地区双城经济圈领导小组”以及相应办公室，相关高层领导或国家有关部门负责人担任领导小组组长。国家发展改革委、科技部、工信部等部委以及四川省、重庆市为领导小组成员单位，办公室设在国家发展改革委。

国家出台推动成渝地区双城经济圈建设的指导意见。从制度层面赋予成渝地区一定的税收管理权和调整权，统筹协调跨省市税收争端处理、财政结算划转等事项，建立跨区域分享的财税、经济等统计机制，建立区域间税收分配仲裁制度，协调跨省市税收分享，强化区域利益协调。

国家尽快印发实施成渝地区双城经济圈建设规划纲要。争取将重庆市全域、四川省 18 个市和凉山州宁河谷 6 个县（市）纳入规划范围，将两省市重大诉求纳入规划纲要，并以中共中央、国务院名义印发实施。

（2）常态化推进

建立完善川渝两省市党政领导联席会议、常务副省（市）长协调会议、联合办公室、专项工作组 4 个层面的工作机制。

探索建立互利共赢的税收分享机制。争取设立国家级跨区域发展平台，赋予推进行政管理体制和经济管理体制综合改革权限。以建立财税分享机制为突破口，推动成渝地区形成目标同向、优势互补、措施一体、深度融合的互利共赢发展格局。

打好政策组合拳。加快构建科学合理的财税、土地、金融等政策支持体系，尽快谋划启动一批标志性、引领性项目。

营造一流营商环境。对标国际规则和国内最佳实践，营造更加便利的政务环境，以“最多跑一次”为重点，全面实施“马上办、网上办、就近办、一次办”。营造主动靠前的服务环境，打造成渝地区重商亲商安商护商的良好氛围。

（3）全方位深化

彰显新思路。深入贯彻新发展理念，坚持以人民为中心的发展思想，尊重客观规律，推进成渝地区产业、人口及各类生产要素合理流动和高效集聚，强化双城的优势带动作用，努力把成渝地区建设成为具有全国影响力的重要经济中心、科技创新中心、改革开放新高地、高品质生活宜居地。

探索新实践。坚持“三个先行先试”，对有利于推动成渝地区生产力发展的制度设计先行先试，对国家重大改革开放举措先行先试，对探索构建成渝地区重大合作平台先行先试。

打造新样板。精准谋划支持政策，科学编制发展规划，补齐短板、打牢基础，优化结构、加快升级，深化创新、增添动力，扩大开放、拓展空间，绿色发展、倒逼转型，切实处理好服务国家战略全局与增强自身发展能力的关系、解决当前突出问题与打牢长远发展基础的关系、市场驱动与政府引导的关系、突出特色与整合优势的关系、成渝“双核”带动与区域协调联动的关系。

2. 成渝地区构建“行政区＋经济圈”高质量一体化发展机制的重大任务

（1）战略协同

国家支持成渝地区 GDP 划分、地方税收分成、社保缴费、就业培训补贴等按照经济圈管理。支持川渝两省市开展“飞地”合作，建立规划建设管理和利益分配等合作机制，探索发展“飞地经济”。借鉴京津冀的做法，出台成渝地区产业转移指南、产业转移成本分担收入共享办法，建立产业分工协作和配套衔接制度。

（2）规划衔接

川渝两省市积极配合国家有关部委编制成渝地区双城经济圈建设规划纲要及各专项规划，争取一批重大项目、重点工程、重要政策纳入国家规划。

加强川渝两省市“十四五”规划对接，强化发展思路、项目布局、政策制定等方面的沟通，确保同向行动、同向发力。

（3）政策沟通

川渝两省市主动争取国家给予税收优惠、承接产业转移示范区建设、西部科学城建设、应对人口老龄化等政策。

川渝两省市共同研究制定招商引资、人才引进、考核评价、生态环境等专项政策的协同。推动标准统一、规则统一、措施统一，形成川渝两省市的工作合力。

建立成渝地区“行政区 + 经济圈”高质量一体化发展实施效果评估机制，及时修订完善相关政策。

（4）工作联动

创新共建。共同深化体制机制创新，加快各类改革试点系统集成，打造区域创新共同体，共同完善技术创新产业链，形成协同联动、分工合作的区域创新体系，共同加强西部科学城、国家数字经济创新发展试验区、西部陆海新通道、内陆国际金融中心等一批专项工作。

协调共进。着眼于“一盘棋”，聚焦“一体化”“高质量”，发挥“双城”的带动作用，大中小城市各扬其长，推动城乡区域融合发展和跨界区域合作，推进基础设施互联互通，推动渝东北和川东北创建万达开川渝统筹发展示范区，潼南、遂宁创建高新技术产业协作发展示范区，荣昌、内江创建农牧业协同发展示范区，渝北、长寿、广安、垫江共建经济协作示范区，江津、綦江、泸州、宜宾共建产城融合示范区，形成分工合理、优势互补、各具特色的协调发展格局。

绿色共保。共同加强生态环境保护，强化长江上游生态屏障大保护，强化生态环境联防联治机制，共同推进“两岸青山、千里林带”工程，推进生态环境共保联治，形成绿色低碳的生产生活方式，共同打造绿色发展本底，探索经济发展与生态环境保护相辅相成、相得益彰的新路子。

开放共赢。营造市场统一开放、标准规则互认、要素自由流动的发展环境，构建互惠互利、求同存异、合作共赢的开放发展新体制。比如：创新成渝中欧班列合作模式，采取共同出资、交叉持股等形式，设立中欧班列（成渝），统筹优化成渝两地中欧班列去回程线路，推动两地中欧班列集结点、运输、仓储、信息等资源融合。

共担共享。以区域间成本共担、利益共享为原则，开展多层次多领域合作。探索建立跨区域产业转移、重大基础设施建设、园区合作的成本分担和利益共享机制。推进公共服务共建共享，增加优质公共服务供给，扩大配置范围，不断保障和改善民生，让成渝地区双城经济圈更加普惠便利，让巴蜀人民共享建设红利，逐步享有更好的教育、更稳定的工作、更满意的收入、更可靠的社会保障、更高水平的医疗卫生服务。

3. 成渝地区构建“行政区 + 经济圈”高质量一体化发展机制的工作保障

（1）项目化抓落实

抓紧研究梳理，把成渝地区“行政区 + 经济圈”高质量一体化发展机制化作重大项目，形成成渝地区双城经济圈“行政区 + 经济圈”高质量一体化项目库，尽快开工建设一批，积极引进培育一批，滚动储备实施一批。

（2）事项化抓落实

抓紧制定出台专项行动方案，提出具体的工作任务、工作抓手和保障措施，明确责任分工，倒排时间节点。

（3）政策化抓落实

强化川渝两省市的政策协同，着力破除体制机制障碍，清理修订阻碍各类要素跨区域合理流动的政策法规。川渝加强政策研究和制定，推出一批务实管用的细化落实举措，加快形成科学合理的成渝地区“行政区 + 经济圈”高质量一体化发展政策支持体系。

（4）清单化抓落实

建立成渝地区“行政区 + 经济圈”高质量一体化发展工作清单，一项一项挂图作战，推动投资管理、要素流动、财税分享等系列改革在成渝地区集中落地、率先突破、系统集成。完善考核评价，强化督促检查，确保各项任务和政策措施兑现落实。

（三）强化成渝地区双城经济圈的空间治理

①协同推进绿色发展。坚持生态产业化、产业生态化，加快产业转型升级，把“绿色 +”融入成渝地区经济社会发展各方面，以大数据智能化改造提升传统产业，加快推进制造业的高端化、智能化、绿色化。成渝地区人口稠密，资源环境承载压力大，绿色发展任务繁重，应突出抓好节能改造，推行企业循环式生产、产业循环式组合，壮大绿色低碳循环经济。

②携手“联防联治”，破除生态体制障碍。推进成渝地区生态环境标准一体化，建立跨区域生态补偿机制，建立突发环境事件应急联动机制。建立常态化合作应对机制，确保实时联动推进生态建设和环境保护各项工作。坚持生态一体建设、污染一体治理，凝聚齐抓共管的强大合力，推动成渝地区共同筑牢长江上游重要生态屏障。联动推进河长制、湖长制，深化水污染联防联治，建设长江上游流域污染治理合作试点，开展跨境断面区域联防联控。川渝共同争取将成渝地区纳入国家大气污染防治重点区域，强化城市群大气污染联防联控，实施多污染物协同减排，统筹防治臭氧和细颗粒物（PM2.5）污染。同时，加强危险废物区域协同处理处置能力，加强川渝土壤治理修复技术交流与合作。

③突出“统筹规划”，优化国土空间布局。川渝两地山水江河自然绵延，建议以空间为载体协调解决跨行政区重大问题，打造一批跨行政区域的合作平台。东北方向，包括重庆万州、开州和四川达州、巴中。支持万州加快建设区域中心城市，高标准规划建设三峡新区；建好万达开川渝统筹发展示范区，紧密联动开州、云阳、梁平、达州，推动渝东北和川东北地区一体化发展。西南方向，包括重庆江津、永川、大足、荣昌和四川宜宾、泸州、自贡、内江，应加快完善城市功能，推动产业园区合作共建，吸引毗邻地区投资和人口流入。西北方向，包括重庆合川、涪陵、长寿、铜梁、潼南、垫江、梁平和四川遂宁、南充、广安，拟立足特色绿色产业发展优势，强化与毗邻地区的协作；同时，支持垫江、梁平、长寿联合四川毗邻区县共建明月山绿色发展川渝协作示范带。

*执笔人：程建洪

* 程建洪，民盟重庆市委会调研室主任。

第十五章
推动关中平原城市群高质量建设亟须加快破题

民盟陕西省委

摘　要：关中平原城市群地处中国内陆中心，是亚欧大陆桥的重要支点，是西部地区面向东中部地区的重要门户，以围绕建设具有国际影响力的国家级城市群、内陆改革开放新高地为目标。按照民盟中央的安排部署，民盟陕西省委承担了“构建高效率治理体系，促进中心城市和城市群发展”陕西部分的调研。调研组先后赴渭南、铜川、咸阳三地进行实地调研，与三地相关部门进行座谈交流，并收集省内外的大量数据，形成这个调研报告，调研报告聚焦陕西发展中的焦点、难点问题，提供了有针对性的建议。

关中平原城市群是以陕西关中地区为主体，以西安（咸阳）国际化大都市为核心，以铜川、渭南、杨凌、商洛、运城、临汾、天水、平凉、庆阳等为重要节点的城市群，以建设具有国际影响力的国家级城市群、内陆改革开放新高地为目标，是西部大开发重要的经济增长极。

自2018年《关中平原城市群发展规划》批准实施以来，为规划涉及城市发展迎来重大战略机遇，相关省份纷纷谋划重大项目，有序推进《关中平原城市群发展规划》实施。2020年2月，陕西、甘肃、山西三省共同印发《推动

〈关中平原城市群发展规划〉实施联席会议制度》，城市群协调推进建设的机制正在探索。

按照民盟中央就承担中共中央“提升治理效能，保障改善民生”的课题主题《构建高效率治理体系，促进中心城市和城市群健康发展》，民盟陕西省委课题组对《关中平原城市群发展规划》批准实施以来，城市群发展建设的基础、现状，亟待解决的问题开展调研。课题组认为，关中平原城市群区域发展不平衡不充分的矛盾十分突出，西安（咸阳）国际化大都市建设需要破题，关中平原城市群国家级西咸新区与西部其他几个国家级新区经济数据比较，存在经济运行质量、效益不高的问题，开放不足仍然是制约关中城市群发展的最大障碍。关中平原城市群建设要坚持“双核驱动”，支持西咸一体化成立“大党委”“大工委”，学习借鉴四川天府新区不再保留天府新区管委会的牌子，优化西咸新区管理体制机制，推动其实现高质量发展，多层密织关中平原城市群的城市组织结构，构建次核心城市交通体系，增强辐射西北的能力。加快撤县设区、设市步伐，增加城市群内城市数量，夯实开发开放的基础，构建东西互济陆海联动的格局。

一、关中平原城市群发展建设基础及现状

国家实施西部大开发以来，关中平原地区经济社会取得了全面发展，特别是“十二五”以来国家出台的《关中—天水经济区发展规划》《晋陕豫黄河金三角区域合作规划》等一系列战略规划，使关中平原地区经济实力明显增强。2010 ～ 2019 年陕西省所辖关中 5 市 1 区地区生产总值由 6352.72 亿元增加到 16090.29 亿元。固定资产投资从 2010 年的 6032.09 亿元增加到 18701.2 亿元；《关中平原城市群发展规划》涉及的 10 市 1 区地区生产总值由 2010 至 2019 年增长了 2.35 倍。2019 年关中平原城市群经济增长 4.7%；固定资产投资由 2010 年的 8427.61 亿元增加到 22522.36 亿元。2019 年，关中平原城市群 10 市 1 区外贸进出口总值为 3590.11 亿元。中欧班列长安号共开行 2133 列，运送货物

总重达 180.2 万吨，开行量、重箱率、货运量等核心指标均位居全国前列。中欧班列长安号已经从首次开行到常态化开行，线路由原来的 1 条增加到 13 条，开行频次也从平均每周 1 列发展到现在的每天开行 5 至 6 列，货品遍布“一带一路”沿线 40 多个国家和地区，实现了中亚及欧洲地区主要货源地全覆盖。城镇化水平不断提高，核心城市西安城镇化率超过 74%，铜川 66.07%、杨凌、宝鸡、咸阳、临汾、庆阳均超过 50%，商洛、天水城镇化率分别为 49.37%、42.29%。交通基础设施得到极大改善，关中平原城市群“米”字形高铁网正在形成西（安）兰州、西（安）成（都）高铁相继开通，西（安）渝（重庆）高铁、西（安）银（川）、西（安）榆（林）高铁正在加快修建。陕西省高速公路通车里程从 2010 年的 3000 多公里到 2019 年突破 5500 公里。在生态环境保护方面，关中平原地区以渭河综合治理、秦岭生态环境保护为抓手，统筹山、水、林、田、湖全域生态保护，生态环境质量持续向好。在加强民生保障和社会建设领域，关中平原城市群各市以全面建成小康社会为目标，通过产业扶贫、异地搬迁、就业扶贫等一系列举措，脱贫攻坚的成果得到不断巩固，建成小康社会的基础更加坚实。

二、关中平原城市群发展亟待解决的问题

当前，制约关中平原城市群发展的突出短板是开放不足。关中平原城市群各市协同创新发展的机制、体制并没有真正建立，产业同质化，区域发展不平衡不充分的矛盾依然十分突出。在新时代推进西部大开发形成新格局的重大机遇面前，要推动关中平原城市群高质量建设亟须加快破题。

（一）西安（咸阳）国际化大都市建设需要破题

建设关中平原城市群，首先要建设好核心区西安（咸阳）国际化大都市。2009 年，国务院批准了以关中地区为主体的《关中—天水经济区发展规划》，提出建设西安（咸阳）国际化大都市，实现“建设大西安，带动大关中，引领

大西北”的战略任务。但10年来，西安（咸阳）国际化大都市建设尚未破题，推进西咸一体化进程缓慢。西安—咸阳如何实现一体化，举措创新不足，定位摇摆不定。要建设西安国家中心城市带动关中平原城市群，关键是要解决好西咸一体化问题。

为了促进西咸一体化，陕西省2011年6月组建西咸新区，在西安市和咸阳市建成区之间规划控制面积882平方公里，其中咸阳市4个县市区的15个街镇行政和社会管理职能，涉及645.8平方公里、60.5万人。2014年1月国务院批复成为国家级新区。最初，西咸新区开发建设的管理体制是以省市共建以市为主，由于西安与咸阳在推进一体化建设中的机制体制不顺，为统筹推进西咸新区建设，西咸新区的管理体制又调整为省市共建以省为主。调整后的管理体制并没有完全形成西咸一体化的合力，却实际成为西安、西咸新区、咸阳市三个开发主体。在开发建设中，西咸新区秦汉新城、泾河新城的渭河横桥与西安市经开区需要百米引道就能贯通，竟然在西安范围内断头两年多，后经省政府多次协调才得以解决。2017年初，陕西省委、省政府为了进一步理顺西咸新区的管理体制，决定将西咸新区全面托管辖区行政和社会管理职能并交由西安市整体代管。自此，咸阳主城区被西咸新区秦汉新城横向约8公里、纵向约7公里的楔形管理区域拦腰割断，城市空间犬牙交错，规划发展受限。咸阳市开发建设的重点区域不得不由与西安毗邻的东南向西北方向转移，重点规划建设北塬新城。咸阳是千年帝都，是历史文化名城，在推进西咸一体化中作出了巨大牺牲，受西咸新区城市空间钳制，其未来发展受到严重制约。在西咸新区交由西安市托管后，在西咸新区秦汉新城内规划建设的咸阳博物院也被西安托管。

按照陕西省委、省政府《西咸新区托管辖区行政和社会管理职能工作实施方案》（陕办字〔2017〕6号）要求，西咸新区应同时接收咸阳市的政府性债务20多亿元（不含西咸新区沣西新城12.6平方公里辖区内的政府性债务），但西咸新区托管至今未接收涉及划转区的咸阳市政府债务。西咸新区涉及咸阳市范围内2013年1月至2016年12月国有土地使用权出让收入已缴入西咸新区，但仍由咸阳市至今承担着社会事务，在各项政府性基金划转方面由于分歧较大，问题也一直没有解决。

而作为国家级的西咸新区由西安市代管后，又由副省级领导兼任管委会书记，省上对西咸新区实行"政策不降、力度不减、渠道不变"。西安市将西咸新区作为大西安的新中心、新特区，赋予新区自主决策权、发展权，实行"新区事新区办"。西咸新区虽然全面承接了西安、咸阳两市委托的除人大、政协、司法等工作外的所有行政管理职权，但也只是形成了西咸新区与西安建成区的融合。

在过去10年的西咸新区管理体制反复变化调整中，不但没有从实质上推动西咸一体化，反而造成影响发展建设的机制体制障碍。陕西省为推动西咸一体化提出的在城乡规划、产业布局、基础设施、社会管理、公共服务、创业就业、环境治理、政策保障等"八个一体化"只停留在口号上，没有务实推进，由于协调机制不健全，区域内一些断头路都无法连通实施，在招商引资、产业发展方面存在同质化竞争。

（二）关中平原城市群国家级新区运行的质量不高

西咸新区作为关中平原城市群内的国家级新区，承担着国家重大发展和改革开放战略任务，是陕西省为推动西安—咸阳一体化的重要举措。新区成立以来对促进经济发展、扩大对外开放、推动改革创新发挥了重要作用。但西咸新区组建以来，存在投资依赖性强，创新驱动能力不足，新兴产业聚集规模小，带动能力弱等问题，与自身定位发展还有很大差距。与西部其他几个国家级新区经济数据相比，存在经济运行质量、效益不高的问题。

2010年5月以来，国务院相继批复西部地区设立了重庆两江新区、甘肃兰州新区、陕西西咸新区、贵州贵安新区、四川天府新区和云南滇中新区6个国家级新区。根据2019年8月《西部大开发》杂志8月号发布西部6个国家级新区2018年主要经济指标数据计算，截至2018年底，西部6个国家级新区固定资产投资累计达到39049亿元，当年地区生产总值达到6995亿元（见表15-1）。

从表 15–1 中可以看出，西咸新区固定资产投资累计达到 9803 亿元，居 6 个新区的第 2 位；2018 年实现地区生产总值 382 亿元，居 6 个新区的第 4 位。根据以上数据，测算西部 6 个国家级新区累计投资强度（亿元 / 平方公里）、每 1 元累计投资 2018 年实现的 GDP（见表 15–2）。

表15-1　　西部6个国家级新区2018年主要经济指标

新区名称	规划面积（平方公里）	固定资产投资累计（亿元）	位次	2018 年生产总值（亿元）	位次
重庆两江新区	1200	13000	1	2933	1
甘肃兰州新区	1744	2710	4	205	5
陕西西咸新区	882	9803	2	382	4
贵州贵安新区	1795	2619	5	138	6
四川天府新区	1578	8508	3	2714	2
云南滇中新区	482	2409	6	623	3

表15-2　　西部6个国家级新区2018年几个主要深层次经济指标

新区名称	累计投资强度（亿元 / 平方公里）	位次	2018 年生产总值（亿元）	每元累计投资实现的 GDP [元 / 元（2018）]	位次
重庆两江新区	10.83	2	2933	0.226	3
甘肃兰州新区	1.55	5	205	0.076	4
陕西西咸新区	11.11	1	382	0.039	6
贵州贵安新区	1.46	6	138	0.053	5
四川天府新区	5.39	3	2714	0.319	1
云南滇中新区	4.25	4	623	0.304	2

从表 15–2 中可以明显看出，西咸新区的投资强度平均每平方公里累计投资达到 11.11 亿元，居西部 6 个国家级新区的第 1 位；但 2018 年平均每 1 元累计投资产生的 GDP 仅为 0.039 元，居西部 6 个国家级新区的倒数第 1 位。西咸新区的投资强度相当于四川天府新区的 2.06 倍，相当于云南滇中新区的 2.61 倍，相当于甘肃兰州新区和贵州贵安新区的 7 倍多；而每 1 元累计投资产生的 GDP 仅相当于四川天府新区和云南滇中新区的 1/8，相当于甘肃兰州新区的 1/2。这就是说，如果按单位投资强度计算，西咸新区的投资效益仅相当于云南滇中新区的 1/20，相当于四川天府新区的 1/16，相当于甘肃兰州新区的 1/14。

根据官方新公布的数据来看，2019 年，西咸新区实现地区生产总值 520.72 亿元，同比增长 10.6%，在西部 6 个国家级新区中居第 4 位，增速居第 2 位，居兰州新区之后。2019 年西咸新区完成固定资产投资 2597.15 亿元，增长 10.3%，投资规模居第 1 位，增速居第 2 位，在兰州新区之后（见表 15–3）。

表15-3　　西部6个国家级新区2019年几个主要经济指标

新区名称	2019 年生产总值（亿元）	位次	增速（%）	位次	2019 年固定资产投资（亿元）	位次	增速（%）	位次
重庆两江新区	3391	1	5.2	5	2253.83	2	5.2	5
甘肃兰州新区	242.92	5	18.5	1	374	5	20	1
陕西西咸新区	520.72	4	10.6	2	2597.15	1	10.3	2
贵州贵安新区	126.24	6	–8.5	6	—	6	—	6
四川天府新区	3000	2	10.5	3	2000	3	9.1	3
云南滇中新区	882.43	3	8.5	4	639 亿元	4	6.4	4

注：①贵州贵安新区未公布（但从 GDP 情况分析应有所下降）；
②四川天府新区公布 2017 年固定资产投资 1615.1 亿元，2018 年仅公布增长率 13.5%，由此计算出 2018 年固定资产投资 1833.13 亿元。2019 年官方公布固定资产投资突破 3000 亿元，由此计算出增速 9.1%。

但通过测算可知，2019 年西咸新区每元投资实现的 GDP 为 0.2 元，重庆两江新区为 1.5 元，兰州新区为 0.64 元，四川天府新区为 1.5 元，云南滇中新区为 1.3 元，居重庆两江新区、四川天府新区、云南滇中新区、兰州新区之后，投资效益仍然不高。

根据官方公布 2019 年关中平原城市群各市 GDP 和固定资产投资情况测算，2019 年西安市每元投资实现的 GDP 为 1.12 元，咸阳是 1.13 元，宝鸡是 0.48 元，渭南是 0.59 元，铜川是 0.58 元，天水是 0.86 元，平凉是 1.16 元，庆阳是 1.72 元，山西运城是 2.7 元，山西临汾是 3.14 元。西咸新区每元投资实现的 GDP 是最低的。

（三）关中平原城市群内部发展不均衡，矛盾突出

城市群是依托交通通信等基础设施形成多核心、多层次的空间组织紧凑、

经济联系紧密，并最终实现高度同城化和高度一体化的城市群体。

关中平原城市群涉及三省 11 市 1 区，东西狭长，核心城市西安一城独大对毗邻城市的虹吸效应明显，城市群内部发展不均衡的矛盾突出，城市群内部城市规模不均，城市数量不足，空间组织稀松，城市间经济发展差距逐渐拉大。以核心城市西安与周边城市发展近 10 年的数据对比显示：

2010 年西安 GDP 为 3241.49 亿元，是咸阳的 2.95 倍，是宝鸡的 3.32 倍，是天水的 10.8 倍，是平凉的 13.98 倍，是庆阳的 9.07 倍，是铜川的 17.27 倍，是渭南的 4.04 倍，是运城的 3.92 倍，是临汾的 3.63 倍，是商洛的 11.34 倍；截至 2019 年，西安 GDP 是咸阳的 4.25 倍，是宝鸡的 4.19 倍，是天水的 14.73 倍，是平凉的 20.41 倍，是庆阳的 12.55 倍，是铜川的 26.28 倍，是渭南的 5.1 倍，是运城的 5.96 倍，是临汾的 6.42 倍，是商洛的 11.13 倍。

2010 ～ 2019 年十年中，西安市常住人口增加 173.57 万人，咸阳市减少 53.86 万人，铜川减少 4 万人，渭南减少 0.8 万人，运城增加 23.78 万人，临汾增加 19.18 万人，商洛增加 3.74 万人，天水增加 10.64 万人，平凉增加 5.73 万人，庆阳增加 6.76 万人。而作为关中平原城市群次核心城市的宝鸡市 10 年间常住人口仅增加 4.43 万人。

西安市从 2017 年 3 月 1 日实施户籍新政，截至 2019 年末，西安常住人口共 1020.35 万人，全市新增常住人口 114.67 万人。而西安毗邻的咸阳、铜川、渭南 2017 ～ 2019 年三年间常住人口分别减少 1.98 万人、4 万人、10.48 万人，加上西咸新区咸阳市划转的 60.5 万人，占西安新增落户人口的 67%。西安每年毕业大学生近 30 万人，而据国家统计局西安调查队发布的《2019 年西安市应届大学毕业生调查报告》数据显示，只有 34.1% 的毕业生表示愿意选择西安就业。西安常住人口的增加在一定程度上是对毗邻城市人口的吸引，但实际上西安自身人口还是向外流失的。

在过去十年中，推动实施《关中—天水经济区发展规划》强调建设大西安，希望发挥西安对关中地区的辐射带动作用，通过对高陵、户县撤县设区，代管西咸新区来做大西安的城市规模和经济综合实力，但由于西安主城区及现有的高新区、经开区、浐灞、国际港务区等 7 个开发区与西咸新区自身的开发格局有待优化，西安作为国家中心城市建设自身开发开放不足，单靠行政区划调整，“拼城市版图”“摊大饼”式的城市发展模式，形成的城市规模效应，城市红利外溢效应不明显，加上关中地区城际交通统筹规划建设滞后，其他节点城市对县域经济的带动作用培育不足，就形成了西安市一城独大，虹吸效应明显，城市病集中，对周边城市的带动辐射作用尚未充分体现的局面。

陕西省为推进区域协调发展，提出“关中协同创新发展”，着力推进西安—铜川一体化，西安—渭南融合发展，但也因为缺乏有力的区域性协调机制，打造的西安—渭南融合发展先行区富（平）阎（良）一体化与西咸一体化一样进展缓慢。

同时，关中平原城市群的次核心城市宝鸡市是国家老工业基地，在陕西关中 5 市 1 区中，2019 年宝鸡经济总量仅次于西安，超过咸阳居第 2 位，在关中平原城市群 10 市 1 区排名中居第 3 位。宝鸡市老工业区主要集中在城区，城市发展空间受限。宝鸡城市空间呈“带状”，西、南、北三面有山且空间狭小，城区空间南北窄，东西长，建设全国性综合交通枢纽的步伐缓慢，主城区对周边区域的交通辐射能力有限，西兰高铁开通后，宝鸡市并没有因为交通位势而产生大的陆港经济效应，传统装备制造业创新发展也在一定程度上受到影响。

（四）开放不足是关中城市群发展的最大障碍

陕西作为关中平原城市群的主体，处我国地理版图的中心地带，具有承东启西联结南北的地理优势，开放不足直接影响制约关中平原城市群的协同创新发展。关中平原城市群内部之间在开放合作，城市规划建设，民生和社会建设资源信息共享等方面存在行政壁垒，“信息孤岛”现象，西安、宝鸡、渭南、铜川等市在新能源汽车等产业发展方面存在同质化竞争，产业间相互配套协作不够，与周边地区、城市群间的联合、联动、协作开放的水平不足，开发开放平台不够多元。

国务院批复的《晋陕豫黄河金三角区域合作规划》，提出要努力把晋陕豫黄河金三角区域建设成为中西部地区新的经济增长极和欠发达地区实现一体化发展、跨越式发展的示范区。要求山西、陕西、河南三省要切实加强组织领导和统筹协调，落实工作责任，完善合作机制，合力解决区域合作中的重大问题。但时至今日，山西的临汾、运城与陕西的渭南、河南的三门峡在规划实施中尚未建立有效的合作机制，互联互通、信息共享的平台也未建立。《关中平原城市群发展规划》批复以来，山西的临汾、运城与陕西的渭南三市属于国家区域战略叠加地区，但因为地区间的开放不足，一体化发展受到制约。

作为地处内陆的关中平原城市群与沿海开放地区的城市群不同，其城际经济联系不够紧密，城乡发展差距大且城乡融合水平低，城市带动乡村的作用不明显，城乡之间发展要素双向流动的制度没有真正建立，开放创新的平台、手段少，在一定程度上影响了城市群县域经济的发展，制约了城市群中小城市的发展，就形成大城市吸附能力更强，小城市越来越弱的局面。

三、关中平原城市群构建现代治理体系的建议

1. “双核驱动”加快建设关中平原城市群

党的十九大报告中提出，要“以城市群为主体构建大中小城市和小城镇协调发展的城镇格局”。作为处在内陆地区的关中平原城市群经济协作联系本身不够紧密，城市空间组织稀松，仅仅依靠西安市一个“单核”带动区域发展，其作用有限，也不利于突出的城市病的解决。

过去，我们强调城市发展“中心化”是希望加强要素的聚集，提高资源配置和利用效率，进而由中心城市带动辐射周边区域。其缺陷是，一城独大，地区间发展不平衡问题加剧。过去同一个城市只有一个商业中心，如今昔日的商业中心地位不再，而出现多中心化。在交通高速化、高铁化、信息化飞速发展的时代，传统的依赖城市“中心化”的思想受到挑战，城市“去中心化”成为需要直面的问题且成为一种趋势。城市“中心化”强调，中心发展带动节点，影响节点，节点必须依赖中心。城市发展“去中心化”，则是任何一个节点城

市都可以发挥自身禀赋，影响周边的节点，自由组合发展要素，成为区域的“中心”。

关中平原城市群承担着带动引领大西北发展的任务。“以城市群为主体构建大中小城市和小城镇协调发展的城镇格局”是实施区域协调发展战略的目标要求。构建关中平原城市群现代治理体系，首先要处理好城市发展“中心化”与“去中心化”的关系，即建设关中平原城市群核心城市，不应是突出一个城市中心，更不是为做大做强一个中心城市，不是简单地实施行政区划上的调整将咸阳市划转西安市，用“城市版图拼图”来实现西咸一体化，而是西安、咸阳两市共建国际化大都市。

支持西咸一体化成立“大党委”“大工委”。建议由陕西省委统一领导，由西安市委与咸阳市委联合成立“大党委”“大工委”，统筹推动西安—咸阳一体化。西安、咸阳两市领导干部互相挂职、任职，干部交流。通过西咸一体化“大党委”的统一领导来推进西安、咸阳、西咸新区实现城乡规划、产业布局、基础设施、社会管理、公共服务、创业就业、环境治理、政策保障“八个一体化”。

2. 优化西咸新区管理体制机制，推动其实现高质量发展

要正视过去在西咸新区管理体制上走的弯路，建议优化西咸新区管理体制机制和开发格局，推动其实现高质量发展。可借鉴四川省为推动天府新区高质量发展不再保留天府新区管委会，在省级层面统筹天府新区建设，设天府新区成都管委会和天府新区眉山管委会的做法，将西咸新区由西咸一体化“大党委”“大工委”管理，设立西咸新区西安管委会和西咸新区咸阳管委会。

推动西安国家中心城市高质量发展，关键是要优化西咸新区管理体制机制，优化西咸新区与西安主城区及现有的高新区、经开区、浐灞、国际港务区等 7 个开发区和咸阳市的开发格局。要摒弃过去城市发展依靠摊大饼的思维，坚持去西安现有新区、新城、高新区、开发区的空间库存，为西安国家中心城市建设腾挪有质量的现实空间。要创新西安、咸阳与西咸新区发展模式，要打破“城墙思维”，坚持国际化大都市共建模式，建议将西咸新区沣东新城、沣

西新城与西安高新区统筹规划，促进融合发展。西安高新区是国家级高新技术开发区，又是国家自主创新示范区，这样新区、新城毗邻合作，强强联手发挥优势，必然会为西安国家中心城市建设形成新的科技创新合力。将秦汉新城、空港新城与咸阳的老城区、咸阳北塬新城统筹规划、协同发展，让咸阳城区的发展能借力国家级新区创新发展的政策优势。要依托陕西自贸试验区建设机遇，统筹西安高新区、国际港务区和西咸新区空港新城要素资源，以规划引领，产业合作为基础，项目建设为载体，形成创新开发的合力。同时，考虑将西安的职业院校外迁到咸阳规划的文体功能区。

在推进西安—咸阳一体化“大党委”领导下，成立西咸新区西安管委会和西咸新区咸阳管委会，有利于西安、咸阳、西咸新区形成发展合力，促进解决原来西安、咸阳两市因为西咸新区划转遗留的债务问题和社会事务等问题，解决西安—咸阳一体化发展的空间和行政掣肘，聚力共建西安（咸阳）国际化大都市，让关中平原城市群形成功能互补，“双核”驱动，带动力强的国际化大都市。

3. 多层密织关中平原城市群的城市组织结构

建设城市群首先要建好“群”，要解决关中平原城市群发展不平衡不充分的矛盾和城市群内部城市规模不均，城市数量不足，空间组织稀松等问题就要多层密织关中平原城市群的城市组织结构。关中平原城市群建设要从一城独奏向城市群整体合奏转变，群策群力，统筹谋划国家中心城市、区域中心城市、中小城市和小城镇等多层级功能的城市群整体发展，通过城市群协同发展，实现产业发展分工协作、基础设施共建共用、公共服务共建共享、生态环境共建共保，提高关中平原城市群整体竞争力，最终实现关中平原城市群“四个一体化”，即区域市场一体化、基本公共服务一体化、社会保障一体化、生态保护一体化。

过去，在交通规划建设中是以西安为中心、向四周延伸的单中心放射形态，西安承担了大量周边城市的过境运输功能。这种交通组织形式，促进了人流、物流、信息流向西安汇集，发挥了西安在大关中的龙头引领作用。但是，这种单极模式，也给西安的城市交通、生态环境造成了不利影响。要构建“以城市群为主体构建大中小城市和小城镇协调发展的城镇格局”，就要增加其他节点城市与次核心城市的路网密度、提高交通管理水平，为实现区域协调发展创造条件。

一是建设大西安北部中心，带动引领关中地区发展。2009 年国务院批复的《关中—天水经济区发展规划》提出“建设大西安，带动大关中，引领大西北”。关中地区的主体在渭北。过去西安受自身行政区划制约，西安的开发区域重点在渭河以南，对渭河以北的带动作用有限。现在西安与咸阳市一起共建国际化大都市，才有更大条件实现北跨渭河发展。要支持咸阳市泾阳县、三原县撤县设区步伐，统筹推进西咸新区泾河新城、西安经济技术产业开发区泾渭新城、西安高陵区，咸阳市泾阳县、三原县共同建设大西安北部中心。

二是打造渭北的中心城市，增强对陕北的辐射作用。陕西关中、陕北地区与西北的甘肃、宁夏毗邻。建设关中平原城市群要引领大西北，首先是增强关中地区对陕北的辐射作用，其次完善关中、陕北与西北地区的高速公路、高速铁路路网，实现引领大西北。

陕西地理南北狭长，铜川是关中连接陕北的中心城市。但铜川市作为国家资源枯竭城市转型发展的试点城市，行政区划和经济体量在关中地区各地市中最小，长期一煤独大的发展模式也带来了经济结构偏重、发展后劲不足的问题，尤其是随着煤炭资源面临枯竭，亟须更加全面地参与区域产业分工，谋求更加可持续的发展方式。依托铜川打造渭北中心城市，就要支持以铜川为中心规划建设关中渭北郴州—旬邑—铜川—富平—蒲城，铜川—宜君—黄陵，铜川—淳化—永寿—麟游，铜川—西安的城际轨道交通，与正在建设的关中城际轨道交通衔接。通过夯实交通基础引导发展要素的聚集，面向西安（咸阳）国际化大都市配套互补产业。

同时，还要以城际铁路交通建设为抓手，以项目建设为载体，依托渭北自然、生态和人文历史资源、产业优势，加强中小城镇建设，补齐关中地区中小城镇发展不均的短板，培育一大批专业化中小城镇，以增强关中对陕北地区的辐射带动作用。

三是构建次核心城市交通体系，增强辐射西北的能力。加快关中平原城市群规划中的次核心城市宝鸡建设全国性综合交通枢纽的步伐。首先是加快修建宝鸡向南经汉中至重庆的高铁，向北连接平凉、固原至银川的高铁，进一步为促进关中平原城市群与成渝城市群互动发展，为增强关中平原城市群对西北地区的带动辐射能力夯实基础。加快建设宝鸡支线机场，阳平铁路物流中心。在关中城际铁路规划中以宝鸡为中心，南线将凤县、太白纳入规划与眉县城际铁路连通，北线将陇县、千阳、凤翔纳入规划与岐山城际铁路联通。这样既有利于宝鸡主城区对周边区县的带动作用，又有利于宝鸡与关中各市的协同发展。

四是加快撤县设区、设市步伐，增加城市群内城市数量。按照《关中平原城市群发展规划》要求，尽快支持推动蒲城、三原、华亭、秦安、甘谷等具备条件的县有序设市，增加关中平原城市群中小城市数量。宝鸡和西安之间直线距离 180 多公里，城市密度小，中小城市数量少。支持宝鸡所辖凤翔县撤县设市由省直辖，宝鸡市代管。凤翔古称雍州，是周秦发祥之地、省级历史文化名城，历代为州郡府路治所，将凤翔县撤县设市有利于统筹做好城乡规划、建设和管理，提高新型城镇化质量和水平，增强城市综合承载能力，带动北部麟游、千阳、陇县，优化关中平原城市群西北部地区的城市结构。应支持宝鸡眉县撤县设区，有利于促进宝鸡市主城区、蔡家坡及眉县向东拓展发展空间。当前，宝鸡市自身提出将凤翔撤县设区、眉县撤县设市不利于关中平原城市群整体空间的发展，也不利于自身发展空间东拓的需要，应及时调整。

4. 夯实开发开放的基础，构建东西互济陆海联动的格局

重点是要务实落实 2020 年初陕西省、山西省、甘肃省共同印发的《推动〈关中平原城市群发展规划〉实施联席会议制度》，围绕关中平原城市群规划设施，研究拟订推进落实的重大政策措施，每年确定重点合作事项，加快推进跨省域重大项目、重大工程实施，从而为深入实施《关中平原城市群发展规划》，推动形成优势互补高质量发展的区域经济布局。应充分汲取京津冀地区发展的经验教训，进一步明确各城市的空间布局和功能定位，统筹规划大关中城市群综合交通网络，以同城化的理念不断规划整合各种交通方式，着力构建

以航空、高铁、铁路、高速公路等为主体的立体化交通网，为关中平原城市群联动发展提供坚实的交通支撑。

《中共中央 国务院关于新时代推进西部大开发形成新格局的指导意见》提出，要构建内陆多层次开放平台，发展高水平开放型经济，拓展区际互动合作。过去，我国改革开放采取沿海率先开放，通过沿海开放带动内地，东部开放带动西部开放的模式。为推动区域协调发展，从改革开放到西部大开发、我国不断深入推进开发开放，取得举世瞩目的成就。新时代需要更加全面的开放。打造内陆改革开放高地是关中平原城市群建设的战略任务，是推动国家全面开发开放，实施区域协调发展战略的重要举措。

要建立并完善关中平原城市群对外合作开放的平台、机制，在城市群内部着力围绕市场一体化、基本公共服务一体化、社会保障一体化、生态保护一体化探索深化“放管服”改革，打破部门之间、地区之间的行政壁垒，消除“信息孤岛”，加强与周边地区、城市群建立并形成联合、联动、协作机制。

要进一步推进完善城市群内部的城际网络以及各城市间城际铁路、高速公路、干线公路与城市轨道交通、地面公共交通的有效衔接，进一步缩减各城市间的时空距离，努力做到“全通达、无缝化”。要加快启动建设榆商高速、丹宁高速、荷宝高速，尽快形成与“米”字形高速交通主骨架相互交织的“回”字形大环线；要积极支持以西安为中心的通用航空，支持加快宝鸡凤翔、榆林府谷、渭南韩合支线机场建设，形成关中平原城市群通用航空集群，增强关中平原城市群与呼包鄂榆、兰州西宁城市群、成渝城市群的联合、联动能力，深入融入“一带一路”建设，积极发挥承东启西、连接南北的作用。

*执笔人：张　涛

---

*　张涛，民盟中央社会委员会委员、民盟陕西省委社会委员会主任、陕西省城市经济文化研究会会长。

第十六章
关于广西推进西部陆海新通道建设中存在问题和建议的调研报告

民盟广西壮族自治区委

摘　要：为更好地发挥广西在西部陆海新通道的地位作用，了解广西在通道建设中取得的成效和面临的困难，汇集各方智慧和力量向国家层面提交有价值的对策建议，民盟广西自治区委针对广西推动西部陆海新通道建设开展调研活动。调研组在民盟广西区委刘慕仁主委的率领下，先后来到柳州、贵港、钦州、北海、防城港、崇左等地进行了实地调研走访，摸清了广西通道建设的现状和未来发展计划，针对通道建设的政策机制不完善、基础设施薄弱、交通发展不平衡、货源培育较慢和政策落实难度大等方面，提出了加强顶层设计、强化基础设施布局、研究制定标准、加快培育货源、加大政策扶持力度等对策建议，努力助推提升新通道战略功能，加快让新通道真正“通”起来、不断“强”起来。

一、广西推进西部陆海新通道建设现状

在自治区党委、政府的大力推动下，广西推动西部陆海新通道在战略提升、跨区域联动、陆海联运、通关效能等方面取得突破性进展。

（一）陆海主干线物流规模持续扩大

海铁联运班列线路不断拓展，北部湾港海铁联运主干线从渝桂班列 1 条线路拓展至连通西部 6 省区市的 5 条常态化运行线路，海铁联运班列从 2017 年的不到 180 列增加到 2020 年的 4607 列，增长近 25 倍。北部湾港航运服务网络不断织密，目前，北部湾港已开通 52 条集装箱航线，实现与世界 100 多个国家和地区的 200 多个港口通航，北部湾港至香港班轮实现“天天班”；至新加坡实现每周 2 班常态化运行，班轮舱位利用率从 2019 年的不到 5% 提升到 2020 年的 31%。在陆海新通道海铁联运的推动下，北部湾港货物吞吐量快速增长，截至 2020 年底，北部湾港综合吞吐能力达 2.7 亿吨，集装箱吞吐量达 505 万标箱，成功迈进全国沿海港口前十行列，北部湾国际门户港发展基础进一步夯实。凭祥友谊关口岸跨境公路运输日均通行货车 1300 辆左右，2019 年集装箱运输量达 40 万标箱。

（二）跨区域跨领域合作不断拓展

近年来，西部陆海新通道地方政府间合作机制持续扩大，从 2017 年的渝、桂、黔、陇 4 省区市拓展到 2019 年中国 14 个省区市，形成西部地区全面参与陆海新通道建设的良好局面。2020 年，中马钦州产业园、中新南宁国际物流园等国际合作园区加快建设，国际产能合作快速起步。国家口岸办同意将钦州港列入中国—新加坡国际贸易“单一窗口”国际合作试点，实现重庆—钦州港—新加坡海运集装箱物流信息共享。川桂国际产能合作园区建设有序推进，重庆、四川等沿线省份企业参股北部湾港建设运营，共商共建共享通道共识不断转化为实际成果。

（三）重大基础设施项目建设取得积极进展

2020 年，建成钦州港东航道扩建一期、二期工程并正式通航 10 万吨级集装箱船，标志着北部湾港正式进入 1 万标箱大船时代；开工建设钦州港大榄坪南作业区 9 号、10 号自动化集装箱泊位，建成后将成为全国首个海铁联运自动化集装箱码头；开工建设钦州港东航道扩建浚深工程（–16.3 米），建成后将实现 20 万吨级集装箱船通航；防城港赤沙 1 号、2 号 30 万吨级码头等一批重大项目开工建设，北部湾国际门户港发展基础进一步夯实。建成北海铁山港进港铁路专用线，开工建设钦州港东线电气化改造、防城港企沙支线电气化改造等支专线项目，初步形成有效衔接的海铁联运体系。完成焦柳铁路怀化至柳州段电气化改造；国家铁路集团鉴定中心组织评审黄桶至百色铁路项目可研，近期国家铁路集团已同意牵头开展研究；黔桂铁路增建二线前期工作加快推进，三条主通道铁路建设有力有序推进，大能力运输通道加快形成。

（四）口岸开放和通关便利化水平不断提升

广西积极发挥通道协作机制，推进“4+20”项业务创新改革，推动降低运营成本和服务模式创新，提升通道竞争力，持续加大口岸开放力度。广西“单一窗口”主要业务应用已覆盖所有口岸，“单一窗口”关检融合统一申报率和海港口岸运输工具申报率均达 100%。实施集装箱进出口环节对标提升行动，实现了通关作业全流程优化与单证精简。2020 年，广西口岸全年进口整体通关时间为 5.56 小时，全国排名第一，出口整体通关时间为 0.77 小时，比全国平均水平快 1.42 小时，全国排名第九，同比压缩 49.01%。推进北部湾国际门户港建设，“智慧湾”项目助力 2020 年北部湾港集装箱吞吐量增长 18.9%；广西北部湾海运货物进口时间为 26.02 小时，快于全国 58.2 小时的平均水平，在 21 个有沿海口岸的直属海关中，进口通关时间排名第六，出口通关时间排名第八。

（五）通道综合物流成本下降明显

广西积极推行“一口价、一票制”，2019 年底，重庆经北部湾港至新加坡海铁联运“一口价”3800 元 / 标箱，比分段运输成本下降 38%。铁路部门给予运价下浮优惠，中国铁路总公司取消广西沿海铁路集装箱运费固定基价，广西沿海铁路集装箱运价降幅达 20%；在此基础上，南宁、成都等铁路局集团对陆海新通道集装箱运价进行了调整，目前往重庆、成都方向集装箱运价下调 30%，昆明、贵阳方向下调了 10%。持续开展北部湾港降费提效优服专项行动，北部湾港海港口岸集装箱进、出口环节合规成本降幅分别达 43.5% 和 28.6%。

二、广西推进西部陆海新通道建设存在的问题

（一）政策机制支撑体系不完善，战略合作仍在推进

广西在推进西部陆海新通道建设中，尚未能与通道沿线国家城市达成战略合作协议。一是不利于广西与沿线国家城市形成长期稳定且紧密的合作模式。广西不与沿线国家城市签订战略合作协议，双方就很难从整体出发，建立一种能够在共同利益的基础上，实现长期稳定、合作共赢的深度合作关系；二是不利于整合资源，集中力量办大事。在西部陆海新通道建设过程中，单单依靠广西的地方政府或其中某个企业，无论是政策条件还是资金条件都远远不够支撑起重大项目的实施，只有与沿线国家城市达成共识，形成合力，西部陆海新通道建设过程中的重大项目和任务才能顺利完成。

（二）基础较薄弱，交通运输存在瓶颈制约

广西西部陆海新通道的基础设施相对滞后，北部湾作为通道的综合交通枢纽，相应的作用尚未发挥，多式联运体系有待进一步建立。

1. 通道沿线综合交通枢纽作用尚未发挥

沿线枢纽设施尚未由物流功能延伸到供应链其他环节，需要进一步培育形成通道经济的能力。目前，通道沿线货运量大幅增加，黔桂、南昆等线路铁路运力接近饱和，连接越南的湘桂线南凭段、南昆线威舍—百色段亟须扩能改造。北部湾港口运营效率不高，货物吞吐量和集装箱吞吐量与其实际运能存在一定的差距；港口集装箱航线培育不足，北部湾港目前仅开通 1 条远洋航线，未开通直航欧美及地中海地区的远洋航线，货物需在中国香港和新加坡等港口

中转至欧美；港口航运服务能力不强，国际货运代理机构不足 100 家，其中，龙头企业不足 10 家，国际航运交易所、专业船舶保险机构尚未建立。

2. 多式联运“最后一公里”尚未打通

一是基础设施建设相对落后。公路、铁路、水运、空运等两种及以上的重要节点存在专用站场、载运机具、信息平台等基础设施建设不完善、不匹配、互联互通不足等问题，造成“最后一公里”衔接困难。如钦州东站至码头铁路“中间一公里”尚未连通，导致产生额外的作业时间和短运费，开通东站至码头铁路可节省 250 元 / 标箱；钦州东站换装能力无法应对未来班列的快速增长，需要扩能建设；由于钦州和重庆两端设施问题导致的大量倒短接驳的操作费高达上千元（每箱）。北部湾港码头和航道建设滞后，无法适应船舶大型化、港口规模化和集约化的发展要求。与中国广州港相比，2019 年，广州港生产性泊位达到 800 多个，是北部湾港（268 个）的 3 倍多；广州港拥有 15 万吨以上集装箱船舶双向航道，水深为 22.5 米以上，而北部湾港钦州港区的航道水深仅为 13.2 米，10 万吨集装箱船舶仅能单向通行；2019 年广州港货物吞吐量（6.25 亿吨）是北部湾港（2.33 亿吨）的 2.68 倍；北部湾港口虽然有地利之便，但珠三角地区的港口却以其规模之利货物周转快，吸引了大量的货源市场，甚至出现“广西货不走广西港”的尴尬局面。二是智能化发展速度较慢。虽然铁路进港有效缩短了集装箱转运距离，但北部湾港智慧码头建设刚起步，转运设施自动化能力不足，尚未真正实现铁海联运的无缝衔接；对大数据、物联网和人工智能等先进技术的应用不足，数据共享体系及与港口关联的口岸监管部门联动平台未建立，与物流、铁路、金融和贸易等关联企业未能形成信息互联互通。

（三）通道沿线城市国家交通发展不平衡，技术标准与法规不统一

西部陆海新通道沿线城市国家交通发展不平衡，技术标准与法规不统一，建设资金投入不足，导致国际、省际的通道互联互通受到阻碍。

1. 通道沿线城市国家交通发展不平衡

通道沿线国家的铁路、公路口岸建设整体水平低，沿线城市也存在交通设计等级不一致的问题。一是通道沿线国家铁路通道建设水平偏低。我国现有边境铁路口岸 8 个，现规划跨境铁路国内段即将开工建设，目前境外段建设铁路口岸处于研究阶段，建设相对滞后，导致广西与边界国家如缅甸、老挝等邻国尚无铁路连通。二是通道沿线国家公路交通基础设施等级不一致。我国境内段多以 2 级、3 级公路为主，境外段口岸公路条件普遍较差，技术等级仅相当于我国的 3 级、4 级标准。如广西凭祥口岸的公路是高速路标准，而衔接至越南就变成了石子路，交通设施等级不一致。三是通道沿线省际交通发展水平不平衡。广西境内仅贵广高铁、南昆高铁的运行时速达到 250 公里，其余的高铁线路设计时速都在 200 公里左右，实际运行速度大多数还没有达到 200 公里 / 小时。

2. 技术标准与法规不统一

通道沿线国家的交通技术标准不统一，法律法规衔接也不足。一是交通技术标准不统一，铁路运输方面，境内外规矩标准不一，增加了换装 / 换轨环节，铁路货运需要换装换轨，虽然目前已经有自动调整轨距列车，其成本高昂，经济性较差；道路运输方面，周边国家对车辆轴重、排放标准等要求与我国不一致，经常造成我方车辆因不符合他国相关标准被阻、被罚。二是法律法规不衔接。目前沿线陆港尚未引入国际贸易术语，对国际物流体系的形成造成了阻碍；通用普世的国际铁路法律体系仍然没有建立，新通道相关的运输体系法律法规不衔接，给国际跨境铁路运输带来障碍。

3. 建设资金投入不足

西部陆海新通道参与建设的省（区、市）中有 12 个是西部地区成员，除重庆、四川经济发展水平相对较高之外，其余都是欠发达地区，在交通建设尤其是口岸交通建设上资金更显不足，已经成为新通道建设的瓶颈。广西作为西部欠发达省份之一，面临着难以自行筹措项目建设资金的问题，2019 年，广西加大建设交通基础设施力度，筹措建设资金已达 7.45 亿元，但重要铁路的扩能改造、铁路港口交通设施建设等项目都未完成，周边国家多为中等发达或欠发达国家，财力有限，也无力出资建设互联互通基础设施。

（四）通道货源培育较慢，未能达到预期设想

新通道的初期发展基础薄弱，通道货源培育制约因素较多，特别是物流、箱源、货源市场等关键因素扼制住了新通道培育货源的进度，影响到了发展的预期设想。

1. 物流运输双向不平衡

南向通道建设尚未完善，物流发展面临瓶颈。航线处于起步期，物流压力偏大。2017 年南向通道航线均处于开创启动阶段，通道产品尚未完全成熟，面临航线推广、货源组织等困难，特别是回程货源组织面临较大压力。进口货源不足，阻碍贸易发展。目前，广西外贸出口大部分是北部湾港、钦州港等出口货源，进口货源极为短缺，尤其是新加坡方向货源严重不足，加上北部湾港至东盟国家主要港口的班轮航线通道尚未开通，一定程度上制约了双边贸易发展。舱位利用率不足，企业压力增大。2018 年北部湾港—新加坡航线平均舱位利用率仅为 1.48%，随着新加坡航线日益加密，企业开行压力较大，亏损严重超过预期，对于企业的发展是一次不小的冲击。

2. 新货源市场培育难度较大

新通道的发展远远落后于传统通道，客户的认可度、服务水平、客户群体的稳定性等均处于一种低阶的状态。客户对原有模式依赖性强，新通道形成困难较大。南向通道沿途内陆地区，拥有相对成熟的外贸通道，客户已适应原有的物流模式和物流通道，并产生强烈的依赖性；对于新建设的物流模式和通道，客户潜在风险加大，在无形中会减少对新物流模式和通道的接受度。多通道服务水平成熟，新通道崛起面临较大的竞争压力。外部通道较多，长江水

道、渝新欧等通道在服务水平、运作方式上已经相对成熟，而广西北部湾港口群建设起步晚，深水港数量不多，集疏运能力不强、多式联运发展不畅，公路、铁路、水路基础设施建设滞后、班轮航线开行密度不高、物流运行效率偏低，成本居高不下等问题为新通道的崛起产生更大的压力。服务水平不高，无法截留货源。2017 年南向通道起步，主要货源为本地货源，外部货源较少，无法形成快周转、大规模的商品贸易模式；钦州港装卸能力 105 万标箱，装卸车每天约 20 列，海铁、公铁联运接驳转运能力不高，港口竞争力不强，很多货源被东部沿海港口抢走。

（五）政策落实难度大，产业转移合作有待进一步加强

广西为推进西部陆海新通道建设，印发了《广西加快西部陆海新通道建设若干政策措施》，落实西部陆海新通道政策保障，加大重大项目建设支持力度，西部陆海新通道建设取得了明显成效，但仍存在政策落实难度大，产业转移合作有待进一步加强的问题。

1. 国际合作政策落实困难

一是国际合作园区招商引资困难。《广西建设西部陆海新通道工作任务清单》提出要用好开放合作平台，整合资源、统筹推进国际园区合作建设[①]。但截至 2020 年 1 月，中马“两国双园”、中国・印尼经贸合作区发展仍处于基础阶段，中越跨境经济合作区则于 2020 年 10 月刚刚开工，各国际园区尚未形成规模效应，受营商环境影响，各园区在招商引资过程当中也遇到了困难。二是国际数据通道建设进度缓慢。广西作为中国—东盟信息港的重要支点和主要阵地，在建设中新等沿线国家和区域国际数据通道过程中本应站在建设前列，但受到技术和产业基础不足的制约，目前区域国际数据通道建设过程中，中新（重庆）国际互联网数据专用通道的建设成果要优于广西，广西在与新加坡数据共享领域合作程度仍有待提高。三是供应链金融服务难度大。广西在《建设

① 推进中马“两国双园”（中马钦州产业园和马中关丹产业园）、中国・印尼经贸合作区、中越跨境经济合作区、东兴和凭祥国家重点开发开放试验区等开放园区平台建设。

西部陆海新通道工作任务清单》中提出要创新、支持开展供应链金融服务，但在实际实施过程中面临着资金不足和企业融资困难的情况，多式联运提单、陆运提单、陆运运单融资等创新金融业务认可度也有待提高，平台企业供应链金融业务仍处于探索阶段。

2. 省际产业转移合作难度大

广西与沿线省区市产业互动不足，产业转移合作存在一定难度。一是进一步承接粤港澳大湾区产业转移遇到瓶颈。近年来，广西聚焦“强龙头、补链条、聚集群”大力引进大湾区龙头企业，然而产业项目配套水平低、产业关联度低、链条偏短等问题仍然存在。例如，近年来贵港市新引进的腾骏汽车企业是全区重点项目，能形成年产节能型车身零部件 20 万套、新能源汽车零部件 10 万套的规模，但贵港市本地区上下游配套企业几乎是空白，企业需要的轮胎、橡胶、螺丝等产品都要去柳州或区外购买，大幅增加了企业成本。此外，贺州作为广西东融先行示范区，受土地资源条件限制，目前已经难以继续拿出大规模的土地与大湾区产业进行配套。二是中西部产业合作程度有待提高。桂渝合作平台虽已取得初步成效，但桂渝双方在基础设施互联互通方面仍存在不足，公路、铁路、沿海港口、航空建设等方面的合作仍需要争取国家支持。此外，川桂国际产能合作产业园作为广西与中西部地区各省份合作的典型示范园区，但受新冠肺炎疫情影响，截至 2020 年 6 月，川桂国际产能合作产业园一期工程仍在进行地上主体施工，要在 2021 年 6 月才能竣工投入使用。受基础设施不足制约，中西部产业间合作程度也很难在短时间内实现更大突破。

三、广西进一步推进西部陆海新通道建设的对策建议

（一）加强顶层设计，完善政策机制支撑体系

为尽快推进广西与通道沿线国家城市达成战略合作协议，需要加强顶层设

计，完善政策机制支撑体系。一是小协议推动大协议。在顶层设计过程中，充分考虑广西的实际情况，结合广西作为面向东盟的重要战略支点以及21世纪海上丝绸之路和丝绸之路经济带有机衔接的重要门户的定位，统筹利用好国内国外两种资源、两个市场。在坚持互利共赢的基础上，通过支持广西与越南、马来西亚、新加坡等国家签订交通合作协议、与沿线省份城市制定区域交通发展规划等方式，加大广西对外开放合作力度，加速与沿线国家城市战略合作协议的签订，助力形成长期稳定的互惠共赢的深度合作模式。二是多政策多部门构建良好内部机制体系。联合有关部门继续完善并落实支持通道建设的优惠政策，明确外交、交通、海关、边检、口岸等多个部门在相关工作中的职责，统筹协调通道建设重大问题，形成工作合力。加大推进力度，为国际陆港合作创造良好内部机制支撑体系，构建统筹配合、监管有序的建设格局。三是多省联合拓宽合作圈。与中西部各省份共同争取国家有关部委对区域交通基础设施项目建设的政策和资金支持，密切合作关系，联合沿线国家城市，拓展“朋友圈”，争取更多合作项目在广西落地生根、开花结果。

（二）强化基础设施布局建设，加快多式联运建设

1. 完善枢纽节点建设规划布局

加强通道沿线重要枢纽节点建设。充分发挥北海市作为中国首批沿海开放城市、“一带一路”有机衔接的重要门户和节点城市的功能作用，按照时间节点全力推进铁山港30万吨级进港航道工程建设，着力提升港口集疏运能力，大力促进北海市与其他节点实现快速联系和交通转换，争取北海市纳入全国性综合交通枢纽城市名单。同时，加快推进钦州港东站工程、黄桶－百色铁路项目建设。

2. 进一步鼓励通道沿线城市加快多式联运建设

一是推进铁海联运制度创新。支持中国海关总署协调相关部门进行相应的制度创新：简化和统一操作手续和模式，建立统一的铁海联运标准；优化物流

贸易规则，实行海关口岸关区与内陆关区联动；探索建立海关、海事、铁路等多部门相互协作机制，建立简洁高效的协作制度，促进进出口商品实现高效中转。二是不断完善多式联运体系。加大力度支持推进铁海联运、公铁联运、国际铁路联运等运输组织形式创新，支持开展以海铁联运为主的多式联运“一单制”改革。完善国内各省份间班列制度，加大“渝桂”“蓉桂”“滇桂”“兰桂”“黔桂”等班列开行密度；克服跨国铁路运输的制度障碍，支持中国铁路部门与沿线其他国家铁路部门的协调，争取支持北部湾港开行至中国中西部地区的海铁联运班列，与中欧班列无缝衔接，开通或加密经北部湾港的国际集装箱航线，不断拓展北部湾港的海铁联运线路，建设以海铁联运为主干的多式联运体系；加密中越跨境公路货运直通车，支持中越跨境铁路集装箱班列常态化运行，完善跨境公路运输和跨境铁路联运运输方式；加快中国—东盟港口城市合作网络建设，在巩固连通新加坡、中国香港两大国际航运枢纽的基础上，开辟更多远洋航线，进一步辐射全球主要贸易航区。三是复制推广跨境物流成功制度。借鉴中欧班列“五定班列”制度，积极协调沿线国家铁路部门列车时刻表，实行“定点装车地点、固定运行线、确定车次、固定到发时间、明确运输价格”的集装箱“五定班列”制度，改变通行不畅的困境，缩短运行时间。此外，优化“进口直通”“出口直放”等工作机制，复制推广“关铁通”、铁路直通属地等先进监管经验。四是强化资金保障。积极拓展投融资方式，用好用足政府专项债券、交通建设投资基金、水运港口发展基金，多方式筹集项目建设资金，吸引央企、民企等更多有实力的公司和资本力量加入通道沿线城市多式联运建设发展中来，延伸西部陆海新通道的内涵和外延，把单纯的物流、基础设施等“硬联通”建设扩展到数据、金融等领域的“软联通”综合建设。

3. 建立国家智能化交通信息共享平台

以公共契约为纽带，协同建立合作标准，合作规范，协同资源利用和信息互联的国家智能化交通信息共享平台。加强公路、铁路、航空、港口、货物和人员等各类信息高效匹配，探索开展国际贸易“单一窗口”合作；深入推动大数据、人工智能在安全运营、管理指挥、生产组织等领域深度共享和创新应用，进一步加强各类交通信息融合应用，提供全程化、一体化、定制化交通信息服务，推动实现国与国之间通关信息联通，促进沿线产业协同发展，打造便捷、畅通、高效的陆海新通道。

（三）研究制定标准，加快通道沿线城市国家互联互通

广西应加快通道沿线城市国家互联互通，连同通道沿线国际、省际研究制定物流体系相关标准，解决通道沿线城市国家交通发展不平衡，技术标准与法规不统一的问题。

1. 加快通道沿线城市国家互联互通

一是适时推动与境外设施互联互通。借中国与东盟贸易关系的持续推进之势，适时推进与中南半岛的交通基础设施建设，加快中线（中老泰通道）的泛亚铁路通道建设，加快推进凭祥—谅山—河内（中国—越南）的铁路通道项目建设。二是尽快打通国内通道建设瓶颈。加大重要通道、港口建设。成都—隆昌—泸州—黄桶—百色—北部湾铁路是四川至北部湾出海的最短通道，将广西通道建设项目纳入国家重点项目库，尽快推进隆百铁路黄百段（黄桶—百色）建设，促进广西北部湾港与黔西、川南铁路相连。加快推动广西北部湾港站扩建项目启动，提升钦州、北海、防城港海铁联运换装能力。提级改造等级较低的通道，加快推进南宁—百色铁路复线电气化、柳州—怀化铁路电气化改造、南昆铁路（兴义—百色）扩能改造项目建设；推动南宁—防城港铁路升级改造和钦州、北海铁山港区进港铁路专用线建设等项目建设，加快通道沿线省份的互联互通。

2. 研究制定交通运输体系相关标准

利用与国际合作的机会，对我国通道建设的相关标准进行推介宣传，有针对性地提高基础设施建设、运输装备等标准在相关国家的采标率。积极对标国家相关交通运输体系标准，制定相关运输体系的法律法规。充分发挥行业协会作用，为广西及通道城市企业跨境合作搭建平台，鼓励企业和国内外企业共同

组建跨国物流公司，建设国际物流系统，学习、掌握对方国家有关交通设施建设、海关、检验检疫、车辆担保等方面的法律法规和市场环境。

（四）加快培育货源，扩大西部陆海新通道影响力

以发展规模化腹地经济、搭建实力物流平台联盟为关键抓手，通过园区建设、企业培育、平台构建等手段，加快货源培育，扩大新通道的影响力。

1. 培育规模化的腹地经济

以产业园区、企业为发展主体，以基础设施建设为辅助手段，培育规模化腹地经济。一是加快产业园区建设，鼓励优进优出的产业进驻。针对西部陆海新通道格局，规划建设电商、现代物流园、传统商贸等产业园，为产业提供集聚载体。二是扶持企业，做强市场主体。向企业发布沿线社会经济情况、贸易政策、招商信息等，鼓励企业在沿线设展、设点、设厂，推进企业有效利用信息资源，大力拓展新兴市场。三是加强基础设施建设。加快北部湾港口基础设施建设，建设符合现实需要的深水泊位与航道，加强多式联运建设，合理布局联运通道和网络、还箱点和匹配点，提升北部湾港在全国沿海港口布局中的地位，打造西部陆海新通道国际门户。

2. 鼓励物流运营平台联盟

构建多层级平台，完善和提供多方面的物流运营信息服务，增强平台联盟实力。一是构建国内、国外合作平台。加快搭建西部陆海新通道产业合作平台和开放合作平台，推动西部陆海新通道参与成员间的省际合作、区域合作、国际合作，加快共建产业转移合作园区、境外产业园区、国际经贸合作示范区，以园区为载体，推动通道经济、枢纽经济快速发展，以大通道、大口岸，形成大物流，解决西部陆海新通道货源难题，为我国以国内大循环为主体、国内国际双循环相互促进的新发展格局提供有力支撑。二是完善公路、铁路、航空、水路建物流平台。利用北部湾港区的海铁公集疏运优势，加快对外合作步伐，发展港口海铁公联运；对接中欧班列，有效整合中国—东盟货源，加快南

宁、钦州等枢纽节点建设，提供公铁联运一体化。三是协调企业之间的合作联盟。坚持资源整合、优势互补的协作精神，搭建务实有效的服务平台，充分运用专业资源，开展联合研究，群策群力，集智攻关，为各行业企业发展提供专业指导和解决方案；搭建产业间信息交流、协作互动、联合建言和对外发布的工作平台，以整体联动或多点、对点互动等形式，交流行业信息和工作经验，深入开展企业调研和产需对接，加强产业协同，协调解决企业反映的共性问题。

（五）加大政策扶持力度，加强沿线地区合作连通

为进一步推动西部陆海新通道建设，加强沿线地区交通设施的互联互通，推动通道沿线区域经济高质量发展，促进通道与区域经济融合发展，提出加大国际合作力度，加快国际互联互通；加大省际合作力度，促进区域经济融合发展的对策建议。

1. 加大国际合作力度，加快国际互联互通

为进一步加强与周边国家设施连通，发展国际合作园区，依托中国—东盟信息港，加快中新等沿线国家和区域国际数据通道建设，需要从以下三方面入手：一是针对国际合作园区建设慢、规模小、招商引资困难问题，需加大与东盟国家进出口贸易合作力度，广西作为东南亚各国在西南地区的重要贸易对象，针对贸易商品协商制定国际合作园区建设方案，同时进一步优化营商环境，以贸易带动国际合作园区招商引资；二是为更好打造广西成为中国—东盟信息港重要支点，需加强政策、资金、人才、技术等相关配套保障，建立“一站式”通道公共信息平台，为通道沿途货主、运输企业、报关代理企业提供通道运行信息、车货供需信息、集装箱实时位置和温湿度信息等服务，争取新加坡在广西设立数据通道建设办公室或招商办事处，深化与新加坡在数据通道建设领域技术及经济合作；三是争取中央金融服务配套政策支持，打造南宁成为面向东盟的重要金融枢纽，充分利用金融机构各种融资产品，吸引国内外资本参与通道项目建设，设立通道建设基金、国际投资基金。推广使用沿通道的人

民币结算，探索跨境和外币境内便捷网上支付模式，协调各省区市共同开发融资产品，帮助企业金融供应链服务。

2. 加大省际合作力度，促进区域经济融合发展

为进一步促进通道与区域经济融合发展，加强广西与沿线省份产业互动发展，需要从以下两方面入手：一是针对广西产业配套基础薄弱，产业链环节缺失，营商环境有待改善，招商引资力度不足等需要及时解决的问题，争取国家加大资金、技术支持，协助完善产业配套，补齐产业链短板，完善通道经济的相关产业政策，积极引导东部产业向广西转移；二是针对中西部地区产业合作项目建设缓慢问题，继续争取国家对高品质陆港经济区（南宁）的政策倾斜，联合各省份研究省际产业合作政策，积极谋划省际产业合作项目，争取国家对省际产业融合的政策和项目支持，加快推动中西部沿线各省份产业合作和区域经济融合发展。

* 执笔人：王安平

* 王安平，民盟广西壮族自治区委经济委员会委员、广西生产力学会副秘书长。

第十七章
深化西部大开发新格局下兰西城市群发展的研究报告

民盟甘肃省委

摘　要：深化西部大开发是中国特色社会主义进入新时代，西部区域协调发展进入新阶段的新要求，兰州—西宁城市群建设对于我国西北地区实现经济社会协调发展和国土资源开发具有重要意义。本文采用改进引力模型，测算了兰西城市群经济社会发展的空间联系和结构特征。总体来看，兰西城市群经济社会发展在空间上表现为显著的三级圈层结构。城市群内的经济空间联系和协调性较差，空间分布不均衡，城市群的集聚效应高于扩散效应。区域内空间联系呈现出由核心向外围梯度递减态势。

一、问题的提出

2018年3月13日，国家发展改革委、住房城乡建设部印发了《兰州—西宁城市群发展规划》（发改规划〔2018〕423号）。规划指出，兰州—西宁城市群（以下简称“兰西城市群”）是我国西部重要的跨省区城市群，其在维护国家生态安全、国土安全、国家稳定和民族团结方面的战略地位十分突出、不可替代。支持兰西城市群经济社会持续健康发展，有助于我国西北腹地各区域间强化联络联系，推动我国西北地区经济社会高质量发展；培育发展兰西城市群对于深化我国西北城乡分工合作、推动城乡协调发展、形成功能互补的空间形态具有深远影响。

2020 年 5 月 17 日，中共中央、国务院印发了《关于新时代推进西部大开发形成新格局的指导意见》，为甘肃和青海联手加快兰西城市群建设提供了难得的发展机遇。从历史来看，甘肃、青海两省经济社会发展具有天然的紧密联系，河湟谷地、唐蕃古道、兰西驿站是我国西北地区经济社会发展的重要支撑点和通道。从现实来看，兰西城市群是我国支撑国土安全和生态安全格局、维护西北地区繁荣稳定的重要地区性城市群，区域内自然资源丰富，经济区科技实力雄厚，劳动力资源丰富，农业条件较好，工业和交通基础牢固。兰州作为“一带一路”上我国西北地区重要的节点城市的战略地位日益显现，西宁在我国西北地区甘青藏交通大通道上的重要作用不断加强，兰州和西宁正成为我国西北地区腹地实现高质量发展的重要支撑和新的增长极。加快兰州和西宁经济社会的联系，两大城市圈呈现相向发展趋势，区域战略优势将进一步凸显。但是，由于我国西北地区经济总量小、发展底子薄、发展任务重，经济、民生和生态环保问题矛盾突出。兰西城市群作为我国西北地区重要的城市集合，其发展协同不应是简单叠加，其经济关系更不能“各摆龙门阵”，而应该以产业发展、基础设施建设、经济联系网络化组织为纽带，强化经济空间联系，加速吸引发展要素，实现产业集聚，加强生态命运共同体意识，协同发展文化旅游业等，进而收获城市经济发展的规模效应和点线面辐射带动效应。

二、兰西城市群发展概况

1. 兰西城市群涵盖范围

兰西城市群以兰州市、西宁市为中心，其范围包括甘肃省兰州市，白银市白银区、平川区、靖远县、景泰县，定西市安定区、陇西县、渭源县、临洮县，临夏回族自治州临夏市、东乡族自治县、永靖县、积石山保安族东乡族撒拉族自治县；青海省西宁市，海东市，海北藏族自治州海晏县，海南藏族自治州共和县、贵德县、贵南县，黄南藏族自治州同仁县、尖扎县。常住总人口1193万人，总面积9.75万平方公里。

2. 发展潜力

兰西城市群地处新亚欧大陆桥国际经济合作走廊，是中国—中亚—西亚经济走廊的重要支撑；在西北属于水土资源组合条件较好的地区，能源较为富集；生态地位也十分突出，是国家生态屏障，既承担着生态保护的重大责任，也有潜在生态优势转化为现实经济优势的良好条件。区域内自然资源丰富，水资源、矿产资源、有色金属、天然气、石油、草原资源均位居全国前列。总体来看：

——两大省会城市经济实力雄厚，2019年两城市GDP超4000亿元，区域发展的龙头带动效应明显。

——两大省会城市有成熟的产业体系，石油化学工业、原材料采掘加工业、中医药产业发展基础较好，旅游业等新型业态资源丰富，发展势头良好。

——兰州、西宁两城市辖区人口超600万人，劳动力资源丰富，有较大的熟练产业工人群体。

——兰州市和西宁市是我国“一带一路”西北段重要的节点城市，区域优势突出。以兰州西宁发展带动甘肃、青海两省发展，促进蒙新藏发展，联系成渝城市群和关中城市群，可以构成我国深化西部大开发的新布局。

——甘青两省已成立14所国家重点实验室，165所省级重点实验室，169家省级工程技术研究中心。培育形成了兰白国家自主创新示范区、西宁中关村科技成果产业化基地等一批创新示范区、技术转移中心和特色高新技术产业基地，科研潜力巨大，科研地域特色明显。

——兰西城市群地处河湟谷地，农业条件较好，是我国西北地区粮食、畜牧品、中药材等的重要生产基地。

——兰西城市群内生态环境保护水平显著提高，是生态环境保护国家公园试点区域和国家生态安全屏障综合试验区。境内有三江源国家公园、祁连山国家公园和国家生态安全屏障综合试验区。

三、兰西城市群经济空间联系：基于引力模型的分析

1. 引力模型

引力模型广泛应用于人口迁移、空间分布等领域，是研究空间相互作用的最常用、最经典的模型。本文参照引力模型的形式，将兰西城市群以各县域为单位，分析兰州—西宁城市群的空间联系作用的紧密程度。具体改进思路为：以 R 表示为县域经济综合质量与县域城市空间距离的函数，并且随着县域城市之间空间距离的扩大，联系强度呈现衰减趋势。

兰州—西宁城市群经济联系表达式为：

$$TR_{ij} = k_{ij} \frac{m_i \times m_j}{D_{ij}^b} \tag{1}$$

$$TR_i = \sum_j R_{ij} = \sum_j k_{ij} \frac{m_i \times m_j}{D_{ij}^b} \tag{2}$$

公式中：R 为兰西城市群县域经济的空间联系；TR 为县域经济空间联系总量；k 为引力常量。m 为县域经济综合质量，通过熵值法确定的指标权重；D 为地区之间公路最短时间距离，距离系数 b 取 2。

为了有效计算县域经济综合质量 m，本文基于数据可得性、全面性的原则，选取 2018 年末常住人口（万人）、地区生产总值（亿元）等 12 个指标（见表 17-1)。

表17-1　县域经济综合质量评价指标含义及权重

指标选取	含义	权重
经济水平	地区生产总值（亿元）	0.12
就业规模	二、三产业从业人数（万人）	0.05
财政实力	公共财政支出（亿元）	0.05
金融实力	居民储蓄存款余额（亿元）	0.15
投资水平	固定资产投资（亿元）	0.08
工业实力	规模以上工业总产值（亿元）	0.11
消费能力	零售总消费额（亿元）	0.16
人口规模	年末常住人口（万人）	0.03
教育水平	普通中学在校学生数（万人）	0.04
医疗水平	医疗卫生机构床位数（万张）	0.09
通信水平	固定电话用户（万户）	0.11

2. 兰西城市群城市（镇）地位等级分布

城市（镇）地位等级反映城市（镇）对周边区域的辐射能力以及经济联系中县级城镇所具有的份额，本文采用修正的影响力和经济联系总量两个指标进行分析。

根据熵值法测算得出兰州—西宁城市群各县域影响力值以及经济联系总量如表 17–2 所示。

表17-2　县级城镇地位等级排序

序号	区域	修正的影响力	经济联系总量	序号	区域	修正的影响力	经济联系总量
1	兰州市区	104.09	129.14	17	共和县	–1.25	2.00
2	西宁市区	54.32	86.24	18	临夏市	–1.75	2.66
3	白银市区	–21.24	47.70	19	景泰县	–1.58	2.05
4	湟中县	–15.94	29.09	20	化隆县	–1.62	2.44
5	永登县	–7.67	11.17	21	永靖县	–2.86	3.60
6	大通县	–8.19	14.93	22	渭源县	–1.23	1.73
7	榆中县	–14.64	19.27	23	循化县	–0.92	1.37

续表

序号	区域	修正的影响力	经济联系总量	序号	区域	修正的影响力	经济联系总量
8	安定区	−4.55	7.35	24	湟源县	−3.27	4.07
9	互助县	−8.93	13.91	25	贵德县	−1.15	1.43
10	乐都区	−7.45	13.73	26	海晏县	−0.91	1.11
11	民和县	−5.41	8.94	27	积石山	−0.55	0.68
12	临洮县	−5.50	7.50	28	尖扎县	−0.92	1.15
13	陇西县	−2.00	3.83	29	同仁县	−0.52	0.66
14	平安区	−10.97	16.74	30	东乡县	−0.92	1.09
15	皋兰县	−16.29	19.39	31	贵南县	−0.11	0.12
16	靖远县	−10.14	11.87				

四、兰西城市群经济空间联系特征

1. 中心城市集聚效应强势，县级城镇等级特征显著

兰州市区的经济综合质量和经济联系总量两项指标遥遥领先占据第一位，西宁市区、白银市区紧跟其后，此后是青海省的湟中县、大通县和甘肃省的榆中县、皋兰县、永登县，最后是远离三个市区的其他城镇。县级城镇的经济联系总量差异明显。

对比经济联系总量与经济总量之间的关系可以发现，兰州—西宁城市群经济体量大体与其经济联系总量大小相吻合。经济联系总量领先的兰州、西宁及周边的县域为发达地区，经济联系总量较小的西北、西南地区为欠发达地区。县级城镇的经济空间联系与经济总量之间逻辑关联性强。

2. 经济空间联系呈现从中心城市向外围递减的态势

根据改进的引力模型，采用 ArcGIS 绘制出兰西城市群经济空间联系图。

可以看出，兰州—西宁城市群的经济空间联系与地理位置紧密相关，经济空间联系密度高的区域主要集中在兰州市区和西宁市区及周边，其他区域则尚未形成高值的网络密度，经济空间联系呈现出梯度递减分布格局，经济空间联系密度由兰州市区、西宁市区向周边县级城镇递减，再由周边县级城镇向偏远的县级城镇递减。

3. 兰西城市群经济空间结构呈现三层圈层特征

空间圈层结构以空间经济联系图为基础，采用直观分析的方式进行识别。兰州—西宁城市群内部结构呈现出显著的三层圈层的特征，圈层之间空间经济联系界限显著。

第一圈层为兰州市区、西宁市区，作为兰西城市群的核心区域和发动机，经济空间联系最为紧密。

第二圈层为两个市区周围的县级区域，具体包括白银市、湟中县、平安区、大通县、乐都区、民和县、互助县、榆中县、永登县、皋兰县、安定区、靖远县、临洮县。这些区域成为兰西城市群核心区毗邻的外围区域，与两个中心地的经济空间联系较为紧密。

第三圈层为城市群内其他地区，表现为经济空间联系强度下降，未能与其他县级城镇产生密切的空间经济联系。

4. 经济空间联系整体水平较低

兰州—西宁城市群空间联系网络密度整体处在较低水平，较高水平的经济空间联系密度较小。通过上文可视化分析，兰州—西宁城市群空间分布不均衡，城市群中部、东部发展较快，联系紧密，城市群西北、西南地区发展速度缓慢，联系程度弱（见表 17–3）。

表17-3　　兰西城市群整体网络密度

连接阈值	≥ 0.0001	≥ 0.001	≥ 0.008693	≥ 0.01
整体网络密度	0.99	0.88	0.52	0.49

五、加快兰西城市群空间经济联系的政策建议

加快推进西部大开发形成新格局，是党中央、国务院从全局出发，顺应中国特色社会主义进入新时代、区域协调发展进入新阶段的新要求。多年来，甘肃青海两省经济社会发展为扩展兰西城市群发展战略空间奠定了坚实基础。但是，兰西城市群所依托的甘肃青海两省经济欠发达，区域发展不平衡不充分问题依然突出，巩固脱贫攻坚任务依然艰巨，维护民族团结、社会稳定、国家安全任务依然繁重，需要从以下方面发力。

（一）以深化西部大开发为契机，提升兰州—西宁城市群经济空间联系能力，开启经济发展新模式

一是推动城市（镇）之间的交通基础设施建设，构建内外联系畅通的区域发展环境；加快建设高速铁路、高速公路，增加交通线密度，畅通货运。提高高速公路等级，拓展市区城区建设及有效连接，推动城市群综合交通体系建设，加快建设以兰西为中心向外辐射的公路交通网络，逐步实现不同运输方式高效融合、综合一体化发展。二是兰西城市群内部需要加快城市（镇）尤其是中小城市（镇）的经济高质量发展，调整产业结构，转变经济发展方式，加快人口集聚。根据兰西城市群发展总体规划，结合各市（镇）的产业状况，科学编制产业发展、现代物流、金融服务、科技文化等专项规划，进一步明确各市（镇）发展布局和重点，从产业链入手，注重延链、强链、补链，加快解决工业、产业园区循环经济的断链、断环问题，降低生产成本，优化要素配置，提高城市群产业集聚带动能力。

（二）发挥兰州、西宁中心城市集聚带动效应

一是建立健全协同发展体制机制。顺应兰西城市群人口、要素集聚的趋势，因势利导，主动打破行政边界，推动资源优势在更大范围内配置。不断优化都市圈分工发展和空间形态，着力提高城市间交通一体化水平，加强县级

城镇分工协作，避免同质化竞争，采用生态补偿、异地搬迁等措施扩大生态空间，构建城市发展和生态保护联动格局。二是促进产业互补，形成产业集群新格局。依据各自优势形成内部协调一致的研发、生产、销售、配送、售后等生产性服务业供应链系统化体系，积极打造兰西城市群竞争优势产业集群。如围绕西宁锂电新材料—兰州新区新能源装备制造产业打造国家级锂电新能源复合产业集群，围绕甘青两省相关有色冶金优势企业，打造国家级有色冶金新材料产业集群等，促进形成产业空间布局合理、区域优势互补的产业集群新格局，打造区域核心竞争力。三是发展新型物流，培育数字贸易新业态。充分发挥兰西城市群良好的空运、铁路、公路等交通运输条件，发展出口贸易、跨境电商等新型国际贸易和物流产业。发挥兰州、西宁在数字经济领域方面的实力，培育数字贸易数字经济增长点，推动大数据、云计算、人工智能等硬科技深化发展。

（三）推动城市群内第二圈层城市发展，形成新的增长极

兰州—西宁城市群过度依赖兰州市区、西宁市区的集聚、桥梁作用，而第二圈层县级城镇的辐射、桥梁作用未能有效发挥，这种现状不利于整体网络的可持续、高质量协调发展。针对第二圈层县级城镇弱小、辐射带动效应低的状况，应该努力培育、建设中小城市（镇），促进新型工业化、信息化、城镇化、农业现代化同步发展，拓展发展空间，推动兰州—西宁城市群协调发展。一是借助多方位、多维度的国家政策扶持、积极争取国家与省上的资金、项目等投入，填补过去的欠债与短板，努力缩小区域发展差距，实现更平衡、更充分、更全面的发展，尽快发展成为经济圈，带动周边乡镇、村发展。二是将兰西城市群核心区域的资金、技术、产业等优势资源与第二圈层县级城镇低成本的土地、丰富的劳动力等形成合作，实现双赢。三是加大招商引资力度，吸引并积极承接东中部的一些劳动密集型、资源密集型产业向第二圈层县级城镇转移，实现区域内部产业结构升级，优化三大产业结构，逐步增加工业比重，实现可持续发展。四是第二圈层城市要积极主动打通产业、项目的信息互通及承接渠道，依托现状资源、人口优势，提升当前劳动密集型等

产业发展，夯实产业基础，大力整合僵尸企业，做好产业链承接、延伸准备，对接周边发展机遇、主动融合。

（四）抢抓我国城市群大发展机遇，提升兰州—西宁城市群国内和国际地位

兰州—西宁城市群作为西部国家级城市群，不仅要提升城市群内生竞争力，也要与其他城市群甚至国际上建立密切联系，通过外引内联实现快速发展。一是兰西城市群要积极响应国家“一带一路”倡议，加快建设“中新南向通道”，发展通道经济，提高经济效益，构建沟通西北西南、连接欧亚大陆的重要枢纽，加强与关中平原、成渝、银川平原等城市群的合作，要利用市场资源促进关联产业集聚，加快城市群健康、高质量发展。二是一方面加强与“一带一路”沿线国家和地区在装备制造、石油化工、有色金属、现代中医药和生物制药、新能源、新材料等领域的合作，推动兰西城市群优势产业走出去跨国经营，积极支持国际产能合作，以现代中医药和生物制药为突破口，推进医疗、教育、科技、文化等领域国际合作交流，搭建交流平台，深化产学研结合、人才培养、科技成果转化等方面的国际交流合作。另一方面促进与“一带一路”沿线国家和地区在旅游业的深度交流，融合黄河旅游、丝路旅游、青藏旅游、大九寨旅游等精品旅游线路，打造西部旅游大枢纽和全域旅游示范区，全方位对接“如意甘肃”“大美青海”旅游形象宣传，全面提升兰西城市群文化旅游的品牌影响力和吸引力，协同推动旅游一体化开发和品牌共建线路互联、共建“丝绸之路、唐蕃古道、祁连风光、黄河风情”等历史文化旅游高地，打造中国西部最美生态旅游交通廊道。进一步完善智慧旅游体系，协同建立旅游市场联合营销体系，以兰西城市群和“一带一路”国家和地区之间深厚的历史渊源和人文基础为依托，加快推动甘青两省文化旅游品牌走出去，促进兰西城市群与“一带一路”城市间的信息和文化交流，为开展区域间合作奠定社会基础。

（五）强化生态命运共同体意识，联合发挥生态内生动力

强化生态环保意识，贯彻落实“山水林田湖草是一个生命共同体”的生态保护理念，科学治理城市群内环境，借鉴都江堰之魂，重塑流域新型水土关系，打造黄河上游生态环境新格局，为兰西城市群可持续发展提供生态保障。以支撑北方防沙带和青藏高原生态屏障的建设为重点，建立相对稳固的生态建设服务基地；根据祁连山、三江源等国家生态安全屏障，构建以黄河上游生态保护带，大通河、湟水河和拉脊山、达坂山生态廊道构成的次级生态安全屏障。

*执笔人：赵　锋

*　赵锋，民盟甘肃省经济委员会副主任，民盟兰州财经大学委员会主委，兰州财经大学科技处副处长。

第十八章
关于从国家战略层面推进环渤海地区更高质量一体化发展的研究报告

民盟山东省委

摘　要：本文客观分析了环渤海地区一体化推进面临的问题，创造性提出了建设世界级湾区城市群组的战略目标，并围绕将环渤海地区更高质量一体化发展纳入国家战略层次，从成立高层协调推进机构，制定《环渤海地区更高质量一体化发展规划》，确定城市发展优先级、分层次打造城市群，争取政策倾斜支持优先解决交通环境信息等三个方面的主要瓶颈短板，充分发挥行业协会作用、推动企业等市场主体积极融入环渤海更高质量一体化发展进程等五个方面提出具体建议，为国家未来制定环渤海更高质量一体化发展方案提供决策依据。

本文所研究的环渤海地区，是指以京津冀为核心、以辽东半岛和山东半岛为两翼的环渤海经济区域，主要包括北京、天津、河北、山东、辽宁三省两市的“3+2”经济区域，面积 51.8 万平方公里。2018 年，地区总人口 2.6 亿，占全国人口的 18.4%；地区生产总值 18.7 万亿元，占全国的 20.4%，是我国北方发展基础较好的区域，也是继长三角、珠三角、粤港澳之后最有条件形成跨区域合作的经济区域。京津冀协同发展、“一带一路”建设、粤港澳大湾区、长三角区域一体化等一系列国家战略推进，为环渤海地区合作发展提供直接示范和经验借鉴。

一、推进环渤海地区更高质量一体化发展的战略意义

（一）环渤海地区良好的区位优势和优越的地缘联系，更高质量一体化发展是贯彻“协调发展”新理念的需要

“协调”注重的是解决发展不平衡问题。环渤海地区更高质量一体化发展有利于解决南北发展不平衡的问题。包括京津两大直辖市在内，环渤海地区城区人口超百万的城市有 13 个；有文化科技高地首都北京，全国科研实力最强的科研院所和高校汇集于此；环渤海湾是全国三大经济湾区之一，人口密集、自然资源丰富，2018 年位列中国港口货物吞吐量的前十大港口有 6 个。

（二）环渤海地区更高质量一体化发展是环渤海地区产业有序布局、环境质量有效改善的必要举措，是贯彻“绿色”发展新理念的需要

“绿色”注重的是解决经济社会与资源环境和谐发展问题。环渤海地区人口密集、产业聚集，但该地区资源条件比较薄弱，特别是渤海所承受的陆源污染压力相当大、京津冀及周边地区大气污染防治成效并不显著，淡水资源长期短缺等问题，成为制约区域经济社会快速发展的最大短板和瓶颈。从环渤海地区产业发展趋势上看，钢铁、石化、装备制造等重化工产业发展势头依然迅猛，加大资源消耗同时带来生态破坏环境污染等问题。

（三）环渤海地区更高质量一体化发展是贯彻“开放发展”新理念的需要，条件具备、时机成熟，切实可行

“开放”注重的是解决发展内外联动问题。环渤海地区位于我国沿太平洋

西岸北部，处于东北亚经济圈的中心地带，向南对接长江三角洲地区，向东沟通韩国和日本，向北连接蒙古和俄罗斯远东地区，幅员辽阔、连接海陆，自然资源丰富、产业基础雄厚。作为“一带一路”对接欧亚经济联盟的重要节点，该地区在我国改革开放和高质量发展进程中的巨大潜力还未发挥出来。

二、环渤海地区一体化发展主要问题

（一）区域发展不协调、不平衡，三大城市群各自为政，中心城市辐射带动能力有限，城市群基本框架仍需完善

环渤海地区城市群区域发展能力不协调、不平衡现象依旧严峻，与长三角有较大差距。产业配套不协同、利益分配存在冲突、行政体制障碍等问题依然突出，城市群内部还未形成合理的城市分工和层级体系，城镇体系结构失衡与城市间公共服务水平落差明显。以发展态势较好的京津冀城市群为例，北京、天津没有完全发挥出中心城市的“龙头”带动作用，很难辐射到区域内周边省区，也难在中心城市发展中切实分享到区域经济发展的“红利”。

（二）跨区域交通等基础设施建设滞后，港口建设重复、过度竞争

目前，环渤海地区间的交通、能源、水利、信息等跨区域重大基础设施尚未实现具有系统化、体系化、集约化的全面联网。以交通为例，环渤海铁路、高铁虽已纳入国家战略规划，但进展缓慢。连接山东、辽宁的渤海海峡跨海通道，也尚处于前期研究论证阶段。环渤海地区是世界上港口最密集的区域之一，沿海城市市市有港口，且吞吐量过亿吨的港口已达 9 个（大连、营口、秦皇岛、黄骅、唐山、天津、烟台、青岛、日照）。各地港口腹地高度交叉重叠，内耗式竞争激烈，区域间关联合作体制机制亟待建立。

（三）区域资源环境超负荷承载，渤海湾局部海域污染问题突出

目前，环渤海地区水资源量有限，海水淡化规模化应用存在诸多困难；废气排放量大，土壤复合污染和大规模生态退化隐患显现。京津冀及周边地区PM2.5 年均浓度超标 71.4%，仍然处于高位，秋冬季大气污染治理日趋复杂，产业、能源、运输结构调整优化还需要一个过程，继续大幅改善空气质量的难度加大。重化产业化导致渤海湾海域污染恶化趋势加快，作为地方经济支柱，各省市争相发展重化产业，环保形势更加严峻。

（四）区域产业结构趋于雷同，产业链关联不够紧密，产业发展互补性不强

环渤海地区大部分省市是我国老工业基地的重要区域，近年来，产业转型滞后，堆积大量的石化、钢铁、能源、化工、建材等过剩产能，且随着高新技术产业兴起，各地均在争相发展电子信息、生物制药、新材料等产业，导致资源浪费、盲目竞争。区域内省市国有经济占比普遍偏高，产业结构偏重偏旧，加之营商环境欠佳，导致民营经济发展质量不高，企业、产业创新动力不足，新动能增长点“青黄不接”。北京与区内其他省市产业发展水平的差异，也使产业辐射和承接存在着一定的困难。由于环渤海地区国有企业占比长期较高，各地区商会、行业协会作用发挥不充分，市场主体对区域一体化发展认识存在偏差，行业趋同、发展无序、协作意愿不强。

三、推进环渤海地区更高质量一体化发展的战略定位和发展目标

（一）环渤海地区更高质量一体化发展的战略定位

环渤海地区更高质量一体化发展的战略定位为：世界级湾区城市群组。以

京津冀城市群为核心，以山东半岛城市群和辽中南城市群为两翼，以区域内相对发达的城市为支点，以交通一体化、生态环保一体化、信息沟通一体化发展为发展极，建设世界级湾区城市群组。

（二）环渤海地区更高质量一体化发展的目标

到 2025 年，环渤海区域交通一体化、生态环保一体化以及信息一体化发展取得显著成果，开放发展能力和国际化程度显著增强，世界级湾区城市群组框架基本形成。

到 2035 年，区域发展要素合理流动、产业空间布局较为科学，城市发展定位明确的城市群发展格局基本确立；新旧动能转换取得显著成果；交通、环保、能源、信息等基础设施支撑保障能力进一步增强；对外开放型经济新体制加快构建，中日韩经贸交往进一步加深。

到 2050 年，环渤海地区综合实力显著提升，区域内经济发展活力充沛，城市关联度较强，要素流动通畅，贸易投资便利化程度高，世界级湾区城市群组初步建成。

四、环渤海地区更高质量一体化发展的重点任务和路径选择

（一）环渤海地区更高质量一体化发展的重点任务及其相互之间的逻辑关系

环渤海地区一体化发展，是一个系统性工程。建设世界级湾区城市群组是关键，也是总目标，交通一体化是基础，环保一体化是前提，数字经济与实体经济融合发展是路径。水资源短缺也是环渤海地区发展必须面对的问题，生态环境承载能力和水资源决定着环渤海地区的发展空间。

（二）环渤海地区更高质量一体化发展路径选择

一是建设世界级湾区城市群组，从国家层面制定环渤海城市群发展规划，强化京津冀城市群、山东半岛城市群、辽中南城市群对接合作，构建互惠融通的合作机制。二是建设互联互通的综合立体交通网，推动交通基础设施陆、海、天、网四位一体发展，建设铁路、公路、航空、水运、管道综合运输体系，实现区域内外互联互通。三是建设陆海气一体化环境监测保护机制，科学制定《渤海环境保护特别措施法》，实施环渤海区域主体功能区划分、生态—生活—生产的功能分区，建立区域生态补偿机制。四是重点支持数字经济与实体经济融合发展和5G布局建设，加大数字经济与实体经济融合发展和5G布局建设引导力度和先行先试功能作用，打造东部沿海数字经济发展新高地。

五、将环渤海地区一体化上升为国家战略具体建议举措

为确保环渤海地区更高质量一体化发展的重点得以有效推进以及一体化发展目标的实现，推动环渤海地区一体化向高质量、纵深化发展，建议国家将环渤海地区一体化提升到和粤港澳大湾区、长三角区域一体化同样的国家战略层级，发挥顶层设计、统筹规划的优势，将环渤海地区建设成世界级湾区城市群组，具体对策建议如下。

（一）建立高规格权威性日常协调机制，成立高层协调推进机构，突出对环渤海地区更高质量一体化发展的高端引领

在环渤海地区合作发展的过程中，有市长联席会议制度，但这个机制的协调能力和涉及议题都很有限。从国内外经验来看，京津冀协同发展领导小组、日本东京湾港湾联协推进协议会等机构都在区域一体化发展中发挥了重要作用。为此，建议：

建立强有力的常态化推进机构，完善协调推进机制。如建立国务院直属的

区域协调发展领导小组，健全完善多层次的区域发展组织架构，统筹协调整体推进环渤海地区交通互联互通、环保联防联治、产业协同发展以及渤海环境综合治理、渤海海峡跨海通道建设等重大工程。

提高环渤海区域间的统筹层次和协同效率，提高区域对话的层次和权威性。建议中央支持山东、辽宁两省以观察员身份，进入京津冀协同发展议事机构，列席京津冀协同发展的会议活动，形成和积累制度性成果，提升区域协同效率，推动环渤海地区一体化发展取得实质性进展。

建议由全国人大授权赋予环渤海地区合作发展立法机制改革试点权限，优化环渤海区域合作发展的政策法规环境。

（二）制定《环渤海地区更高质量一体化发展规划》，强化顶层设计

将环渤海地区更高质量一体化发展纳入国家战略层次，制定《环渤海地区更高质量一体化发展规划》。从国际范围内湾区城市群发展的经验来看，国家层面的跨区域顶层设计和协同发展机制，是湾区发展的重要的前提和基础，也是国家所能够提供的最重要的公共产品。例如，在东京湾区的发展上，日本政府 1951 年推出《港湾法》对港口发展数量、规模和政策进行统一部署，1960 年推出《东京规划 1960——东京结构改革方案》，推动东京湾区的结构升级。

建议中央层面尽早开展规划编制前期调研准备工作，争取在“十四五”期间（至少应在“十四五”末）将环渤海地区合作发展纳入国家战略层次，制定《环渤海地区更高质量一体化发展规划》，合理划分中央事权、区域共同事权和地方事权，统筹行使区域发展规划权、决策权、监督权，充分发挥京津冀协同发展重大战略支点作用，全力推进天津、辽宁、山东、河北自由贸易试验区建设和雄安新区、青岛中国—上海合作组织地方经贸合作示范区建设，推动环渤海区域合作发展制度化建设、常态化推进、更高质量一体化发展。

（三）明确建设世界级湾区城市群组长远发展目标，确定城市发展优先级，分层次打造城市群

选好优先城市，建设世界级湾区城市群组。目前，环渤海地区津冀、山东半岛地区和辽中南地区“三大板块”经济关联度较高，极易打造世界级湾区城市群组。为早日将环渤海地区融入世界经济格局，参与全球竞争，环渤海地区必须联合发展，以建设世界级湾区城市群组作为环渤海地区共同发展目标。

优先建设京津冀世界顶级城市群，提升京津冀城市群辐射带动能力。京津冀城市群是我国主要的规划经济区之一，是我国城市分布最密集、综合实力最强的区域之一。《国家新型城镇化规划（2014～2020年）》三次提到“京津冀”，而且都是与珠江三角洲、长江三角洲并列。特别是在经过最近几年有针对性的建设、发展，京津冀城市群发展质量水平得到显著提升。建议中央明确建设世界级湾区城市群组的战略目标，优先建设发展京津冀城市群，抓住国家区域发展和雄安新区建设契机，充分发挥京津冀协同发展优势，以“京津雄”为核心板块，以京津、雄安为京津冀世界级湾区城市群组重要支点和引擎，推进环渤海核心区的京津冀世界级湾区城市群组建设，辐射带动山东半岛城市群、辽中南城市群实现两翼齐飞、协同发展，进而推进环渤海大城市群建设。

推进环渤海地区城市群创新协同发展合作机制。一是建立健全环渤海地区三大城市群高质量对接、协同发展机制。优先支持山东、辽宁对接京津冀协同发展和雄安新区建设，强化环渤海地区三大板块对接合作、差异化发展，共同建设产业转移和产业协作的平台。二是建立互惠共赢区域合作机制。探索建立京津冀与山东、辽宁对接发展的利益分配、政策协同、体制沟通等新体制，推进绩效考核、税收分成等区域合作新机制，促进京津冀鲁辽在产业转移转型转轨中互利互惠、合作共赢。三是建立互通互联共享发展机制，提高城市群关联度。以京津冀城市群、山东半岛城市群、辽中南城市群为主体，探索试行区域通用的市民卡，使交通出行一卡通达，医保社保一卡结算，公共文化服务同享同用；进一步探索医疗、教育、就业、通信等资源的开放融通，逐步缩小地区

差异，提高公共服务同城化水平，增强城市辐射区域，提高城市群辐射带动能力。

重点支持山东半岛城市群、辽中南城市群发展，提升环渤海地区城市群综合竞争力，为实现世界顶级城市群建设目标奠定坚实基础。一是支持山东半岛城市群、辽中南城市群充分发挥区位优势，对接“一带一路”建设、京津冀协同发展、东北老工业基地振兴等国家区域发展战略，进一步提升经济紧密度。二是强化山东半岛城市群、辽中南城市群的连接协同。近期工作的重点是加快推进环渤海高铁、跨海通道规划建设，消除交通障碍，缩短空间距离，形成新的空间格局、产业规划，提升区域合作效率和发展质量水平。三是明确近期支持重点，为环渤海大城市群建设奠定基础。山东半岛城市群：加大对山东全面开展新旧动能转换重大工程、建设国内首个中国—上合组织地方经贸合作示范区的支持力度，打造高质量发展战略要地、建设现代海洋产业强省，探索中日韩三国地方经济合作等方面的实现路径。辽中南城市群：重点支持辽中南设立战略性改革试验区，充分发挥其在东北振兴中的龙头作用。通过提升山东半岛城市群、辽中南城市群综合竞争力和促进京津冀协同发展，全面实现环渤海地区三大板块协同、更高质量一体化发展，为建设世界级湾区城市群组奠定基础和发展条件。

（四）争取政策倾斜支持、探索推动先行先试，深化强化环保一体化、交通一体化和数字经济与实体经济融合发展

深化陆海气环境协同治理，建立健全环境保护一体化体制机制。环境是环渤海地区一体化发展的主要制约因素和最大短板，是环渤海地区三省两市共同面临的发展障碍，必须主动配合、协同推进，可以从以下方面着手破除障碍难题。

统一编制环渤海地区国土空间规划。建议从国土空间规划入手，统筹当前各省市着手开展的国土空间规划工作，从源头上破解资源环境约束，为实现经济社会高质量发展提供保障。要统筹指导环渤海地区聚焦聚力新旧动能转换、乡村振兴、经略海洋等重大战略，坚持生态优先、绿色发展、全域统筹，统一

编制环渤海地区国土空间规划，尽快形成环渤海地区国土空间开发保护“一张图”。

积极开展环渤海陆海气污染清单编制。建议开展常态化的陆海气污染清单编制，借助省以下环境监测机构垂直管理的契机，充分发挥生态环境监测机构主力军的作用，充分利用第二次污染源普查的成果，针对引发渤海生态破坏的陆源和内源污染源、陆地以入海河流为流域治理单元、大气以京津冀及周边“2+26”为城市群联防联控区域，系统开展各类型各要素污染来源调查和清单编制，并形成常态化的资金保障和工作运行机制，为提升环渤海地区生态环境治理能力和水平提供最基础的数据支持。

努力构建环渤海陆海气生态环境立体监测网络。一是构建天地一体化的生态环境监测预警系统。整合和完善河流、湖库、水源地以及近岸海域的水质自动监测系统，建设入海河流流域和近岸海域水质自动监测网络。研制、发射系列化的环境监测卫星并组网运行，加强无人机遥感监测和地面生态监测，实现对沿海重要生态功能区、自然保护区等大范围、全天候监测，提高对区域性、流域性水环境污染监测预警水平，防范水环境污染突发事故。二是健全完善污染减排监控体系。针对污染物来源和类型的变化，指导环渤海地区增加污染企业挥发性有机物监控监测，在企业厂区增设监测点位，对城市交通干线机动车污染和非道路移动施工机械污染增加监测监控手段，及时反映污染物排放变化和污染治理效果。三是建立生态环境监测数据集成与共享机制。尽快推动环境保护部门获取的环境质量、污染源、生态状况监测数据实现有效集成、互联共享，充分发挥环境监测数据的价值和效益。同时应加强对监测全过程的质量管理，确保监测数据质量。四是建立基于物联网化的智能环卫管控系统，实现各环卫机构的信息共享、卫生情况监控、生活质量改善、民生大数据的分析等价值和效益，提高政府对环卫工作的把控力度。

加快建立健全环渤海绿色金融体系步伐。建议中央重点支持环渤海区域培育绿色金融体系，并从政策上支持其先行先试，指导引领其建立健全与绿色金融相关监管机制，加强对绿色金融业务和产品的综合监管。同时，支持环渤海区域建立公共环境数据平台，并强化信息披露，打破由于信息不对称导致的绿色投融资瓶颈，让绿色金融真正起到连接供求的桥梁和组织资源的作用，成为环渤海一体化绿色发展助推器和加速器。

支持环渤海地区海水淡化规模化应用先行先试。山东省是我国较早开展海水淡化研究、应用的省份之一，有丰富的技术积累、人才储备，研发设计生产建造服务链条完善，沿海地区、工业园区使用淡化海水的规模不断扩大，具备先行先试的基础和条件。一方面，建议中央出台专门文件、扶持政策，支持山东省海水淡化规模化应用先行先试，如对淡化水生产补贴的财政政策，包括电价优惠、补贴淡化水生产、降低海水淡化企业税赋率以及参照公益性水利工程对海水淡化工程建设给予投资补助或贷款贴息等政策，促进山东省海水淡化工程布局与国家水资源规划紧密结合，实现淡化水在水资源中的统筹配置，解决水资源短缺的问题。另一方面，建议中央专门制定支持山东省发展海水淡化规模化应用的意见，充分考虑与环渤海地区一体化发展、京津冀及周边发展相关规划的协同衔接，支持山东开展海水利用示范城市、示范海岛以及区域海水淡化保障工程试点工作，支持山东探索淡化海水进入市政管网进行城市供水的运营模式，完善海水淡化价格、投资、监管、宣传等政策保障措施，为保障山东及其周边地区供水安全、探索环渤海地区水资源短缺解决路径发挥更加积极的作用。

加快交通互联互通建设进度，完善交通一体化网络。交通一体化为区域一体化的基础和纽带，环渤海高铁能将区域内三大城市群高效联通，渤海海峡跨海通道能极大提升山东半岛城市群和辽中南城市群的紧密度，以重点港口为枢纽加快构建陆海公铁综合立体交通网能进一步增进腹地延伸、提升地区开放度。这些重大工程规划建设都离不开中央的协调支持强力推进。建议中央从以下几方面，加大对环渤海地区交通基础设施建设的支持力度。

进一步推动环渤海区域交通基础设施联网，优化交通路网格局。一是加快推进天津—潍坊、潍坊—烟台等两段环渤海高铁建设，对接京沪高铁“第二通道”，助推京津冀城市群、山东半岛城市群、辽中南城市群的互联互通。二是加快推进环渤海高铁、公路、城际交通的规划、建设，逐步扩大以北京为中心的京津冀“半小时通勤圈”，实现环渤海中心区域 1 小时交通圈、环渤海全域

3 小时交通圈。三是尽快整合环渤海地区港口群，推进环渤海地区港口一体化发展，完善港口群集疏运体系，进一步提升区域内港口群综合竞争力和重点港口的枢纽作用。建议成立环渤海地区港口集团（或渤海港口经济联盟），推进环渤海地区港口整合，明确各区域港口功能定位、发展方向，通过差异化发展提升环渤海地区港口群综合竞争力。同时，重点支持天津港和黄骅港对京津冀城市群的辐射带动、大连港对辽中南城市群的辐射带动、青岛港和烟台港对山东半岛城市群的辐射带动，重点支持河北省石家庄、保定、秦皇岛，辽宁省沈阳、大连、营口，山东省济南、青岛、烟台等重要节点城市，提升港口群集疏运体系的通达性、顺畅性和效率性，进一步增进腹地延伸、提升环渤海地区开放度。四是加强海铁、公铁、海空等联运，探索各种联运便捷、高效的通关流程，针对港口、铁路、公路等制定相关政策，提高通关效率。

加快重大交通基础设施项目的论证规划建设，尽快启动渤海海峡跨海通道论证规划建设等各项工作。渤海海峡跨海通道能高效快捷连接山东半岛城市群和辽中南城市群，在东部沿海新增南北大通道，对区域快速发展意义重大，建议国家尽快支持启动通道立项规划建设：一是将渤海海峡跨海通道建设列入国家“十四五”发展规划、环渤海经济带发展规划等国家战略规划的实施方案之中，并制定相应配套措施，确保适时启动这一工程的规划和建设。二是建议借鉴三峡工程、青藏铁路、京沪高铁等重大工程建设的成功经验，由国务院领导挂帅，在国家发改委成立专门机构和办公室，加强对当前工程前期研究、规划工作的组织、协调和领导，推动工程尽快由部门、地方、专家研究层面上升为国家决策层面，尽快落实法人，并制定具体工作方案组织实施，积极主动开展工作，确保将各项前期工作任务落到实处。三是抓紧组织科研力量，开展工程重大技术项目协作攻关。建议由发改委、科技部、交通运输部、中国铁路总公司、中国国际工程咨询公司等有关部委、机构负责研究确定重大关键技术项目，协调全国科研机构、高等院校、工程技术单位等，整合工程、交通、设计、海洋、军事等各领域专家学者、工程设计等方面专家和人才，专题展开深入研究，务求取得妥善的解决办法和方案。同时，成立工程技术顾问组，负责各种工程技术方案的优化、比选、确认和推荐。在主要依靠国内科技力量的同时，对某些重要领域和关键技术积极开展国际合作。如重视英法海峡隧道、日本青函海底隧道等世界著名跨海工程施工技术的学习借鉴。四是抓紧工程经费的筹集和投入，为工程的顺利实施提供资金支持。建议国家从发展战略和全局着眼，加强对工程研究的经费投入，为工程前期工作深入开展提供资金支持。渤海海峡跨海通道建设运营企业和通道两端的辽宁、山东和贯通的吉林、黑龙江、江苏、上海、浙江等省市，可本着利益共享、风险共担的原则，共同筹措渤海海峡跨海通道研究与建设经费，履行相应的职责，承担相应的责任和任务。五是尽快启动蓬莱—长岛试验工程，为大通道探索、积累建设经验。蓬莱到长岛直线距离仅有 7 千米，地理地质条件相对优越，施工难度较低、协调成本较低、投资数额在几十亿元。建议国家在大通道正式启动之前，尽快支持推进该段试验工程规划设计、开工建设，争取用 3 ～ 5 年的时间建成并投入运营。

进一步推动交通运输服务转型提质升级，增强省际协调等体制机制、科技在交通中的创新引领作用。建议强化省际综合协调机制，尽快取消跨省界公路收费站，推广电子快捷收费系统等，加快探索城市交通的一体化发展，以交通促进同城化进程，进而促进区域经济社会一体化发展。发挥科技在交通中的创新引领作用，加快区域交通的便利化、信息化、智能化。

加大数字经济与实体经济融合发展、5G 布局建设等扶持力度，带动产业一体化提质增效。数字经济与实体经济融合发展，已经成为推动经济发展质量变革、效率变革、动力变革的重要驱动力，也是实现经济高质量发展的重要着力点。建议中央加大环渤海地区数字经济与实体经济融合发展扶持力度，带动区域产业一体化提质增效，助推环渤海区域抓住新一轮发展机遇，实现弯道超车、变道超车。具体建议如下：

强化顶层设计，以环渤海地区为试点，探索建立健全数据法规、标准体系和评价指标体系建设。一是要完善数据法规，建立数据标准体系。一方面，中央层面要加强信息化领域法律法规的制定、修订工作，统筹协调环渤海区域规章制度制定工作的情况交流和信息互通，实现信息化相关法律、规范性文件、政策性文件的相互衔接，避免冲突和较大落差；探索在公共信息等领域出台适合区域特点的规范文件，鼓励推动部门、企业等参与区域内适用的信息化应用标准。另一方面，指导环渤海地区借鉴数字福建的“处处相连，物物互通，业业创新，事事网办”建设经验、长三角信息一体化建设经验，编制和实施环渤海地区建设总体规划，实现其与国家相关发展规划、政策和试点项目、重大工程的衔接。二是加大中央政策协调支持力度，逐步健全完善区域内企业与政府数据双向共享机制。支持环渤海地区构建区域战略性、基础性、公益性的大数据平台，建设跨地区、跨部门、跨行业的数据资源和综合信息应用系统，联手建立“信息协作网”，打破行业壁垒、部门限制，形成统一数字模型、对接端口的信息一体化数据平台，真正实现区域内、政企间信息公开、数据共享，加快形成区域信息资源的充分利用和有效共享机制。三是建立健全数字经济质量发展能力评价指标体系。建议以环渤海地区为试点，由工业和信息化部牵头，科技部等部门联合参加，组织专门研究团队，聘请国内制造业数字化、网络化、智能化升级改造领域资深专家，参考对标数字经济支撑实体经济发展的国际先进案例和成功经验，围绕数字化研发、创新、制造、管理、服务等多个维度，立足于全要素生产率水平提升，综合制定一套科学完备、系统权威的总体评价指标模型，形成可供复制推广的数字经济质量发展能力评价指标体系。

重点支持数字经济基础技术、关键技术的研究攻关。一是要针对世界科技前沿和环渤海地区产业发展实际需求，由工信部、科技部、中科院等国家部委、科研院所提供技术支持、科研支撑，助推中关村科技园等环渤海地区的平台机构，加快数字经济领域关键核心技术攻关突破，重点推进数字经济基础技术、关键技术，如软件、核心零部件元器件、系统解决方案等研究攻关，加快培育重大原创成果，集中力量突破芯片硬件和基础软件等短板。二是着力加快打造环渤海地区数字技术高地，以北京、天津、大连、济南和青岛等城市为中心，推进实施数字技术创新重大专项，大力引进一批数字经济领军人才、经营管理人才和创新团队。

加大现代化专业产业园区规划建设力度，增强配套服务能力。一是依托中关村、中科院等园区、院所，充分发挥环渤海地区数字经济发展优势，以园区化、子母公司制，建设研发、设计、制造、服务等系统化的数字经济园区，集约建设研发中心、公共服务平台等，实现数字经济与实体经济的无缝连接融合发展。二是积极争取中央政策支持，实现环渤海地区各园区享有同等的税收优惠、资质互认等政策，减少审批项目、加强服务配套能力等，推动数字经济与实体经济向纵深维度融合。

打造数字经济与实体经济融合发展和5G布局建设示范区。一是以大数据为依托，完善主体功能区规划布局，带动环渤海地区产业一体化，打造数字经济与实体经济融合创新示范区。建议以区域经济活动为出发点，以大数据分析为依据，制定环境保护指标对策、指导产业规划布局，推进形成人口、经济和资源环境相协调的国土空间开发格局，实现生态—生活—生产的功能分区。二是坚持突出重点、差异化发展，加快推进环渤海地区数字经济与实体经济融合发展。数字经济与实体经济融合方面，重点支持河北省产业结构向高端服务业过渡转型，支持山东省数字经济与传统制造业融合发展，支持辽宁省数字经济与装备制造业融合发展，形成环渤海地区以数字经济发展为依托、差异化发展的区域经济更高质量一体化发展格局。推动数字经济与工业深度融合，重点支持环渤海地区工业互联网建设，通过实施“智慧工厂”项目，打造大数据平台，打进制造、供应链、销售、售后为一体的“互联网+”信息平台，增强工业发展质量。三是支持环渤海地区整体纳入国家5G试点示范区，重点支持5G与工业物联网、农业物联网的融合，发展新一代制造业、新农村建设。四是作为一个先期试验工程，建议打造我国第一个海上经济示范区——智慧渤海经济示范区。通过整合环渤海地区海洋科研力量，坚持环渤海发展“一张图、一盘棋”，进行统筹规划，集中优势资源，承接国家“智慧海洋”工程示范试点任务，打造我国发展海洋战略新兴产业的试验田，促进环渤海要素资源一体化、交通设施一体化、生态环保一体化、港口建设一体化、海洋产业一体化发展。

建设互联互通的信息管理系统，为环渤海地区一体化发展提供支撑条件。实现区域一体化发展的重要前置性工作是环渤海地区政府间、部门间、行业间互联互通的信息管理系统的建设。一是加强顶层设计、统一规划，实现信息管理系统的架构统一和平台统一。借助5G示范区建设，实现地区信息管理系统一体化，分层规划信息管理系统，在感知层、网络层、平台层上进行统一规范，从而实现开放共享、互联互通。二是积极引导，促进统一信息管理系统平台应用。建议通过丰富平台应用、开发平台业务为环渤海地区智慧湾区、智慧环保、智慧海洋、公共服务体系建设和产业布局等方面提供精准支撑，通过打造互联互通的信息管理系统，为环渤海地区一体化发展在科学决策、精准治理、融合发展等方面提供信息数据支持。三是坚持统一规范，统筹推进信息管理系统一体化。建立统一信息模型、统一接口规范、统一信息编码，引导区内各行各业一体化应用集成，做到有效、放心、脱敏、实时、互利的数据共享标准，使数据无缝、无害地在各部门间流动，实现信息共享、互联互认，在政务、民生和行业等各个层面实现开放共享。四是加强信息管理系统一体化的安全体系建设。以加密、共享、互利的方式实现数据的底层加密运算和安全共享，从而为各自的业务目标实现数据盲操作。探索制定一套涉及部门、社会、个人的数据共享的标准以及配套的公开标准模式下的加密算法，协同解决公钥、私钥和算法等问题。以成熟机制做保障，以政府的产业政策为导向解决信息一体化中的最大瓶颈。

（五）加强组织引导，发挥行业协会的作用，推动企业等市场主体积极融入环渤海更高质量一体化发展进程

目前，环渤海地区在市政行业、贸促系统、外贸工作、工程信息、企业合作、旅游、医院、报业媒体、金融担保等区域合作行业组织不断增多，在交通、公路、港口、环保、规划等合作层次不断加深，环渤海企业合作促进会、环渤海港口城市旅游合作组织、环渤海医院管理协会、环渤海报业媒体合作组织、环渤海地区金融担保网络、环渤海区域高新技术产业联盟、环渤海区域金融合作联席会、环渤海中小企业发展联盟等区域合作组织先后成立。特别是京津冀协同发展重大国家战略加快推进的新形势下，在交通、环保、商贸物流、金融保险、科技创新、医疗卫生、文化旅游教育等领域制定发展规划、合作协议、框架协议 100 多项，为系统规范加快区域行业协会发展，有力地推动了行业协会助力区域更高质量一体化发展。但在新政策相继推出、国际国内经济形

势复杂变化、区域合作进程不断加快的情况下，行业协会的发展明显滞后。

加强组织引导，发挥行业协会的作用，推动企业等市场主体积极融入环渤海更高质量一体化发展进程。建议在环渤海区域省级政府部门协调机制基础上，建立健全政府部门之间、行业协会等民间组织之间和企业之间的多层面信息化协调沟通平台，加强组织引导，推动信息共享、协同合作一体化发展，不断提升行业协会在信息沟通交流、助力产业协同、密切地区间发展等方面工作质量水平，推动企业等市场主体积极融入环渤海更高质量一体化发展进程。

* 执笔人：王修林　严中华　张怀成

* 王修林，山东省政协副主席、民盟山东省委主委。
严中华，民盟山东省委经济委员会主任、积成电子股份有限公司副董事长兼总经理。
张怀成，民盟济南市委主委、山东省济南生态环境监测中心站站长。

第十九章
“大三亚”旅游经济圈一体化发展研究

民盟海南省委

摘　要：“大三亚”旅游经济圈是海南省“十三五”制定的区域发展规划中的一个重点。“大三亚”旅游经济圈以三亚为核心，包括陵水、保亭、乐东三县。通过对“大三亚”旅游经济圈一体化的产业体系分析，提出“大三亚”旅游经济圈一体化发展中存在的系列问题。针对这些问题，本文提出了六条建议：加速构建畅通快捷的区域交通一体化网络体系；构建“景区游客流量动态监测平台”；大力推动健全景区及周围区域基础设施建设；积极打造“大三亚”旅游产业特色品牌；培育“智能互通”交流合作新格局；优化旅游职能部门与其他部门间的统筹协调工作。

“大三亚”旅游经济圈是海南省“十三五”制定的区域发展规划中的一个重点。“大三亚”旅游经济圈以三亚为核心，包括陵水、保亭、乐东在内土地总面积为6967平方千米，占全省土地面积的19.71%；2019年，常住人口160.91万，占全省的17.03%。

一、“大三亚”旅游经济圈一体化的产业体系及比较

“大三亚”旅游经济圈中的各市县紧紧抓住海南国际旅游岛和全域旅游示范省创建的重要契机，加快一体化融合，并实现产业差异化和特色化发展，在产业发展和项目建设举措方面取得了明显的成效，各市县的特色产业及相应的成效如表 19–1：

表19-1　　　　各市县特色产业及相应的成效比较

市县	特色产业	成效
三亚市	1. 大旅游（商贸、现代服务业、会展、婚庆、旅游等） 2. 新兴科技产业 3. 热带特色高效农业	1. 凤凰机场执行的国际及地区航线达 19 条、每周航班 65 班次；积极联合保亭、乐东、陵水发展新线路产品，截至 2020 年收集到 50 多条新线路产品；首创“目的地婚礼”营销；将举办一系列具有国际影响力的会展和文体赛事活动（世界小姐总决赛、澜湄国家旅游城市合作论坛、世界青年帆船锦标赛等）。
		2. 设立专项资金，每年安排不低于 1 亿元用于扶持互联网产业发展。引进腾讯集团、京东集团；2020 年，具有 114 家高新技术企业，118 家互联网企业。
		3. 农旅结合，可常态接待的休闲农业园区达 18 个；三亚杧果获评国家地理标志保护产品。
保亭县	1. 热带特色农业 2. 黎苗文化旅游	1. 加强“三品一标”认证和申报地理标志产品保护，强化品牌营销，鼓励创建和壮大红毛丹、益智、山竹、什玲鸡、六弓鹅等一批有影响力的本土特色品牌，“保亭红毛丹”“保亭山兰米”“七仙岭山竹”等地理标志商标相继获得国家商标局批准，国家级农产品地理标志商标达 5 个。
		2. 成立了“国家全域旅游示范区”创建工作领导小组；重点推进新建旅游景区景点建设、三道热带雨林黎苗风情小镇、新政旅游风情小镇、美丽乡村及文明生态村、五网建设；山海互动。
乐东县	1. 热带特色农业 2. 商贸文化 3. 旅游	1. 形成了冬季瓜菜、热带水果、南繁育种、天然橡胶四大支柱产品，被评为“全国香蕉产业十强县”“国家级香蕉标准化生产示范区”“中国果菜无公害十强县”“国家现代农业示范区”。

续表

市县	特色产业	成效
乐东县	1. 热带特色农业 2. 商贸文化 3. 旅游	2. 黄流商贸城棚户区改造项目已累计完成投资 149350 万元；新建黄流中学与华东师范大学第二附属中学合作办学，已签订合作办学协议。
		3. 旅游房地产综合开发项目——波波利海岸项目正在建设投资。
陵水县	1. 文化旅游 2. 热带高效农业 3. 互联网信息 4. 医疗健康 5. 高端房地产	1. 2020 年，全县服务业产值增加 113.08 亿元，下降 1.9%；全域旅游创建工作全面展开，雅居乐清水湾通过审批，光坡大艾园村、文罗坡村和大里小镇、什坡地区开启乡村旅游点创建工作。
		2. 2019 年全县农业增加值 48.7 亿元；平均增长 3.0%；成功创建 1 个国家级和 6 个省级现代农业产业园，农产品注册商标总数达 252 个，荣获“国家农产品质量安全县”称号。“陵水圣女果”“陵水荔枝”“陵水槟榔”“陵水黄灯笼辣椒”均获得国家级认定，光坡镇武山村（圣女果）入选全国“一村一品”示范村镇。雅居乐清水湾获批全国首个游艇特色小镇，成功创建 1 个省级度假区、2 家金宿级民宿、8 个省椰级乡村旅游点。
		3. 15 家企业加入清水湾国际信息产业园；与国家信息中心合作并引进南海大数据“一院一谷一中心”项目，建成 88 个村级电商服务站。互联网产业五年实现总产值 82.5 亿元，创业园区在孵企业 152 家，培育引进高新技术企业 17 家。
		4. 形成四道医疗保障体系；三医联动综合改革成效显著；陵水医疗卫生中心、张仲景大药房连锁公司签约落户；农垦南平医疗养生产业园、301 后勤保障基地、国贸泥疗衍生休闲旅游度假区项目加速推进。
		5. 海韵广场、海航 YOHO 已形成一定综合服务能力。房地产去库存成果丰硕。

“大三亚”旅游经济圈内，乐东第一产业的优势地位比较明显，三亚第三产业出现了一枝独秀的现象，遥遥领先于其余三市县，但是其对其余市县的辐射效应有待增强，未来三亚应该积极发挥其极化效应和领头作用，带动经济圈一体化发展（见图 19-1）。

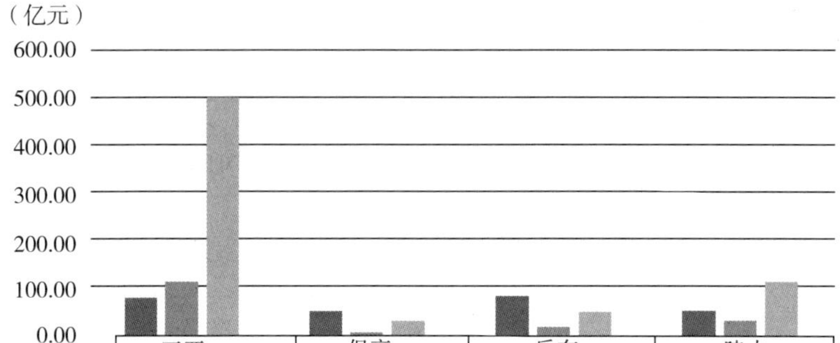

	三亚	保亭	乐东	陵水
第一产业	79.16	51.84	82.78	51.84
第二产业	113.30	6.01	18.84	30.60
第三产业	502.95	30.40	49.50	113.08

■第一产业 ■第二产业 ■第三产业

图 19-1 “大三亚”各市县三次产业增加值比较（2020 年）

二、“大三亚”旅游经济圈发展中亟须解决的问题

（一）一体化过程中市县间旅游产业同质化竞争严重

同质化竞争一直是困扰实现产业协同布局和区域一体化发展的瓶颈和困难。“大三亚”旅游经济圈市县间同质化竞争与发展的现象仍旧十分突出。比如，乐东县效仿三亚开发滨海旅游度假产业，同时发展海上旅游观光、水上项目、海滨浴场为主要内容的旅游产品。这不仅未突出乐东黎族、苗族既有的特色民族文化，同时也忽略了对乐东丰富的山地丛林旅游资源的整合与利用。体量偏小的乐东容易在与三亚的同质化竞争中“败下阵来”。再以陵水为例，陵水的椰田古寨景区和保亭的槟榔谷黎苗文化景区，都致力于发展海南黎苗文化；陵水的分界洲岛和三亚的西岛和蜈支洲岛，同属海上娱乐观光型岛屿。诸如此类的例子还有很多。这不利于各市县在发展中根据特色有的放矢，同时也不利于“大三亚”旅游经济圈一体化的实现。在“大三亚”旅游经济圈一体化发展过程中，需要实现资源的有效整合和利用。在遵循统一协调规划的前提

下，各市县需在旅游产品打造和特色产品开发方面多下功夫，尽量避免同质化竞争现象的“蔓延”。

（二）圈内市县间互联互通的现状不尽如人意

“大三亚”旅游经济圈一体化建设中，道路交通等的互联互通是维系各市县间协同发展的重要纽带，但圈内一体化旅游交通道路规划方面存在严重不足。四个市县的数十个旅游景区景点未能实现连续而有效的串联，高速公路、旅游公路等基础设施建设步伐缓慢。起于乐东尖峰镇，终到龙栖湾抱套河，全长 50.6 公里的滨海公路，虽已于 2013 年 12 月开工建设，但目前进展较为缓慢。再如，打通连接陵水土福湾和三亚海棠湾间的通道，则要在三亚藤桥段连通项目修路 2 公里，其中修桥 500 米左右。这些都是目前已设计开建的项目，还有许多区域间的道路互通项目未规划设计。同时，各市县间快速干道和城际公共交通线路尚未开通，旅游车辆跨境运营困境和阻碍自由行的地域限制还未打破。这阻碍了三亚客源向周边市县的顺畅流动。由于区域间道路建设发展的滞后造成的跨区域相关基础设施建设发展的不足，也导致了各市县无法形成环境保护、产业项目和生活措施等的联动和互补，进而制约了“大三亚”旅游经济圈的推进。

（三）特色旅游产业发展过程中的配套设施建设亟待完善

“大三亚”旅游经济圈以旅游业为主的特色小镇、美丽乡村建设是区域内特色旅游产业发展的一大亮点。以乐东县的丹村和三亚市内的中廖村为例，在融合文化旅游特色、打造美丽乡村和乡村精品旅游示范点等方面均取得较为显著的成效。这些乡村在改造过程中把民族歌舞、老年大学等元素融入其中，对境内外游客产生了较强的吸引力。但这些乡村在打造特色旅游的过程中，餐饮、住宿等配套设施的建设未及时跟上，导致旅游配套服务不完善。在上述两个村子中，成规模化且平民化的民宿和干净、卫生的就餐场所以及种类丰富的购物场所都未建成。这无疑导致了哪怕游客能到达这些旅游目的地，但这些地方却没法留住游客的尴尬局面的出现。尚处于“门票经济”阶段的旅游经济，在入境旅游人数不断增加的同时，过夜游客数却增长缓慢，这极大影响了市县间协调且长远的发展。

（四）旅游资源整合力度不足、产品品牌意识淡薄

在现有旅游市场体制下，各市县旅游资源整合力度存在明显不足、旅游产品品牌意识较为淡薄。以保亭、乐东两县发展黎族苗族文化旅游为例，保亭和乐东有着深厚且悠久的黎族苗族历史文化底蕴，民族文化特征突出、手工艺等物质与非物质文化遗产特色鲜明。尽管这些都是不可多得的中华艺术文化瑰宝，但在保亭、乐东等县融入“大三亚”旅游经济圈的过程中，却没有充分整合利用好这些文化元素助力旅游业发展。尽管目前保亭县已设立了县城文化中心、民族博物馆等文化展示机构，但由于缺乏专业的解说人员和与旅游团衔接的专项旅游项目开发，同时文化展示和演艺内容不足，使这些文化资源对旅游业的贡献度大大降低。

（五）旅游市场综合整治与跨市县联动协作不到位

在打击旅游乱象的过程中，三亚市成立了全国首个旅游警察支队，一定程度上打击了当地旅游市场违法违规行为。但在这个过程中，一些不法分子和部分不合规的旅游业从业人员趁机涌入周边市县。在应对和处理旅游乱象和景区突发事件的过程中，陵水、保亭、乐东三县的旅游执法队伍建设力量较为薄弱。以陵水为例，虽然“1+3”陵水旅游综合监管模式已初步建立，但具备相应知识和经验的专业旅游执法队伍仍旧不健全。此外，“大三亚”旅游经济圈内跨市县旅游市场综合整治和市县政府间联动协作合作机制仍未构建。比如，立足“大三亚”旅游经济圈一体化下的旅游警察支队、旅游工商分局、旅游巡回法庭等机构尚处于酝酿阶段。“一队人马两套牌子”的现象十分突出。这导致执法部门工作量大、专业技能不精等问题的出现，进而对规范“大三亚”旅游市场造成不利的影响。

三、“大三亚”旅游经济圈一体化发展的建议

（一）加快构建畅通快捷的区域交通一体化网络体系的步伐

加速构建旅游引导机制和畅通便捷的区域交通一体化网络体系。用道路畅通带动资源流通，进而实现民心相通。按照统筹规划、合理布局的要求，逐步实现互联互通、共建共享，建立滨海腹地一体化旅游交通体系。以三亚为中心建立综合旅游集散中心，并在其他三县也设置相应旅游集散场所。当旺季到来、游客数量激增时，可通过集散中心的分流效应积极引导游客向周围三县流动。通过道路交通管理部门和旅游部门协作，探寻构建“大三亚”经济圈现代立体交通体系。通过立体交通的构建，将三亚海棠湾、陵水土福湾、乐东尖峰镇等节点性区域进行串联。同时，在现有环岛高铁线路的基础上探寻便捷高效的跨区域交通路线。在实现交通一体化的同时，推进网络通信和电站等配套基础设施在区域内实现全覆盖，建立“大三亚”交通配套设施一体化智能网络系统。通过更为畅通的一体化交通体系和相关配套设施的构建，带动三亚客源等资源向周围市县辐射，逐步提升“大三亚”经济圈内各市县收入水平和整体效益水平。

（二）构建“景区游客流量动态监测平台”

利用移动公司已有移动基站，通过信令侦测技术，结合 GIS 地理信息技术，锁定各个景区范围在网用户，实时接收用户时空信息，构建“景区游客流量动态监测平台”，分析出游客的流动情况。主要实现六大功能：一是景区接待统计，统计景区游客接待人数情况，按年、季度、月、日统计，计算同比、环比增长比例。二是游客归属地分类统计，按国内游客、海外游客、港澳台游客，统计各月份、各季度游客人数和比例。三是景区实时游客数统计，通过实时数据采集、分析，统计分析景区当前在园的游客数量。四是景区新增游客数统计，通过实时数据采集、比对，统计分析景区每小时内新增的游客数量。五是游客旅游天数统计，按游客旅游天数统计各月份、各季度游客人数和比例，

分析游客在海南省的旅游天数；同时按游客景区驻留时间段（0～1小时、1～2小时、2～6小时、6～24小时、24～48小时、48小时以上）进行统计分析，分析各景点游客驻留时长。六是景区排行统计，通过分析各景区的入园总数或驻留时长进行综合排名，确定各个景区热度。相信该平台的运营一定会使大三亚的发展“如虎添翼”。

（三）大力推动健全景区及周围区域基础设施建设

加快景区内和景区周边基础设施建设和配套服务的完善。四个市县可共同编制包含四市县的旅游公共服务设施规划，实现四市县合理布局共同建设。酒店和餐饮服务是旅游服务业发展的重要环节，更是在交通便利化程度之外决定一个地区是否能够吸引和留住客源的决定性因素。目前，虽然陵水、保亭、乐东三县均拥有不同数量的四星级、五星级酒店，但这些酒店与三亚同级别品牌酒店相比，提供的服务别无二致，这些区域的特色自然资源、人文资源以及美食小吃等元素并未在酒店中得到充分体现。为此，为了进一步吸引过夜游客，陵水、保亭、乐东三县应更多地在特色主题酒店方面下功夫。比如，保亭应将地热温泉资源、山景观光与酒店选址及设计规划相结合，为淡季旅游产品营销提供更广阔的空间；乐东可积极建设以黎族苗族文化为代表的民俗文化主题酒店，在酒店外观设计和运营模式上引入黎苗建筑风情和黎苗歌舞表演，争取用区域民族文化留住来此短途旅行的客人。更为重要的是，要提高这些酒店的从业人员素质。只有真正提高服务水平，提升服务意识，才能赢得顾客的喜爱。这些都有助于弥补陵水、保亭、乐东三地自身旅游资源的不足，进而助力旅游业综合发展和“大三亚”一体化的统筹规划。此外，四个市县还可采取一卡通的旅游服务模式，使游客从景区门票、住宿、就餐、乘车等领域享受区域内一体化服务。这不仅能够进一步打破“大三亚”旅游经济圈发展的僵局，更有利于陵水、保亭、乐东在客源大批量跨区域流动过程中留住游客，增加政府收入。

（四）积极打造“大三亚”旅游产业特色品牌

“大三亚”旅游经济圈的示范区需要进一步升级优化品牌，以发展现代农业为例，可以主打现代农业品牌。农业园区建设可从五个角度全方位展现现代农业特色：现代农业是绿色农业（有机农业）、现代农业是工厂化农业（设施农业）、现代农业是休闲农业（观光农业）、现代农业是立体农业（无土农业）、现代农业是生态农业（循环农业）。在保亭、乐东等地区，也应进一步深化品牌理念，通过进一步扩大黎族、苗族织锦技艺、民俗乐器等非物质文化遗产传习所的影响力，以及将少数民族建筑风格融入市政建设规划等方案，扭转品牌意识淡薄的现状，不断实现旅游资源的整合，深化民族文化产业对区域发展的推动作用。此外，文化旅游品牌的打造还可以学习借鉴较为成功的杭州“印象西湖”、武夷山“印象大红袍”、无锡“千古宋城”等模式，将文化旅游与品牌运营相结合，打造一批耳熟能详的、具有大三亚特色的品牌。此外，各市县还可以共同搭建旅游产品推广平台，发挥三亚火车头作用，整合品牌优势、开展国际、国内四市县联合抱团市场营销，实施抱团推销和共享宣传，实现资源共享，以“1+3”模式在国内外市场上做大三亚旅游圈的品牌，共同做大旅游市场的蛋糕。

（五）培育“智能互通”交流合作新格局

引入大数据后的“大三亚”旅游经济圈一体化建设进一步打破了地域和时空的局限，重点在于培育市县间的“智能互通”交流合作新格局。现有的对三亚、陵水、保亭、乐东的旅游业发展状况和信息的报道和披露往往局限于政府官网和部分零碎的专题报道，相关信息呈现“碎片化”、滞后性强的特点，很难给游客形成整体的印象，有些关于景区最新规划的信息甚至无处可查，这些状况有时甚至会误导游客出行。对此，国家旅游局可与国家信息中心下设的大数据中心等部门合作，专设一个类似于“百度百科”的信息平台，对“碎片化”的“大三亚”旅游经济一体化和各地区差异化发展的信息进行及时汇总，经分类（如按信息类别、紧急程度、差异化发展程度分类）后采用多语种发布在平台上，便于境内外游客及时查阅和规划路线。热门景区的票价、景区特色和规章等信息还必须定时更新，避免耽误出行者的计划。在借助大数据计算中心强大的存储容量基础上，平台还可以与气象部门合作，同时利用卫星定位功能，将各市县的天气和景区内推荐的游览路线以及特殊天气条件下容易出现的自然灾害等信息以链接的形式设置进去，进一步方便游客提前做好应对天气变化、规避灾害风险，同时根据游览时长选择合适的观光路径。人性化的服务将吸引更多的游客参与“大三亚”旅游，增加客源的整体规模，把“蛋糕”做大。从长远来看，游客规模的不断扩大也将刺激陵水、保亭、乐东三县优化旅游产业结构、提升软硬件服务质量，逐步分享三亚“极化”发展过程中带来的外溢效应，留住游客，增加旅游收入。

在通过该信息平台公布的各市县旅游业发展信息中，不仅需要贯彻差异化的发展原则，让游客对各地区的特色旅游产品一目了然（对于部分同质化“结盟”开发的项目也应体现项目内是如何有机结合与联动差异化发展的）；同时，还应特别说明乐东、保亭等县淡、旺季截然不同的旅游资源。这不仅有利于偏好不同的游客对旅游时间作出更为合理的规划，更有利于保亭在淡季突出地热和山地旅游优势、乐东凸显少数民族文化旅游的特色，提升淡季旅游产品营销质量、弥补“蓝色旅游”的不足、增加旅游收入，打响文化和特色游品牌。

（六）优化旅游职能部门与其他部门间的统筹协调工作

在实施“大三亚”一体化全面统筹、各市县分产业重点规划、打破市县间交通阻碍、推进特色鲜明的旅游品牌建设及基础设施建设的基础上，还需不断强化旅游职能部门自身的监管工作，并优化与其他政府部门间的统筹协调工作。其中重点包含：旅游局、旅游委等部门进一步从宏观层面加强对各市县新开发的滨海、山地、休闲养生等旅游项目的审批及旅游产品的监管；同时，还应密切与发改委、交通、工商、质监等部门的合作，从旅游线路规划的合理性和可实施性、旅游产品开发的成本和质量、旅游景区及周边区域旅游乱象的动态监管与综合治理、自然灾害的预防与救助、旅游品牌的长效建设等方面实现“大三亚”旅游经济一体化长期规划与重点发展的统一。以三亚、陵水两地都想发展游艇、游轮旅游为例，旅游监管部门应与交通、设计与测绘等部门合作，就三亚和陵水两地游艇、游轮靠泊水域的水深、水文状况进行系统测绘分析，根据两地不同的水域面积、海岸地理结构、水深水文特征、经济发展水平规划建设相应规模的游艇游轮港。同时，为避免三亚、陵水两地游艇游轮领域的同质化竞争，旅游职能部门还需要与航线规划等部门协调，为两地游艇游轮出港设计不同方向的航线，在避免同业竞争的同时更能有效扼制海上无目的游等欺诈行为的蔓延。通过这些协调统一的发展规划，可以实现各地区旅游业发展与经济社会发展状况和自然禀赋水平相协调，优化政府职能监管与旅游服务质量，逐步减少资源浪费。

*执笔人：李仁君

---

* 李仁君，海南省政协经济委员会副主任，民盟海南省委副主委，海南大学继续教育学院院长，教授，《零讯》特邀信息员。

第二十章
浙南闽北赣东城市群发展研究报告

民盟中央经济委员会

摘　要：当前，浙南闽北赣东城市群发展中仍面临着竞争大于合作、基础设施互联互通不足、科技创新缺乏协同联动、公共服务对接转续滞后、生态环境共治共保不力等瓶颈问题，其背后是地方保护和市场分割、市场规则和市场准入不统一、产业分工协作机制不健全、成本分担和收益共享机制缺位、“放管服”改革亟待深化等体制障碍。建议“十四五”期间，更好发挥温州在浙南闽北赣东城市群的“主引擎”作用，积极探索省际交界区域合作新机制，推动浙南闽北赣东城市群更加科学、更加高效治理。

浙南闽北赣东城市群包括温州、台州、丽水、宁德、南平、上饶六市，位于长三角与海西区的交会区域，既受到两大经济区的辐射，又自成经济发展格局。六市地形地貌以山地丘陵为主，同属省域经济边缘，相对来说，温州在该区域中具有综合比较优势。温州打造浙南闽北赣东区域中心城市，在区位交通、经济社会、国家战略等方面存在优势和机遇，但也存在集聚辐射不足、交通网络不完善、周边大都市虹吸竞争等方面的问题和挑战。“十四五”时期，温州发挥“主引擎”作用，推进浙南闽北赣东区域合作发展，有利于温州扭转被边缘化的局面，有利于打破省市际行政壁垒，有利于加快省际交界地区发展，有利于推进浙江大花园建设行动计划，有利于探索省际交界区域合作新机制。

一、浙南闽北赣东城市群发展存在的问题和挑战

（一）中心城区集聚度偏低，辐射带动作用不强

温州市作为区域性中心城市，其中心城区对经济和人口的集聚度不高，存在明显的“小马拉大车”现象。统计数据显示，温州市辖区经济体量占全市的比重长期徘徊在 40% 左右。目前，温州城市的人口规模仅为 200 多万，与 I 型大城市的标准还有近 100 万人的距离。温州城市人口规模偏小，经济集聚度偏低，现代服务业发展承载空间严重不足，且城市环境、形象、服务功能等方面都有待提高，造成其对周边地区的吸引力和辐射力较弱，辐射距离有限，甚至难以突破市域范围。加上温州市中心城区各片区之间结构松散、差异较大，特别是核心功能板块分散且建设相对滞缓，集聚经济效率不高，进一步削弱了中心城区的辐射带动能力，面临中高端生产要素和部分市场流失的风险。

（二）区域交通网络不完善，经济社会联系不畅

浙南闽北赣东区域交通网络尚未形成，严重制约着城市间的经济社会联系和往来交流。浙南闽北赣东区域多山的地形地貌特征，加上属于省际交界地区，严重增加了交通基础设施建设的难度。温州、台州与宁德均处于东部沿海地区，建有铁路和高速公路直接相连，但在温州与南平、上饶之间，台州与丽水、南平、上饶之间，丽水与南平、上饶之间的交通联系都要绕道通达，交通联系很不便捷。尤其是温州与南平、上饶等城市的交通联系不便捷，对温州打造浙南闽北赣东区域中心城市形成严重制约。

（三）经济发展水平不突出，中心地位面临竞争

区域性中心城市不仅在经济体量和城市规模上要明显超过周边城市，而且

在经济发展水平和公共服务供给能力方面要明显高于周边城市。尽管温州市经济体量和城市规模在浙南闽北赣东区域内稳居第一位，但是经济发展水平并不突出。从人均产值来看，温州市人均地区生产总值明显低于台州市，也低于宁德市和南平市。温州市城镇居民人均可支配收入略高于台州市，但进出口额低于台州市。在浙南闽北赣东区域内，温州的中心地位尚不能形成统一认识，将面临来自台州等城市的角逐。

（四）周边大都市虹吸强烈，要素争夺处于弱势

浙南闽北赣东区域周边分布着多个大城市甚至大都市，北有宁波、金华—义乌、杭州、上海，南有福州，西有南昌。其中，上海、杭州、宁波、福州等城市都是人口规模 300 万以上的大都市，具备强大的吸引力和辐射力，虹吸效应明显，台州在宁波都市圈的辐射范围之内，丽水在金华—义乌都市圈的辐射范围内，宁德和南平都在福州都市圈的辐射范围内，上饶在南昌都市圈的辐射内。在与宁波、福州、南昌等大都市直面的要素争夺中，温州明显处于弱势地位，周边城市面向温州及其相互间加强合作的愿望并不强烈。

二、“十四五”时期温州发挥“主引擎”作用，推进浙南闽北赣东区域合作的目标和思路

（一）发展目标

到 2022 年，浙南闽北赣东区域合作要取得初步成效。温州发起成立浙南闽北赣东区城市长联席会议制度，六市签订浙南闽北赣东区域合作战略框架协议。各市设立浙南闽北赣东区域合作推进办公室。温州牵头编制浙南闽北赣东区域合作规划，推动建立浙闽赣三省沟通对话机制，上报国务院批复。

到 2025 年，浙南闽北赣东区域合作取得实质性进展，行政壁垒制约得到实质性突破，统一开放的市场体系基本建立，资源要素有序自由流动，重点领

域实现协同共进，协同联动的体制机制初步建立，高起点、高水平、高质量的协同发展格局基本形成。

（二）总体思路

深入实施国家区域协调发展战略，立足相关区域发展战略，推进浙南闽北赣东区域合作发展，要以实现合作共赢、共同发展为目标，发挥温州“主引擎”作用引领区域发展，通过内畅外联提升区域互联互通水平，通过集聚集群集约联动加快培育区域性中心城市，通过改革创新强化区域次区域合作，通过协同共建加强区域生态环境保护。

三、“十四五”时期温州发挥“主引擎”作用，推进浙南闽北赣东区域合作的重点任务

（一）加强规划对接

争取省际交界区域合作国家试点，温州市牵头组织上报申请把浙南闽北赣东区域合作发展纳入国家“十四五”时期经济社会发展规划。温州市牵头组织编制《浙南闽北赣东区域合作发展规划》，上报国家部委，争取获得国务院批复。有序推进瑞安或乐清撤市改区，做大中心城区规模，扩大城市发展空间。

（二）加强交通互联

加强交通部门对接合作，着力打通省界市界“断头路”，畅通区域交通联系，提升温州外联交通的网络化水平。规划建设温州高铁东站，形成双高铁枢纽格局，加快形成温州中心城区“两主一辅”铁路枢纽格局。加强与南平、上饶等主要城市的对接合作，规划建设直连的高速公路和高速铁路项目，大幅度提升和强化温州作为区域交通枢纽的地位。完善机场交通基础设施建设，提升机场国际服务能力。加快铁路引入核心港区、公路货站和物流园区，大力发展

海铁联运、海河联运等港口多式联运。

（三）加强产业协作

加大产业平台的投入力度，加快完善基础设施建设，增强产业平台的经济增长主阵地作用。加大招商引资力度，引进工业地产运营商，建设标准化和定制化工业厂房，引导工业企业向产业园区集聚，就业人口向中心城区集中。大力发展高端生产性服务业，强化辐射带动作用。支持苍南县与福鼎市合作共建浙南闽北区域合作特别示范区，共同招商，共同管理，共同受益。谋划建设中国（温州）技术产权交易所。积极推进签署《浙南闽北赣东区域旅游合作协议》，统筹区域旅游业发展。

（四）加强公共服务共享共建

依托温州医疗服务、高等教育等资源优势，打造浙南闽北赣东区域医疗中心、科教中心及疑难危重症诊治中心。探索社会保障和医疗费用报销的跨市、跨省互认和对接转换机制。推进公共服务均等化。

（五）加强生态环境共治共保

与丽水市加强合作，联防联控瓯江污染物排放，共建瓯江生态廊道。与台州、宁德加强合作，联防联控沿海污染物排放。

四、“十四五”时期温州发挥“主引擎”作用，推进浙南闽北赣东区域合作的政策举措

（一）推动规划无缝衔接，健全跨区域合作机制

推进规划对接和协调。把区域合作规划作为各地市产业发展规划、交通基础设施建设规划和资源利用与生态环境保护规划的依据，做到规划统一、

同步建设。加强沟通和协调，分别把浙南闽北赣东区域合作规划的编制申请列入本省“十四五”重点工作计划。把编制温州都市圈规划纳入温州市政府“十四五”重点工作计划，积极争取浙江省规划部门支持和帮助。

建立健全多层次区域合作协调机制。发起并牵头成立浙南闽北赣东区域合作市长联席会议制度，成员为各市市长，是区域合作和发展的决策机构，聘请浙闽赣三省主要领导为市长联席会议顾问，定期或不定期举办会议协商解决区域内的重大问题。各市成立区域合作办公室，或指定一个部门具体负责区域合作事宜。区域合作市长联席会议下设若干委员会，作为执行机构，定期召开会议，加强信息沟通，及时反映区域发展中面临的问题，提出解决办法。加强沟通合作，共同推动浙闽赣三省政府签订浙南闽北赣东区域合作战略框架协议，提供切实的支持和指导。

设立区域合作基金。各地市按财政收入 1% ～ 3% 比例拨付资金，成立浙南闽北赣东区域合作基金。除用于区域合作机构日常运行外，专项用于跨区域基础设施建设、区际利益补偿、区域重大课题研究及规划编制、区域重大活动开展等事项。

（二）升级温州城市定位，增强区域辐射带动力

着力推进温州大都市建设。以浙南科技城、浙南产业集聚区等重大产业平台为依托，改善基础设施条件，吸引产业集聚，壮大中心城区的经济体量和人口规模。有序推进市辖区合并、瑞安或乐清撤市设区，扩大温州城市发展空间。充分发挥温州（鹿城）市场采购贸易方式试点的作用，建设区域市场采购贸易中心。

完善温州都市区城市功能。加强温州中心城区及周边乐清、瑞安等重点城区的市政基础设施建设，完善中心城区和重点城区的公共交通设施，推进公交线路和轨道交通向远近郊区的延伸，提高中心城区与郊区的连通性，促进温州都市区一体化发展。

推进农业转移人口市民化。推广“人地挂钩”和“增减挂钩”的双挂钩政策，搞好建设用地增减平衡。积极探索住房新政策，多渠道帮助农业转移人口解决住房困难。有序推进农业转移人口市民化。

（三）优化产业空间布局，加强区域间产业协作

优化产业空间布局。加快推动各类工业项目向重点产业园区集中集聚。推进温州与其他城市间的功能分工，温州要大力发展生产性服务业、文化创意产业和高新技术制造业，加强对周边城市制造业的联动和服务，把研发和市场营销环节留在本地，成为产业发展的“制高点”。

构建两大产业协作带。着力推进温州与丽水的绿色环保产业协作，构建瓯江产业协作带。加强产业联动发展，整合温州、台州、宁德等城市的基础和资源，以开放型、创新型、宜居型为特征，推动湾区经济、海洋经济、港口经济与腹地经济协同发展，打造温台—温宁先进制造业及海洋经济产业协作带。推动各地市加强重点产业合作，实施“强强联手”，形成区域产业联盟，联合打造区域产业品牌。开展跨区域发展政策协同试验，为民营企业参与长三角一体化发展探索路径。推动温州、台州、宁德等沿海城市临港产业错位发展和分工合作，组建浙南闽北临港产业联盟，统一临港产业发展政策。

支持和引导区域产业链龙头企业合作。充分利用大项目的引领作用，延伸产业链的前端或后端，打造区域大品牌。依托温州瓯江口产业集聚区的威马新能源汽车和马太新能源汽车项目，推动温州、台州、宁德、上饶等地的整车上下游产业链配套项目建设。围绕大项目做强做大产业链，延伸产业链的前端和后端，促进温州、台州和上饶汽摩配传统优势产业的转型升级。

统筹区域招商引资引智政策。统筹产业招商政策，避免恶性竞争和低水平重复建设。统筹人才引进政策，避开与先进城市的正面竞争，走差异化合作路线。促进专业技术人员在区域内的合理流动，推动新技术中的隐性知识、生产工艺创新的共享和传播。通过培训、继续教育等方式，联合培养技能型人才和技术型人才。

加快推进温州区域旅游集散中心建设。以温州东部综合交通枢纽工程、温州动车南站等区域性交通枢纽为依托，建设若干个区域性旅游集散中心。依托高速公路和高速铁路规划建设，设计精品旅游线路，加快旅游合作，开行区域旅游专列。

（四）推进区域交通互联，提速区域交通一体化

加快推进温州区域航运物流枢纽建设。充分对接国家战略，加快推进温州港基础设施、航运交易中心、集疏运和多式联运体系建设。加快推动港口主要功能区从瓯江口内向瓯江口外转型，建成规模化、集约化、现代化的综合性港口。积极争取浙江省海港集团的支持。利用在外温商的国内外联系，构建区域商品进口中心。统筹利用区域港口资源，加强分工合作。

加快推进温州区域枢纽性国际机场建设。完善龙湾机场国际口岸建设，拓展、加密航线和航班，提高空港口岸开放程度，建设区域枢纽性国际机场。增强温州龙湾机场的区域航空服务能力，打造区域客货进出境中心。在周边城市探索建设温州龙湾机场异地航站楼的模式，强化温州龙湾机场对周边城市航空服务需求的辐射能力。

加快推进区域内城市间大通道建设。依托甬台温高速、甬台温高速复线（在建）、甬台温铁路、温福铁路等交通线路，北接台州，南接宁德，形成温州联系长三角、辐射闽北的重要通道。依托金丽温高速、金温铁路、新金温铁路，西接丽水，形成温州向西辐射的重要通道。开通温州—南平高铁运行班列，加密温州—宁德、宁德—南平高铁运行班列，提升温州与宁德、南平及沿线城市的通达水平。加快推进温州至武夷山铁路建设，西南接南平，形成温州辐射闽赣交界地区的重要通道。加快开展温州与赣东新通道建设的前期研究及规划论证。

（五）强化区域协同创新，构建协同创新共同体

推进产业协同创新联盟建设。依托温州国家自主创新示范区，建立产业协同创新联盟，开展大科学装置和科技研发平台合作。发挥温州国家自主创新示范区龙头带动作用，加强与台州、宁德等城市的科技资源共享和创新合作，以及创新成果转化和产业链推介。与台州、宁德等城市联合争取国家重大科技合作计划。

加强区域产业共性技术共建共享。建立行业性的公共创新平台，可以采取

两种形式：一是行业协会建立和运行创新服务平台；二是由行业协会组建以公司方式运营的技术中心。由于一般共性技术对推进企业技术创新具有渐进性，可以由行业协会组建但以公司方式运营的技术中心进行合作，致力于模具技术开发和行业人才的培养。

深化科技金融合作。探索创投机构、风险资本、科技银行等资源共通共享机制。充分发挥温州科技创新创业投资基金作用，融合其他市的基金以及资本市场，吸引符合各市产业发展导向的科技成果项目和企业在当地开花结果。引导社会资本投入科技创新，推动形成民间资本“炒科技”的良好氛围。

加强区域内知识产权保护和运用。围绕各市主导产业需求组建跨区产业知识产权联盟，优化各市之间备案管理制度和程序，加大对联盟建设和运行的经费支持。加快推进其他各市在主导产业领域建立快速维权中心。推进区域知识产权申报和审核互认。

（六）完善公共服务体系，实现公共服务均等化

推进公共服务便利化。全面实施基本公共服务标准化管理，以标准化促进基本公共服务均等化、便利化，逐步提升基本公共服务保障水平。探索构建区域基本公共服务平台，促进居民异地享受基本公共服务并便捷结算。

提升医疗卫生领域合作水平。发挥温州医疗资源优势，加快构建区域布局合理、综合型与特色专科型相结合的现代医疗卫生体系，推进区域内医疗资源合理衔接和医疗服务均等化。建立卫生健康医疗保障协同发展机制，构建以温州为中心的区域医疗网络，推进各地市医疗卫生服务平台互通互认。建立和完善公共卫生联防联控和信息共享机制，加强重大传染性疾病、突发公共卫生事件联防联控和相互支援，完善跨省异地就医信息沟通和应急联动机制。

协同促进就业和养老保障。整合区域内公共就业和人才服务信息共享平台，建立一体化的人力资源市场。共建职业教育一体化平台。完善扶持创业的优惠政策，共同营造有利于创业就业的环境。推进社会保障网络互联、信息互通，加快实现区域社会保障一卡通。

（七）对内对外开放并举，推进要素市场化配置

优化区域对外开放布局。依托沿海、高铁大通道，充分发挥温州、台州、宁德等节点城市作用，规划布局一批物流贸易基地和陆路开放口岸，推动铁路、内河、航空、海运等开放口岸共建共享。主动参与融入“一带一路”建设，对接沿线国家和地区发展需求，加强重点领域国际产能合作，促进产业有序转移与承接。以各市园区为依托，积极发展多种形式的国际合作。

共同推动开放平台建设。充分发挥温州综合保税区功能，辐射带动区域各市发展进出口贸易。支持温州积极申办建设国家跨境电子商务综合试验区，升级创新互联网技术，有序开展跨境电商业务。充分发挥各方面优势，积极打造国际交流平台。

提高利用外资水平。探索实施外商投资准入特别管理措施（负面清单），负面清单之外的领域按照内外资一致原则实施管理。吸引外资重点投向服务业、先进制造、研发等领域。积极试点外商投资参与“冷热电”三联供、污水及垃圾处理、地下综合管廊、公路、港口等基础设施项目建设。支持外商投资企业依法依规上市，在新三板挂牌，以及发行公司债券、可转换债券等融资工具，为外资企业融资提供更加便利的渠道。

（八）加强生态文明建设，推动区域绿色发展

加快完善环保合作机制。建立跨界污染联防联控机制，协同推进水环境质量监控网建设，互相通报跨界断面水质监测数据。推动空气质量数据联网，加快区域内各市大气自动监测数据共享。建立信息资源共享机制、跨区域突发环境事件应急响应机制、环境污染纠纷协调处理机制和环评会商、联合执法等联防联控机制，联合打击环境违法和突发环境事件应急处置，共保区域环境安全。制定统一的环保标准，建立统一的生态环境监测体系，联合开展环境质量和环境影响评估，形成环保长效机制。探索建立横向生态补偿制度，开展横向生态补偿试点。

共建跨境流域近海污染联防联治机制。推进浙南闽北跨境流域污染协同治理，成立跨境流域水环境保障协调办公室，加强交溪、鳌江等跨省境、市境河

流上下游水资源协调治理和管控以及左右岸生态环境保护和修复整治，统一实施严格的环境准入标准。协同推进海岸线生态保护和修复整治，联合治理近海污染。

加强环保科技支撑。加快推进大数据技术建设和应用，建设生态环境动态监测定位系统，增强区域生态环境动态监测和管理能力。大力推广能源高效利用、污染物减量化、废弃物资源化和无害化处理的工艺技术和先进设备。

（九）营造特色区域文化，打造一流营商环境

共同营造民营经济特色区域文化。充分发挥民营经济发达的特殊优势，以温商为纽带，促进重商文化扩散，营造特色区域文化。联合发起中国民营经济发展高层论坛，每年邀请国内外著名经济学者坐而论道中国民营经济发展，共同打造中国民营经济发展文化品牌。

共同推进“放管服”改革。进一步理顺政府与市场的关系，着力让市场在区域内资源配置中起决定作用。构建区域优化营商环境联盟，精简行政审批环节，提高行政服务效率，清理差异化的产业优惠政策，废除影响公平竞争的不合理规定，减少政策洼地，全面推进相关领域改革，积极推动市场规则体系共建、创新模式共推、市场监管共治、流通设施互联、市场信息互通和信用体系互动，共同营造法治化、国际化、便利化的营商环境。

（十）联合实施信用奖惩，构建区域信用体系

构建区域合作奖惩机制。建立跟踪评估制度，对各种一体化发展要素进行针对性的监测、检查、统计、分析、评价。在区域合作中，当有地方政府违约时，可采取减少合作项目、取消某种优惠等间接措施给予一定惩罚。

加快推进区域信用制度建设。联合进行区域信用条例或政府规章制定工作。围绕重点行业，配套出台行业区域信用分级分类管理制度，建立以信用承诺、信息公示为特点的新型监管机制。签署一批重点领域跨区域信用联合奖惩合作备忘录，进一步拓展联合奖惩范围。围绕重点领域，制定区域互认的红黑名单认定和退出标准及办法。

促进区域信用信息共享共用。建立公共信用平台，推动行政许可、行政处罚等双公示数据、失信被执行人信息、重大税收违法案件当事人信息等公共信用信息共享。鼓励行业协会（商会）、信用服务机构、金融机构、大数据企业等上报市场信用信息。建立严重失信名单信息公示、动态发布机制。

五、“十四五”时期温州发挥“主引擎”作用，合作共建浙闽交界区域合作试验区初步构想

在温州市与宁德市交界地区，温州市与宁德市合作共建浙闽交界区域合作试验区，作为浙闽赣交界区域合作的先行示范区。

（一）率先突破

在温州市苍南县与宁德市福鼎市交界区域选择合适的区位，各出相同面积的土地，如 30 平方公里，共建浙闽交界区域（苍南—福鼎）先进制造试验区。温州市泰顺县与宁德市寿宁县合作共建浙闽交界区域合作（泰顺—寿宁）绿色产业试验区。

浙闽交界区域（苍南—福鼎）先进制造试验区。重点发展新能源汽车及零部件、装备制造、新材料等战略性新兴产业和现代物流业。推动温州与宁德的新能源电池企业合作共建新能源汽车及零部件产业园，鼓励和支持合作共建新能源汽车电池研究院。积极承接长三角、珠三角等发达地区相关产业转移和科技创新成果转化，加强科研机构对接合作。

浙闽交界区域合作（泰顺—寿宁）绿色产业试验区。包括泰顺县和寿宁县全域，重点发展现代农业、休闲旅游、文化创意等产业。以两县耕地为载体，综合运用现代科技与先进的生产手段、管理模式，发展高效、优质、高产生态农业和高科技农业，积极引进重点龙头企业，建设综合性都市型休闲农业园。加强旅游发展合作，整合优质旅游资源，共同创建旅游精品线路。依托现代农业和休闲旅游业发展，吸引文化创意产业集聚，共同开发文化创意产品。联合

推进跨境河流生态治理，友好磋商解决水源地及沿河生态环境保护问题。

（二）开发模式

成立浙闽两省推进浙闽合作试验区建设联合工作领导小组，负责试验区重大合作事项决策，指导和协调试验区建设发展中的重大问题。以温州、宁德两市作为试验区建设发展的主体，建立两市市长联席会议制度，贯彻落实重大合作事项，争取两省相关政策支持，负责试验区建设协调工作。成立试验区管理机构，对试验区的开发管理及日常工作进行独立运营。试验区要实现统一规划，统一招商，合作建设，收益共享。试验区各项政策适用浙闽两省叠加共享、择优适用，并大胆创新、先行先试。

（三）管理架构

按照“小机构，大服务”和“精减、统一、效能”的原则，建立和完善试验区联合工作领导小组、管理机构、开发建设公司三层管理运行架构的准政府体制，在决策和管理上体现政府的强力领导，在经营服务上挖潜和发挥市场的功能，实现“决策机构一元化，管理机构行政化，服务机构企业化”的扁平式直线职能型组织结构。

（四）政策支持

试验区重点发展和承接的产业和基础设施项目，优先列入市级相关规划。试验区建设用地指标分别申请纳入浙闽两省土地调控计划，由省级政府统一进行调剂。争取在试验区内共享国家分别赋予浙闽两省的相关政策、择优适用，在土地利用、产业、财税、金融、人才、行政审批、电价等方面开展先行先试。两市分别上报省级政府，联合争取国家相关政策支持。

* 执笔人：王　喆

---

* 王喆，民盟中央经济委员会委员，玉泉智库专家，民盟北京市委创新发展委员会副主任，国家发改委经济体制与管理研究所区域城乡室主任、副研究员。